解构外卖新业态
重塑增长

美团外卖袋鼠学院团队　编著

電子工業出版社
Publishing House of Electronics Industry
北京 • BEIJING

图书在版编目（CIP）数据

解构外卖新业态：重塑增长/美团外卖袋鼠学院团队编著. —北京：电子工业出版社，2019.8

ISBN 978-7-121-36853-0

Ⅰ. ①解… Ⅱ. ①美… Ⅲ. ①饮食业—商业企业—研究—中国 Ⅳ. ①F726.93

中国版本图书馆 CIP 数据核字（2019）第 118168 号

策划编辑：缪晓红
责任编辑：刘小琳　　特约编辑：刘广钦
印　　刷：三河市双峰印刷装订有限公司
装　　订：三河市双峰印刷装订有限公司
出版发行：电子工业出版社
　　　　　北京市海淀区万寿路 173 信箱　　邮编：100036
开　　本：880×1 230　1/32　印张：8.125　字数：228 千字
版　　次：2019 年 8 月第 1 版
印　　次：2019 年 8 月第 2 次印刷
定　　价：78.00 元

凡所购买电子工业出版社图书有缺损问题，请向购买书店调换。若书店售缺，请与本社发行部联系，联系及邮购电话：（010）88254888，88258888。

质量投诉请发邮件至 zlts@phei.com.cn，盗版侵权举报请发邮件至 dbqq@phei.com.cn。

本书咨询联系方式：（010）88254760。

编　委　会

序言一

开拓创新思维，外卖新业态为企业注入新动力

餐饮业是社会进步的产物，也是衡量人们生活水平的重要标志之一。改革开放 40 多年来，中国餐饮业保持了快速、稳定增长，从一个 54.8 亿元规模的传统服务业发展为拉动经济增长、调整经济结构、扩大劳动就业与传播中国文化的重要力量，已成为名副其实的生活服务消费产业。

中国餐饮业在消费转型与升级中表现出色。2018 年中国餐饮收入实现 42 716 亿元，比上年增长 9.5%，增速比商品零售高 0.6 个百分点，比社会消费零售高 0.5 个百分点。2019 年 1—4 月，中国餐饮业继续保持了强劲的发展势头，实现收入 13 925 亿元，同比增长 9.3%，增速比商品零售高 1.4 个百分点，比社会消费品零售高 1.3 个百分点。

外卖送餐成为餐饮服务新的增长点。近些年来，在技术、消费行为的驱动下，再加上快节奏生活下人们的时间相对压缩，外卖送餐迅速发展成一种新业态，2018 年餐饮配送及外卖送餐服务增长 18.8%，是餐饮增长速度的 2 倍。2013 年以来，陆续出现了多个外卖送餐信息服务平台，在满足人们日益增长的外卖服务需求的同时，也深刻影响了餐饮产业、餐饮企业的发展思路、经营机制和盈利模式。

解构外卖新业态——重塑增长

当前，中国已进入高质量发展的新阶段，餐饮产业、餐饮企业只有通过整合经济要素，开拓创新思维，才能适应新阶段的发展要求。而外卖送餐是值得认真研究和充分挖掘的新领域，充分发挥其优势作用，将为产业和企业的提质增效注入新动力。

世界中餐业联合会

序言二

深入外卖业态经营，抓住产业升级的历史机遇

2018 年，餐饮行业正式迈入 4 万亿元时代。从中孵化而生的外卖产业，在与互联网深度融合的过程中，不仅成为消费者就餐方式的“新常态”，也通过新场景的拓展为供给侧开辟了全新的线上销售渠道，逐渐升级为餐饮企业的新经营模式，从而形成了外卖新业态。

在这一新业态下，商家、用户、骑手及平台紧密地关联在一起，共同构建蓬勃发展的生态链条，释放出巨大的势能，不仅为商家带来新的业务增长动力，同时也促进整个餐饮产业的全链条发生变革，包括食材采购和供应链在线化、门店设计双线化（线下+线上）、菜品制作自动化、客户管理数字化及营销投放网络化等。

外卖新业态的发展壮大，对于餐饮企业而言，既是机遇，也是挑战。

过去的几年，在“外卖经济”的促进下，全国餐饮行业实现两位数的年增长率，高于全国 GDP 的平均增速。根据国家信息中心发布的《中国共享经济发展年度报告（2019）》，2018 年我国在线外卖收入为 4712 亿元，占全国餐饮业总收入比重的 10.6%。这意味着餐饮外卖市场在未来几年还有较大的增长空间和发展潜力，餐饮企业仍将享有外卖新生态崛起的红利。中国互联网络信息中心（CNNIC）发布的第 43 次《中国

互联网络发展状况统计报告》显示，截至 2018 年 12 月，我国线上外卖用户规模达 4.06 亿，占全国网民总数量约 49%，这意味着全国还有 4 亿网民是外卖市场的“潜在用户”。无论是以市场规模衡量还是以用户数量衡量，我们都可以清晰地预见外卖市场在未来仍有较大的增长空间。此外，菜品制作效率的提升，规模化即时配送物流网络的构建，以及互联网原住民 90 后、95 后线上消费习惯的需求都将持续促进外卖产业的蓬勃发展。

依托互联网行业的高速发展，外卖行业从兴起至形成新业态仅用了几年时间，市场规模连年扩张，企业营收逐年增长。然而，随着互联网经济红利期的结束，外卖经济也从野蛮生长的“红利时代”进入“效率驱动”的新发展阶段。

与依赖线下客流的传统餐饮的经营模式相比，外卖业态与互联网深度结合，两者在经营方式和理念上存在较大差异。在与众多餐饮企业进行交流、探讨的过程中，我们发现很多企业在品牌定位、营销方法、扩张节奏、组织架构、管理制度、人才引入、IT 系统等多个方面仍停留在外卖时代之前的阶段。这类企业往往有几个较为典型的固有模式：一是低估市场，认为外卖行业的崛起和过去各类打着“互联网餐饮”的营销噱头类似，只是昙花一现，而未能意识到这次是全产业链的变革，是真正产业升级的机遇；二是低估差异，认为外卖只是传统餐饮经营方式的一个分支，局部小改小动即可，而未放眼全局、自上而下地做好顶层设计以适应新业态；三是小富即安，只看自家销售额的增长，不看销售额占大盘份额的多少，忽略整个行业大盘的增速或同行的发展速度，靠吃短期的行业红利增加利润，忽视对长期发展的必要投入；四是有心无力，虽然管理层意识跟上了，但组织能力欠缺，在落地执行的过程中由于企业各方面能力的欠缺导致目标与结果严重脱节。

在整个互联网行业进入“下半场”新阶段的形势下，未来企业业绩的增长将主要靠效率提升驱动，这就要求企业积极拥抱上述行业变化，敏锐地洞察消费者的需求，根据市场新动态主动进行变革，这样才能

序言二

找到新的“增长引擎”，才能牢牢把握产业升级的新机遇，成为时代的赢家。

2019 年 4 月 20 日，美团外卖的日订单量已突破了 2500 万。在过去的一年里，全国有 4 亿消费者享受到了美团外卖的服务，美团外卖平台的在线商户数量超过 360 万，参与其中的骑手兄弟们获得了超过 300 亿元的收入。作为平台，美团外卖一直以来与用户、商家、骑手和各个合作伙伴共同成长，尤其是整个生态中的关键环节——供给侧的众多商家。未来，外卖平台会侧重于深入推进供给侧改革，助力商家发展，共建繁荣生态。

美团外卖作为外卖新业态的共同构建者，将义不容辞地助力商家在外卖新业态下更好地发展。因此，美团外卖与世界中餐业联合会共同推出了《解构外卖新业态——重塑增长》一书，帮助企业管理者洞察外卖新业态的特点和发展趋势，并基于品牌定位、外卖精细化运营、数字化工具的应用等多个方面，为企业提供业绩增长的新策略和落地应用方法。

希望本书对生态中的企业有切实的帮助作用，成为各位餐饮企业掌舵者在大变革时代的一个参考。

美团高级副总裁兼到家事业群总裁　王莆中

前　言

当前，世界经济形势正在快速发生变化，对企业生存的经济大环境产生了重要影响。投资对于经济增长的拉动作用将越发减弱，最终还要依靠消费拉动经济；我国经济运行的主要矛盾仍然是供给侧结构性的。供给侧改革的迫切要求，使得产业互联网在短期内极可能会有一个巨大的飞跃式发展。

餐饮是消费行业中的重头戏，而互联网+餐饮浪潮中催生的外卖O2O，经过几年快速发展后，更是成为餐饮行业结构中不可或缺的重要版图。近几年，在技术发展和消费升级的双轮驱动下，外卖从餐饮行业的“线上渠道”升级为一种不可或缺的消费场景，并且已渗透到零售等行业。外卖进入了一种全新的业态，这也将促使餐饮品牌必须重塑外卖业务的增长策略，才能在外卖新的业态下，屹立不倒。而作为企业经营的掌舵人及关键人物，餐饮外卖企业的中高层管理者，迫切需要为企业找到破局外卖的关键点。为了更好地帮助餐饮外卖企业管理者洞察行业变化，在新的外卖时代，掌握外卖业绩增长的新策略，美团外卖旗下的官方培训机构袋鼠学院联合世界中餐业联合会出品《解构外卖新业态——重塑增长》一书。

本书共分为五大章节，分别从宏观的经济及政策环境洞察、外卖新业态的特征、外卖增长的新策略、外卖时代下的企业责任，以及外卖标杆商家案例进行集中探讨。

《解构外卖新业态——重塑增长》一书具备以下特点。

① 立足行业发展：通过全方位解码外卖业态诞生的背景、发展趋势，来洞见餐饮外卖行业的未来；

② 提供实战策略：围绕餐饮企业在外卖经营链条各个环节中的问题，提供外卖业绩增长的实战策略；

③ 深度案例萃取：对一线标杆商家案例进行深度案例萃取，从大量的实践经验中，提炼外卖增长的方法论。

在外卖新业态已经到来的今天，企业管理者将通过本书掌握外卖新趋势的发展，深入了解外卖新业态的特征，掌握从品牌定位、用户增长、企业效率增长、新的业务增长拐点挖掘、提升人效及优化坪效等多个增长策略，结合数字化工具的应用，来重塑外卖业绩的新增长。

同时基于新外卖时代的背景，让企业管理者更好地了解餐饮企业应如何在食品安全、绿色环保等方面履行社会责任。

最后，特别感谢以下人员为本书的编写提供的帮助：杨文杰、陈宁、陈子昌、冯潮、黎洪江、胡阿玲、刘劭杰、毛艺默、张志鹏、张建华、杨汛、卫张宁、孙宠、杨淑君、王莹、范长庆、杨碧聪、裘燕、仇东旭、黄培坤、张潇、迟名、高玉荣、王沛君、李远、徐龙杰、王明远、宋爽、周海彬、王璐、郝志芳、张水霞、李梦姝、韩旭。

目　录

第 1 章

春江水暖鸭先知：外卖是数字经济助力餐饮、激活商圈的最先感知者

1.1 中国社会经济调整，政策与大势的新变化

互联网的发展和普及给我们生活带来了巨大的改变，经历了过去一二十年的井喷式发展，互联网用户增长放缓，商家的获客成本不断增加，“人口红利”在近几年已经接近于饱和。

1.1.1 餐饮业的寒冬远未到来

餐饮企业面临着租金、人工、能源和原材料价格不断攀升，利润率逐年下降的窘境，众多餐饮企业进入“微利时代”。在未来可见的时间段内，上述问题依旧存在，作为餐饮企业，在新时代、新业态之下应该积极寻求一条新的出路，餐饮行业正在面临新的一轮由外而内的变革。

根据美团点评在“2018 中国餐饮产业创新峰会”上发布的《中国餐饮报告 2018》显示，2017 年关店数与开店数之比为 91.6∶100，倒闭的餐厅平均寿命只有 508 天。餐饮业的寒冬真的要来了吗？

如图 1-1 所示，2017 年中国餐饮业收入达到 3.9 万亿元，2018 年达到 4.2 万亿元。这就意味着，2018 年中国人均的年餐饮消费仅为 3 000 元，人均每天的餐饮消费仅 8.2 元。从相对值来看，自 2014 年以来餐饮费在社会零售品总消费额中占比稳步提升，截至 2018 年该比例已经升至 11%。

从上述情况来看，餐饮业的寒冬远远还没有到来，那为什么还有如此多的餐饮企业游走在生死的边缘呢？

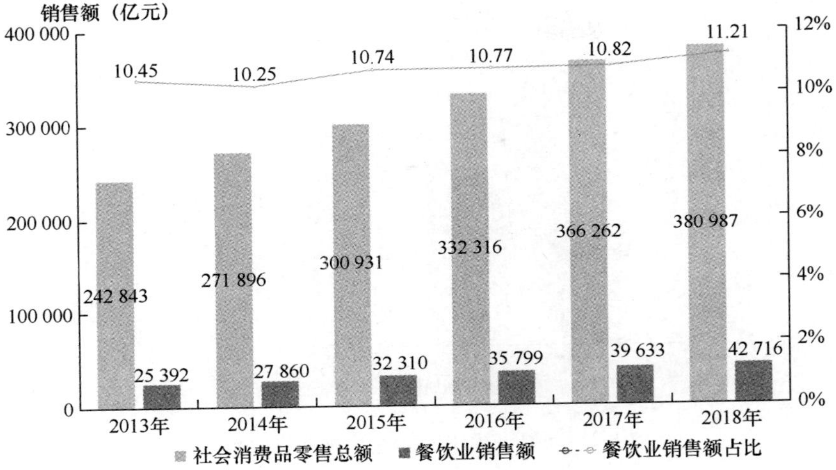

图 1-1　2013—2018 年餐饮收入占社会零售总收入百分比

1.1.2　新一轮消费升级和零售新模式下的机遇与挑战

互联网时代信息传递的速度不断加快，与之相应的产品生命周期越来越短，On-line 已不再是“人无我有”的优势，而是企业赖以生存的土壤。

如图 1-2 和图 1-3 所示，2014 年外卖市场规模和在线订餐用户实现了爆发式增长，其增长率分别达到了 71.2%和 45.45%。2014—2018 年，无论是外卖市场的规模还是在线订餐用户的规模都呈现出持续增长的趋势。值得关注的是，在经过前期的爆发式增长之后，餐饮外卖市场和在线订餐的用户规模都出现了增速变缓的现象，原本的蓝海如今已经变成一片血雨腥风的红海，新零售的加入和消费升级必将促进外卖生态链的重构，餐饮行业的变革也一触即发。

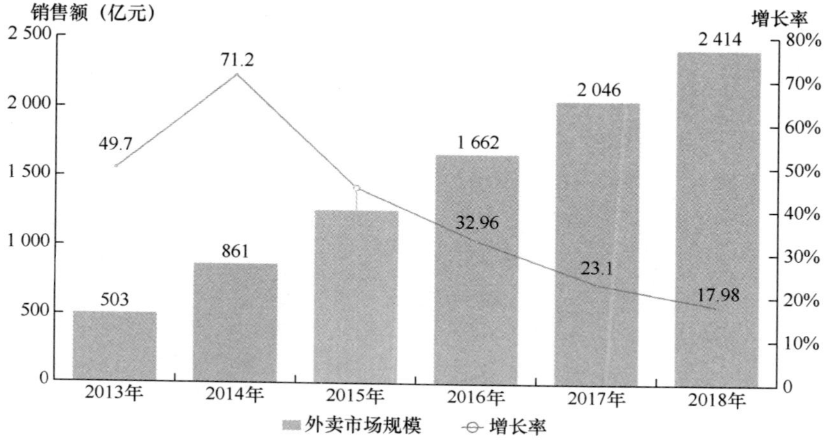

图 1-2　2013—2018 年外卖市场的规模和增速

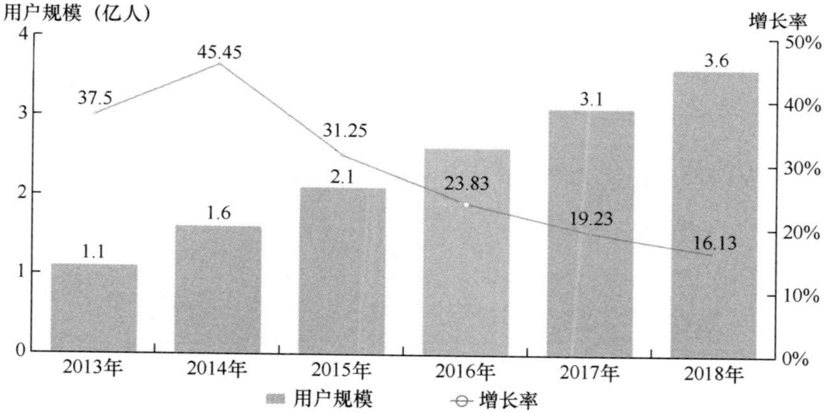

图 1-3　2013—2018 在线订餐用户规模和增速

在过去很长一段时间，受到三四线城市渗透成本高、原材料运输困难、消费者购买力不足等因素的影响，众多餐饮连锁企业将其经营重点放在一二线城市，如今一二线城市市场趋于饱和，上涨动力不足，但是在三四线甚至五线城市里的顾客需求尚未被满足。根据 Analysys 易观千帆的统计数据，到 2018 年年底，中国三线以下城市及农村乡镇地区人口规模达到 9.34 亿人，电商在三线及以下城市及农村乡镇地区的渗透率已达 72.8%，同时人均年消费在 600～1 800 元。

随着中国经济的高速发展，基础设施建设日益完善，冷链物流等新技术的广泛应用，都为餐饮企业向三四线城市渗透提供了基本的保障。同时，互联网的普及和电子商务的发展使得原本分散的用户得以聚集，需求侧与供给侧之间实现了信息传递，大大降低了企业的交易成本。未来的一段时间内，基于互联网的餐饮产业发展将进入下沉发展阶段。

从上述数据我们看出，虽然下沉市场的客户（三四线城市及农村乡镇地区居民）目前人均消费能力有限，客单价相对较低，但是潜在客户的规模较大，如图 1-4 所示，加之下沉市场的渗透成本降低，未来下沉市场潜力巨大。

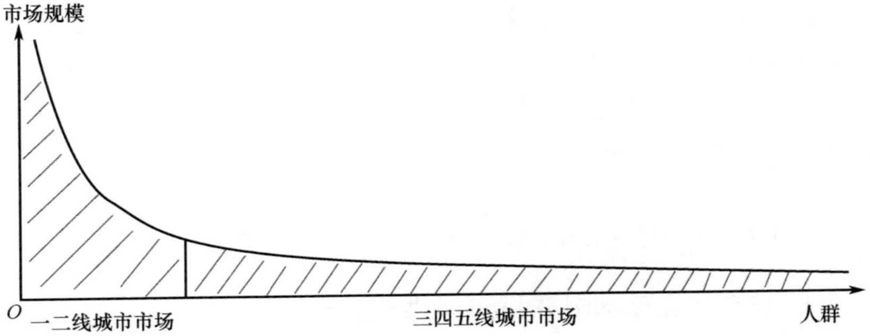

图 1-4　餐饮行业长尾图

对于现在面临发展瓶颈的餐饮连锁企业来说，一个较好的方向是，深耕一二线市场，在维持现有份额的基础上有效提高客单价；同时注重对于下沉市场的开拓和布局，注重向三线及以下城市及农村乡镇地区渗透。

1.1.3 深化外卖业务，结合零售新模式，进入到外卖新业态

餐饮企业特别是外卖市场现在面临的问题不再是如何在线上分一杯羹，而是借助零售新模式和消费升级如何将蛋糕做大。由此可见，餐饮企业应深化升级外卖的战略价值，因为在消费升级和零售新模式的发展中，外卖不再以单一线上渠道作为业务角色，而是横跨餐饮、新零售等行业，逐渐进入了一种新业态中。

看似即将步入寒冬期的餐饮业其实依然有巨大的潜力，以往大家扎堆一二线城市抢市场的阶段已经过去，现在需要发力做下沉市场，而在这一转型阶段中，外卖成了餐饮的新突破口。在软性条件上，随着近年来零售新模式等概念的兴起及整个行业多年来在一二线城市所积累的经验，可以将其复用到广阔的三四线市场中；硬性条件上，多年来电子商务的普及降低了外卖市场教育用户的成本。深化外卖业务成为整个餐饮业必须重视的一环，外卖逐渐由一个单一渠道进化为完整的产业生态链，提升为外卖新业态。这背后离不开中国经济政策的调整、数字经济的下半场和产业互联网的高速发展。

1.1.4 中国经济政策调整，带来新变化

1. 宏观经济形势迫切需要推动供给侧结构性改革

中国经济已经进入了新的发展阶段，目前，整个中国经济改革主要围绕着稳定经济增长和供给侧改革两大方向展开：

第一，稳定经济增长。主要通过减税降负、增加政府投资、引导居民消费等积极的政策措施。

第二，供给侧改革。改革开放 40 年来，中国经济持续高速增长，成功步入中等收入国家行列，已成为名副其实的经济大国。但随着人口

红利衰减、“中等收入陷阱”风险累积、国际经济格局深刻调整等一系列内因与外因的作用，经济发展已经进入“新常态”。2015 年 11 月，中央财经领导小组第十一次会议提出，“在适度扩大总需求的同时，着力加强供给侧结构性改革，着力提高供给体系质量和效率”。此后的几年里，中国各领域、各行业不断深化供给侧结构性改革，取得了一定成效。2018 年 12 月闭幕的中央经济工作会议认为，中国经济运行主要矛盾仍然是供给侧结构性的，必须坚持以供给侧结构性改革为主线不动摇。当前主要矛盾表面上是需求不足，实质是消费能力有但产品质量低，导致需求与供给不够匹配。核心还是提高供给质量，扩大有效供给，化解落后产能，优化供应链，提高供给结构对需求的适应性和灵活性，提高全要素生产率，满足人民的消费需求。

2. 数字化经济新阶段

全球经济正经历由传统经济向数字经济的转型。数字经济是新一代信息技术与实体经济深度融合产生的新型经济形态，已经成为经济增长的核心动力。

中国数字经济经历了三个阶段：第一阶段，ICT 驱动的信息化转型；第二阶段，互联网驱动的网络化转型；第三阶段，云计算、大数据、人工智能等驱动的数字化转型。

数字化转型是实体经济转型升级的新路径，也是数字经济的新阶段，其不仅可以拓展新的经济发展空间，促进可持续发展，还可以推动传统产业转型升级。

随着新业态、新模式、新技术对传统产业冲击的不断加强，数字化转型已经成为全球传统企业的共识。

传统企业要充分利用新一代信息技术、推动组织活动、流程架构、业务模式和员工能力的全面重定义，提升整体运营效率，构建全新的数字化体系。

数字化转型是一个长期的过程，传统企业需要根据自身行业及业务特点分阶段规划未来发展目标，同时树立数字化转型新文化，要充分利用数字化技术，直接拉动数字化技术的发展和市场增长，间接拉动产品及服务的需求。

3. 餐饮行业数字化转型趋势

餐饮行业数字化进程大约历经了四个阶段。第一阶段，IT 系统提升了商家效率。第二阶段出现了 BS 架构的私有云，使餐饮门店的数据可汇总至总部，实现连锁化管理。这两个阶段，都是基于传统软件的模式。第三阶段，餐饮软件开始智能化升级，进入 SaaS 时代，数据储存在云端，餐饮行业开始进入数据驱动运营的阶段。第四阶段，智慧餐饮系统开始与平台对接，第四代智慧餐饮管理软件出现，平台的线上消费场景与门店线下消费场景相融合，线上线下全渠道数据打通，餐厅真正实现 24 小时数字化在线。

智能化将为餐饮行业带来高效服务、优质产品、精准营销、移动化管理等方面的转变。数字化、信息化将显著提高前厅和后厨的工作效率，打造智慧餐厅。利用互联网技术和智能化设备，减少人工服务，实现从进店到结账、出店服务评价的智能化。同时，产品质量向优质化转变，智能化安心厨房保障食品卫生，食品配送过程全监督、控制，实现源头检测、全程质控。

数字化餐饮通过软硬件一体、云端结合的 SaaS 模式，为餐饮商家提供一体化解决方案。从产品功能来看，涵盖从点餐、收银、预订、排队、前厅服务、后厨管理、连锁经营及物流管理、供应链管理等一系列餐饮服务工具，帮助商家提升效率，为用户提供更高效快捷的体验。

4. 餐饮行业数字化下催生的外卖业态升级

随着餐饮行业数字化的历程，餐饮行业已经从线下走到了线上。与此同时，商业模式也发生了根本变化，以前是纯堂食，现在出现了堂食+外卖模式，以及外卖+零售、餐饮+零售的混合体。而出现这些新模式的前提在于产业数字化将所有线下的门店全部与线上打通，用户在去到店内之前就可以在各种智能终端上看到店铺的所有信息，这与传统餐饮的商业模式有本质的不同。

互联网上半场体验至上，下半场则是效率优先。2018 年下半年，几乎所有互联网头部企业都进行了组织变革，业务重心纷纷转向产业互联网业务。消费互联网的核心是用户体验，产业互联网的核心是效率优先。在消费互联网中，一次良好的用户体验，容易使新客户变成老客户，也容易在互联网上形成好的口碑，进而放大老客户拉新的商业价值。在产业互联网中，互联网平台通过开发各类资源和充分利用互联网平台工具，整合供应链、物流、经营、营销、客户服务，以提高行业效率为最终目标。

数字化的餐饮企业相比之前，效率已经有了大幅度的提升，可以满足更多场景下的消费需求，而不再局限于单一的堂食，这催生了外卖业态的进一步升级。商家信息和交易的线上化，加上预订、评价、价格体系千人千面化、全程操作数据化等线上功能的帮助，使整个外卖业态也走过了数字化（从线下到线上）的过程，并且进一步向前发展。

线上化之后，外卖方便了消费者更加方便地下单，带来的一个明显变化就是外卖订单量的增加。订单量不断攀升的背后是消费行为的升级和消费行为的不断变化，这也推动着外卖业务向着全品类的方向发展，并能渗透到与消费者生活息息相关的各行各业，促使外卖进入全新的业态。

5. 外卖供给侧数字化趋势效应：质量与效率

餐饮行业数字化进程的不断深入，催化了外卖业态的升级过程，在这轮升级中，外卖供给侧数字化效应的两大主力是质量与效率。

1）质量是利润增长的基础

提高供给质量，指的不是简单的菜品质量和服务质量，实际上，它是指整个门店的运营质量。和麦当劳、肯德基这些国外餐饮企业相比，目前国内大部分商家的门店运营质量还处于一个较低的水平，在产品质量和服务质量及门店运营质量上，与国外餐饮商家还有差距。

虽然客观上餐饮业随着经济发展和人民消费水平消费观念的发展，保持着高速发展，但是当下餐饮业依然面临着质量方面的隐患。

① 优质服务相对缺乏。

② 同质化竞争、品牌不强，导致利润空间不断被压缩。

③ 持续经营能力和精细化运营的质量弱。

④ 规模化、连锁化、标准化等科学管理能力差。

以提高质量为目的进行供给侧的改革，进行结构调整，具体包括扩大有效供给，提高供给结构对需求的适应性和灵活性，提高全要素生产率，只有这样才能满足人民群众的需求，促进经济健康发展。

2）高效率是数字化的目标

传统行业的数字化时代已经到来。一方面，移动互联网的发展给企业的经营、消费者行为及消费路径带来了深刻变革。另一方面，由于用人成本不断攀升，企业对于提升管理效率、精细化管理的需求快速增加。如何在数字化的基础上进一步提升效率，成为传统行业的一个重要目标。

以餐饮行业为例，在各种智能终端所提供的一整套智慧点餐系统下，首先将餐厅的各个环节信息化，这样就免去了手写信息的麻烦，提高效率的同时也减少了出错率。这样也能使餐厅经营状况实时同步，让餐厅老板可以随时随地进行管理。

业态升级下的智慧点餐系统有效缓解了餐厅前台的服务压力，帮助餐厅降低了人力成本。各渠道订单信息实时同步到后厨，提升了餐厅出品效率，在外卖场景下出餐后的配送信息也能全部实时同步给餐厅和顾客。

收银系统的数字化让消费者从预订、点餐到支付的全渠道全流程消费行为都可以直接连接到餐厅前厅后厨及供应链系统，简化了餐厅服务流程，提高了经营效率。大数据环境下，智能支付所形成的场景连接可以有效带动餐饮行业实现效率升级，同时扩充了外卖的消费场景。

质量与效率，已经成为外卖增长的双引擎。外卖产业的发展，离不开本地生活服务平台的技术架构、大数据和海量用户。随着服务平台的不断壮大，平台数据的采集、分析能力越来越强，平台可以为商家提供订单管理、集中采购、峰值预测、产品研发、营销管理、供应链服务等决策支持，同时也可以为消费者提供更加清晰的店铺信息、评分，更加简便的下单流程，以及更加多元化的配送服务。

1.2 技术大轮推动下的外卖新业态

除了宏观经济政策调整，每一个行业的成功，其背后都离不开技术的支持与推动，每当科学技术有重大突破时，必然会推动大量新兴产业向前发展，历史上无数案例印证了这一论点。

美国史上第二大富豪，著名的“铁路大亨”范德比尔特在 19 世纪建成了自己庞大的铁路王国，但其成功的背后是工业革命带动了蒸汽机的发展，进而出现了铁路产业；2007 年，乔布斯推出第一代 iPhone 彻底改变了手机这个产业的发展路径，iPhone 上市之后引发了热潮及购买者热烈的反应，部分媒体将其誉为“上帝手机”，但在 iPhone 成功的背后则是电子元器件制造工艺的不断提高。

每一个伟大的想法，都要有能够让它生根发芽的土壤。外卖，一开始只是一门不被人重视的小生意，现如今已经发展成为一项服务于全民的大产业。2019 年 3 月 1 日，国家信息中心发布了《中国共享经济发展年度报告（2019）》，报告对在线外卖市场进行了重点分析，2015—2018 年，在线外卖收入年均增速约为 117.5%，是传统餐饮业的 12.1 倍。其中，2018 年我国在线外卖收入约 4 712 亿元，占全国餐饮业收入的比重从 1.4%提高到了 10.6%。我们可以想一想在这背后又是哪些技术在推动外卖业态的升级？

1.2.1 早期外卖面临的状况

1978 年，全国餐饮经营网点不足 12 万个，零售额也仅为 54.8 亿元。而到了 2008 年，经营网点已突破 400 万个，营业额规模也突破了 1 万亿元。在这样的背景下，外卖行业也得到了发展。

随着电话在中国的日渐普及，一些由国外进入中国市场的餐饮公司，如麦当劳、肯德基等，较早地推出了电话外卖服务，客户只需一个电话，就能在家享受大餐。这就是早期外卖的雏形，在当时无疑受到了外卖体验者的广泛欢迎。

但随着时间的推移，一些问题也开始渐渐显露。

1.2.2 制约早期外卖发展的背后原因

1. 通信网络不发达制约外卖闭环的形成

早期外卖主要通过线下电话沟通完成，2G 的通信网络不能传递如图片、视频等内容，故顾客与商家之间主要依靠语音、文字进行沟通，也因此造成早期外卖服务中沟通不畅的问题。

在顾客端，顾客下单前需要拿到商家的纸质菜单，这样才能了解商家提供的餐品信息，且未包含决策是否下单的重要信息，如商品图片、商品分量、不同规格对应的不同价格等；如果用户没有提前获取纸质菜单，则需要通过电话与商家进行逐个商品的咨询，这都为下单这一过程带来了极大的困扰，如果在下单后临时需要取消订单或变更餐品，则需要再次拨打电话进行确认。

在商家端，商家在电话上接到订单信息后，需要记录信息、下单、加工制作……在电话沟通过程中容易造成信息遗漏。同时，在这样的沟通模式下，顾客的一些个性化需求商家并不能全部满足。

在 2G 通信时代，低效的沟通模式无法满足顾客端和商家端之间的信息同步，成为限制早期外卖发展的因素之一。

2. 缺少与之配套的外卖配送链

外卖相较于传统餐饮很大的不同在于在整个交易链条中增加了配送这一环节，在早期外卖的发展过程中，配送环节也存在各种问题。

首先是人力问题。早期外卖并没有衍生出配送员这一职业，承担这个角色的往往是餐厅老板或服务员，但老板和服务员主要的工作是餐厅内的堂食业务，如此，增加了外卖业务在一定程度上就会影响餐厅的堂食业务，因为专业配送人员的缺乏造成了外卖与堂食之间的矛盾。

其次是交通问题，碍于当时通信网络的限制，系统并没有较为清楚的城市地图导航，商家端无法确定顾客的位置，顾客端也无法获取精准的订单配送信息，故早期外卖通常只局限于商家较为熟悉的周边，如小区、大学等。缺乏精确的实时定位系统也限制了外卖向更大的半径扩展。

再次是食品保存问题，外卖相较于传统餐饮的另一个区别在于，菜品从出餐到用餐中间有时间间隔，这就对配送过程中食品的保存有了一定要求，如食品保温、防止翻洒、食品安全等。而早期外卖受限于当时的物流技术及保温材料技术，同时早期外卖并没有一套行业内通用的标准配送流程，配送人员没有接受过相关培训，故在食品安全方面也存在诸多问题。

3. 线下支付的模式不适合外卖的发展

交易是影响早期外卖发展的一个大问题，受限于当时交易还停留在面对面交易的阶段，整个外卖环节需要在配送员送餐完毕后才进入交易阶段，配送员在这个过程中既是配送员也是收银员。早期的配送员还需要随身携带零钱来应对找钱的情况，这样一来整个外卖交易过程就变得极其烦琐且滞后，商家端承担了较多的交易风险，顾客端也存在无法退款的问题。在支付环节上的种种不方便使得早期外卖的发展受到限制。

4. 缺乏数据支撑导致不具备整体调控能力

碍于当时技术的因素，商家既不能整体了解自己的外卖数据，也不能精确了解顾客信息。当时的通信网络技术也难以建立一个线上外卖平台来帮助餐饮商家发展外卖业务，相关数据的不足，使外卖缺少长远发展的宏观视角，早期外卖产业在整体调控上难以下手，只能以“小作坊”的形式缓慢发展。

1.2.3 技术发展带动外卖起飞，促成外卖业态升级

1. 技术推动下的外卖发展

自 21 世纪以来，移动互联网高速发展，工信部数据显示，2017 年 11 月三家基础电信企业的移动电话用户总数为 14.1 亿户，移动宽带用户（3G 和 4G 用户）总数达 11.1 亿户，占移动电话用户的 78.9%，中国已经进入全民移动互联网时代。随着科技的进步，几乎所有产业都开始线上化，“互联网+”的概念已经深入人心，人们的生活方式发生了翻天覆地的变化，广大消费者逐渐接受并习惯了“所买即所得”的线上消费方式。在此背景下，餐饮业与互联网的“联姻”已是大势所趋。

2010 年 3 月 4 日，美团网诞生，迅速打通吃喝玩乐各个领域线上线下的壁垒；2013 年 11 月，美团旗下网上订餐平台“美团外卖”正式上线，标志着外卖产业开始进入全新阶段；到了 2018 年，美团外卖用户数达 4 亿户，年活跃商户 360 万户，日订单量突破 2 500 万单，覆盖 2 800 余市县，日活跃骑手 60 万人。

中国互联网络信息中心（CNNIC）发布的第 43 次《中国互联网络发展状况统计报告》中显示，截至 2018 年 12 月，中国网上外卖用户规模达到 4.06 亿户，较 2017 年年底增加 18.2%，继续保持高速增长，网

民使用比例达到 49.0%。其中，手机网上外卖用户规模达到 3.97 亿户，占手机网民的 48.6%，年增长率为 23.2%。在经历了几年的市场补贴培育后，网上外卖已成为网民又一常态化的就餐方式。

近年来随着工业 4.0 的提出，大数据、AI、物联网等新技术不断发展，人们的各种行为变得越来越精细化、数字化，线下物流运输能力也越来越强，人们的衣食住行进一步改造。依托飞速发展的技术，外卖正成长为一个新型的产业业态。

2. 助推外卖业态升级的相关技术

移动互联网让外卖从线下走进线上

在最近几年里，移动通信和互联网成为当今世界发展最快、市场潜力最大、前景最诱人的两大业务。它们的增长速度都是任何预测家未曾预料到的。高速的增长反映了随着时代与技术的进步，人类对移动性和信息的需求急剧上升。越来越多的人希望在移动的过程中高速地接入互联网，获取急需的信息，完成想做的事情。所以，移动与互联网相结合的趋势是历史的必然，移动互联网正逐渐渗透到人们生活、工作的各个领域。

目前移动互联网被广泛应用于如下生活领域。

移动电子商务：移动电子商务可以为用户随时随地提供所需的服务、应用、信息和娱乐，利用手机终端方便快捷地选择及购买商品和服务，支付方式多样。移动支付平台支持各种银行卡通过网上进行支付，还支持手机、电话等多种终端操作。

基于移动互联网的无现金支付：支付手段的电子化和移动化是不可避免的趋势，目前中国无现金支付普及程度越来越高，出门再也不需要带一大堆的零钱或卡包，一部手机就可以解决衣食住行的支付问题。和电脑相比，手机更有私密性，也和个人的身份息息相关。智能手机中电话号码就是一种身份识别，若广泛采用实名制，它也可能成为信用体系的一部分。在很多银行和支付系统中，手机号码已经成为一个重要的识别标志。这意味着智能手机时代的信息传播可以更精准，更有指向性。根据艾瑞咨询及国金证券研究所相关数据显示，2017 年年底，中国移动支付规模达到 117 万亿元，是 PC 支付 29 万亿元的 4 倍多。我国移动支付的金额数是美国的 50 倍左右。特别是用餐场景引入微信、支付宝等支付方式，其有手续费较低、交易方便和安全性的特征，为餐厅和消费者均提供了便利。中国烹饪协会发布的报告显示，已有 59.7%的消费者在用餐结账时使用移动支付。2017 年 11 月，餐饮消费移动支付渗透率提升了 3 倍。

基于移动定位服务的个性化信息：随着随身电子产品日益普及，人们的移动性在日益增强，对位置信息的需求也日益高涨，市场对移动定位服务的需求也快速增加。随时移动的智能手机，GPS/北斗等的卫星定位，以及通过基站进行定位，第一次让手机具有了随时随地的定位功用，这些功能使信息可以携带位置信息。无论是微博、微信这样的应用，还是手机拍摄的照片，都携带了位置信息。这些位置信息使传播的信息更加精准，同时也产生了众多基于位置信息的服务。

而基于上述技术的发展和人们生活的需要，移动互联网之下也诞生了一批包括美团点评在内的杰出互联网公司，它们通过建立线上平台，打通线上线下的隔阂，将线上流量导入传统行业中，实现了沟通、支付全部在线上完成。美团点评就是依托了移动互联网的大背景，对传统餐饮行业进行了深度改造。

“美团外卖”应用正式上线后，将原本零散的，不成体系的外卖商家整合到一个统一的大平台中，之后再基于 LBS（Location Based Service，基于地理位置的服务）属性，在商家端给其门店引入周围 1～3 公里精准的用户客流，在顾客端向其推荐周围的优质商家。固定和移动互联网的最大差别就是移动互联网是非常本地化的，在位置服务和位置信息上有非常大的优势。厂商可以依据位置信息开发更多的服务，比如，你在某个陌生的地方，打开移动终端，就能方便地找到附近的酒店、餐馆等你想找到的一切，同时也可以让周围的一切找到你。

利用移动互联网平台化的思维将传统外卖进行全面升级改造，再根据定位服务将商家端和顾客端进行连接，同时依托线上支付免去传统外卖当面交易的流程，三者合力，让外卖从过去的“小作坊”方式升级成为一种业务模式。

1）大数据推动外卖数字化进程

2015 年 9 月，国务院印发《促进大数据发展行动纲要》（以下简称《纲要》），系统部署大数据发展工作。《纲要》指出，推动大数据发展和应用，在未来 5～10 年打造精准治理、多方协作的社会治理新模式，建立运行平稳、安全高效的经济运行新机制，构建以人为本、惠及全民的民生服务新体系，开启大众创业、万众创新的创新驱动新格局，培育高端智能、新兴繁荣的产业发展新生态。

2016 年 3 月 17 日，《中华人民共和国国民经济和社会发展第十三个五年规划纲要》发布，其中第二十七章“实施国家大数据战略”提出，把大数据作为基础性战略资源，全面实施促进大数据发展行动，加快推动数据资源共享开放和开发应用，助力产业转型升级和社会治理创新，具体包括：加快政府数据开放共享、促进大数据产业健康发展。

对于“大数据”（Big data），研究机构 Gartner 给出了这样的定义：“大数据是需要新处理模式才能具有更强的决策力、洞察发现力和流程优化能力来适应海量、高增长率和多样化的信息资产。”

麦肯锡全球研究所给出的定义是：“一种规模大到在获取、存储、管理、分析方面大大超出了传统数据库软件工具能力范围的数据集合，具有海量的数据规模、快速的数据流转、多样的数据类型和价值密度低四大特征。”

有人把数据比喻为蕴藏能量的煤矿。煤炭按照性质有焦煤、无烟煤、肥煤、贫煤等类别，而露天煤矿、深山煤矿的挖掘成本又不一样。与此类似，大数据并不在于“大”，而在于“有用”。价值含量、挖掘成本比数量更为重要。对于很多行业而言，如何利用这些大数据是赢得竞争的关键。大数据技术的战略意义不在于掌握庞大的数据信息，而在于对这些含有意义的数据进行专业化处理。换言之，如果把大数据比作一种产业，那么这种产业实现盈利的关键，在于提高对数据的“加工能力”，通过“加工”实现数据的“增值”。

大数据的价值体现在以下几个方面。

① 对大量消费者提供产品或服务的企业可以利用大数据进行精准营销。

② 做小而美模式的中小微企业可以利用大数据做服务转型。

③ 互联网压力之下必须转型的传统企业需要与时俱进充分利用大数据的价值。

针对外卖而言，大数据弥补了传统外卖中信息不透明的问题，商家对自己的每单生意无法进行动态化的数字分析，顾客无法了解各家外卖的整体情况，而在大数据技术的加持下，营业额、顾客画像、菜品口味、服务……一切外卖相关的问题都变得数字化、可视化。

美团点评作为国内顶尖的互联网公司，在大数据等相关技术的研究上不断突破自己，一直致力于从消费者体验出发，更好地满足人们“吃喝玩乐”的需求。2017 年，大众点评推出了首个基于用户评价大数据的美食榜单“必吃榜”，榜单一经推出，深受欢迎，得到了商家和用户的广泛认可。事实上，榜单中入选的餐饮店都是由“消费者说了算”，每年会有 100 家入选，同时也设有淘汰机制，督促鼓励商家更好地服务消费者，营造正向的竞争环境。

近年来，“互联网+餐饮”模式重新定义了人们的日常生活，尤其是通过网络选餐、订餐为日常餐饮提供了极大便利。“责任越大，压力越大”，为了让消费者吃得放心，**结合自身业务，基于大数据技术的由美团点评自主研发的“天网”“天眼”系统应运而生**。“天网”“天眼”系统是“入网经营商户电子档案系统”和“餐饮评价大数据系统”，“天网+天眼”能够对入网餐饮商家做全周期管理动态的管理，充分运用大数据技术服务政府食品安全监管的工作，为消费者的食品安全构筑坚强的防线。

2）AI 促使外卖更加智能化

中国在人工智能领域的研究处于世界领先地位，2017 年 7 月 20 日，国务院印发了《新一代人工智能发展规划》（以下简称《规划》）。《规划》提出了面向 2030 年中国新一代人工智能发展的指导思想、战略目标、重点任务和保障措施，为中国人工智能的进一步加速发展奠定了重要基础。2019 年 3 月 4 日，十三届全国人大二次会议举行新闻发布会，大会发言人张业遂表示，已将与人工智能密切相关的立法项目列入立法规划。

人工智能（Artificial Intelligence，AI）。它是研究、开发用于模拟、延伸和扩展人的智能的理论、方法、技术及应用系统的一门新的技术科学。1956 年夏季，以麦卡赛、明斯基、罗切斯特和申农等为首的一批有远见卓识的年轻科学家在一起聚会，共同研究和探讨用机器模拟智能的一系列有关问题，并首次提出了“人工智能”这一术语，它标志着“人工智能”作为一门新兴学科的正式诞生。

尼尔逊教授对人工智能下了这样一个定义：“人工智能是关于知识的学科——怎样表示知识及怎样获得知识并使用知识的科学。”而另一位美国麻省理工学院的温斯顿教授认为：“人工智能就是研究如何使计算机去做过去只有人才能做的智能工作。”这些说法反映了人工智能学科的基本思想和基本内容。即人工智能是研究人类智能活动的规律、构造具有一定智能的人工系统，研究如何让计算机去完成以往需要人的智力才能胜任的工作，也就是研究如何应用计算机的软硬件来模拟人类某些智能行为的基本理论、方法和技术。

人工智能是计算机学科的一个分支，20 世纪 70 年代以来被称为世界三大尖端技术之一（空间技术、能源技术、人工智能）。也被认为是 21 世纪三大尖端技术（基因工程、纳米科学、人工智能）之一。近 30 年来它获得了迅速的发展，在很多学科领域都获得了广泛应用，并取得了丰硕的成果，人工智能已逐步成为一个独立的分支，无论在理论和实践上都已自成一个系统。

从最开始的理论设想到实际应用，AI 无声无息地潜入我们的生活，服务于各种领域，而最被人所知的便是 AI 在棋类竞技中表现出来的难以置信的技术。

1997 年 5 月，IBM 公司“深蓝（DEEP BLUE）”电脑击败了国际象棋大师卡斯帕洛夫，这是人工智能技术的一个完美表现；2016 年 3 月 9—15 日，由谷歌（Google）旗下 DeepMind 公司戴密斯·哈萨比斯领衔的团队开发的人工智能机器人阿尔法围棋（AlphaGo）挑战世界围棋冠军李世石，最终阿尔法围棋以 4 比 1 的比分取得了胜利。2016 年 12 月 29 日晚—2017 年 1 月 4 日晚，阿尔法围棋在弈城围棋网和野狐围棋网以“Master”为注册名，依次对战数十位人类顶尖围棋高手，取得 60 胜 0 负的辉煌战绩。2017 年 5 月 23—27 日，在中国乌镇围棋峰会上，阿尔法围棋以 3 比 0 的总比分战胜排名世界第一的世界围棋冠军柯洁，在围棋这一领域 AI 已经彻底超越人类。

现在 AI 已经应用于各种领域，它通过超强的学习能力和运算能力辅助人们进行决策，这两点就填补上了早期外卖零散、孤立、不具备整体调控的弊端。通过 AI 的辅助，人们可以更好地对外卖链条中的各个环节进行决策。

以美团大脑为例，2018 年 5 月，美团 NLP 中心开始构建大规模餐饮娱乐知识图谱——美团大脑，它将充分挖掘关联各个场景数据，用 AI 技术让机器“阅读”用户评论数据，理解用户在菜品、价格、服务、环境等方面的喜好，挖掘人、店、商品、标签之间的知识关联，从而构建出一个“知识大脑”。美团大脑已经在公司多个业务中初步落地，例如智能搜索推荐、智能金融、智能商户运营等。依托深度学习模型，美团大脑充分挖掘、关联美团点评各个业务场景的公开数据（如用户评价、菜品、标签等），正在构建大规模的餐饮娱乐“知识大脑”，利用人工智能技术全面提升用户的生活体验。

美团大脑正在应用于 SaaS 收银系统专业版，通过机器智能阅读每个商家的每一条评论，充分理解每个用户对于商家的感受，针对每个商家数据将大量的用户评价进行归纳总结，从而可以发现该商家在市场上的竞争优势和劣势、用户对于商家的总体印象趋势、商家的菜品的受欢迎程度等。进一步，通过对用户评论全方位的分析，细致刻画商家服务现状，给商家提供前瞻性经营方向建议。这些智能经营建议将通过美团 SaaS 收银系统专业版定期触达到各个商家，智能化指导商家精准优化经营模式。

传统的给店老板提供商业分析服务主要聚焦于单店的现金流、客源分析。美团大脑充分挖掘了商户及顾客之间的关联关系，可以提供围绕商户到顾客，商户到所在商圈的更多维度的商业分析，在商户营业前、营业中及将来经营方向上，均可以提供细粒度运营指导。

在商家服务能力分析上，通过图谱中关于商家评论所挖掘的主观、客观标签，例如“服务热情”“上菜快”“停车免费”等，结合用户在这些标签所在维度上的 Aspect 细粒度情感分析，告诉商家在哪些方面做得不错，目前的竞争优势是什么；在哪些方面做得还不够，需要尽快改进。从而更准确地指导商家进行经营活动。更加智能的是，美团大脑还可以推理出顾客对商家的认可程度，是高于还是低于其所在商圈的平均情感值，让店老板一目了然地了解自己的实际竞争力。

在消费用户群体分析上，美团大脑不仅能够告诉店老板来消费的顾客的年龄层、性别分布，还可以推理出顾客的消费水平，对于就餐环境的偏好，适合他们的推荐菜，让店老板有针对性地调整价格、更新菜品、优化就餐环境。

3）物联网使外卖配送更加高效

物联网（Internet of things，IoT）即“万物相连的互联网”，其将各种信息传感设备与互联网结合起来而形成的一个巨大网络，实现在任何时间、任何地点，人、机、物的互联互通。Peter T. Lewis 在 1985 提出这个概念。比尔·盖茨在1995年出版的《未来之路》一书中提及“物一物互联”。1998年麻省理工学院提出了当时被称作EPC系统的物联网构想。1999年，在物品编码（RFID）技术上Auto-ID公司提出了物联网的概念。2005年11月17日，世界信息峰会上，国际电信联盟发布了《ITU 互联网报告 2005：物联网》，其中指出“物联网”时代的来临。

物联网技术在近几年得到了蓬勃发展，早期物联网技术的应用多是在信息感知上，主要被用来对数据进行收集。随着物联网技术的不断发展，其应用范围也在不断扩大，大数据和云计算等技术的出现为物联网技术的不断发展提供了新的动力，这就使得物联网技术的应用也不仅仅停留在数据采集这一层面，而是面向更广的应用，目前在生活中已经开始逐渐展现。利用物联网技术还可以最大限度地节省人力、物力、财力。比如，很多家务事机器代替了人工，像扫地机器人就在一定程度上代替了传统的保洁人员，洗碗机让人们不用专门花时间去洗碗。

物流网的发展极大地改进了外卖配送问题，通过广泛搭载的智能硬件，每一次的配送都可以在数据终端可视化地呈现，让整个配送环节变得高效化，同时很多原本需要人力解决的问题逐渐都过渡为机器解决。

在2019年举办的第52届国际消费类电子产品展（以下简称“CES”）上，美团亮相展厅，展出了自己的黑科技——“比你更懂你”的美团大脑及酷炫灵活的无人配送车“小袋”。

我们可以设想一下，在现实中，无人配送车是如何完成配送任务的？在日常外卖配送中，一个骑手或者一辆无人配送小车如果要去4个餐厅取餐，应该如何规划送餐路线？又该怎样最快速地将餐品送到消费者手中？

美团无人配送车“小袋”具备激光雷达、摄像头、超声波雷达、GPS、IMU等各类传感器，可进行感知、定位和决策规划，可应对各种道路上常见的场景；在遵守交通规则的情况下，能够自主规划路径，避让行人、非机动车和机动车等障碍物，安全地在路上行驶。除了“小袋”外，美团无人配送车全场景产品还包括室外配送中车“魔袋”及室内配送机器人“福袋”等，全方位覆盖配送场景。目前美团无人配送车已在北京、上海等多地实现落地测试运营。

2019 年 4 月 24 日，在国家智能汽车与智慧交通（京冀）示范区亦庄基地内，经封闭测试场日常训练、自动行驶轮式车能力评估测试等系列程序，美团无人配送车“小袋”通过测试，并获得了全国首份服务型电动自动行驶轮式车测试报告。

在未来，当北京市开放服务型电动自动行驶轮式车商业运行测试资质后，美团将有望成为全国首个获得该测试资格的企业，而“小袋”将成为国内首个“持证上路”的服务型低速无人车。

除了消费者端的配送，美团也十分重视商家端的配送。2019 年 5 月 6 日，美团在北京召开发布会，正式推出新品牌“美团配送”，并升级配送开放平台。美团配送将在技术平台、运力网络、产业链上下游等方面向生态伙伴开放多项能力，帮助商流提升经营效率，推动社会物流成本降低，助力实体经济发展。

美团高级副总裁兼到家事业群总裁王莆中表示，希望美团的配送网络在各行业有更好的延伸，开放给更多客户使用。配送网络的延伸和开放，绝不仅仅是人力资源的复用，而是要针对不同行业的需求，设计不同的履约产品，升级配送调度系统，完善配送基础设施，进一步建设更柔性的配送网络。要让配送像云计算一样，即需即用。

在技术平台方面，美团配送依托于美团“超脑”即时配送系统，实现全系统派单，大大提升了配送效率。据美团配送 CTO 孙致钊介绍，美团“超脑”即时配送系统，在高峰期每小时路径规划高达 29 亿次，平均 0.55 毫秒为骑手规划 1 次路线，平均配送时长目前已经缩短至 30 分钟以内。

在运力网络方面，美团配送针对便利店、传统商超、近场零售、写字楼等不同场景，已经形成了 4 种运力网络模式，分别为点对点网络的“巡游模式”、星型网络的“星系模式”、前置小仓+配送的“仓配一体模式”、配送+智能末端的“智能末端模式”。不同的运力网络模式，结合“超脑”即时配送系统及无人配送车等智能装备，可以满足不同的配送场景和不同商家的需求，提升配送效率，降低物流成本。

本节主要阐述了技术大背景下外卖业态的升级，早期外卖在沟通、配送、支付、整体调控等环节都无法顺利跑通，以至于早期外卖一直处于“小作坊”模式下，发展缓慢。随着近几十年来科技技术的不断发展，移动互联网、大数据、人工智能、物联网等新兴技术不断应用到外卖业务中，推动外卖逐渐进入到一个全新的业态。

庄子的《逍遥游》中说：“北冥有鱼，其名为鲲。鲲之大，不知其几千里也；化而为鸟，其名为鹏。鹏之背，不知其几千里也；怒而飞，其翼若垂天之云。”外卖也犹如潜游深海的巨鲲，借着科技的大风从海面一跃而出化身为大鹏，向着更高更远的天地飞去。而美团也在这股浪潮下展露着它的手脚，用科技改造着外卖，将更好的服务带给广大的商家和消费者。

1.3 “懒人经济”下，新消费行为复杂多变，却成为外卖产业高速发展的引擎

外卖从过去的单一渠道发展到如今的新业态，在宏观经济形势的推动下，离不开技术和消费行为的双轮驱动。早期外卖发展所面临的问题，一部分是由当时的消费行为导致的。国家统计局在 2019 年 1 月 21 日发布消息：初步核算，2018 年我国国内生产总值 90.0309 万亿元，中国经济总量首次突破 90 万亿元，按可比价格计算，比上年增长 6.6%，实现了 6.5%左右的预期发展目标。全年全国服务业生产指数比上年增长

7.7%，保持较快增长，全年社会消费品零售总额 380 987 亿元，比上年增长 9.0%。

在国家经济飞速发展的大背景下，广大国民的消费力也被拉动了，人们不再满足于吃饱，更要吃好，愿意支出更多的钱在自己喜欢的事情上。这与计划经济时期的主流消费观不一样，为什么主流消费观发生这么大的变化？当下年轻人的主流消费观是什么样的？它是如何促使外卖逐渐进入一种新的业态的？

1.3.1 主流人群消费路径的演变

1. 计划经济时代下中国的消费行为

新中国成立初期，中国还是一个十分落后的农业国家，工业基础非常薄弱，人民生活十分贫困。全国工农业总产值只有 466 亿元，到 1952 年，国民经济有所恢复，但城乡储蓄存款只有 8.6 亿元，农民基本没有存款，城镇居民的定期储蓄只有 4.8 亿元，国家可利用的资金极为有限。

近代中国人民生活一直比较困苦，因而人们一直奉行着节俭的消费观念，新中国成立后，虽然人民对更好的生活有了期待，但国家制定了发展社会主义工业化的远大目标，人们处于“抑制消费”的阶段。在新中国成立初期，人们依然奉行着勤俭节约的消费观念。而且，由于当时个人经济状况差别不大，攀比心理不凸显。

当时勤俭节约的消费观念体现在人们的日常生活中。人们将有限的收入和消耗品进行精打细算，“一分钱拆两半花”“新三年、旧三年、缝缝补补又三年”是当时人们日常生活消费的真实写照，所有的支出都需要经过仔细考虑，通过合理的消费预算，尽量先保证基本的生活需求。

1959 年，中国城镇居民年人均收入 354.22 元，人均消费 338.24 元，农村居民年人均收入 50.51 元，人均支出 57.70 元，虽然工资水平很低，基本没有结余，但人们还是需要对未来生活进行一定的风险防范，尽量从日常生活中省出一些钱来，“今天攒钱明天花”，宁愿延期消费也绝不借债。“无债一身轻”是当时的主流观念，所以当时人们基本都有储蓄的习惯，对于借债消费和超前消费不以为然。

同时，由于国家供给的消费品数量和品种都很有限，人们没有多少选择的余地。改革开放前，中国人民在穿着方面，被形容为“蓝灰色的海洋”，对于拥有的消费物资，人们十分爱惜，尽量延长其使用寿命，一件东西往往可以用十几年，以此来最大限度地利用其使用价值。对于消耗品，一件衣服爸爸穿完孩子穿，哥哥穿完弟弟穿。物资的匮乏也导致很少有精神型或服务型的产品，例如在饮食方面人们没有过多的选择，主要满足要吃饱的生存需要，对于菜品、口味等个性化等需求基本算是奢望。

2. 改革开放后消费行为的改变

1978 年，党的十一届三中全会召开，揭开了中国改革开放的大幕，打破了之前计划经济时代排斥市场调节的经济方式，突破了计划经济完全调控市场的旧时格局，重新调整市场方向，把国家调控和商品经济结合起来，初步认可了市场调节的价值。

市场经济体制初步确立后，一部分敢于冒险的人率先尝试市场经济并获得红利，这使得部分消费者的收入有了大幅度增长，人群的购买力开始具有差异化，部分群体的购买力明显超出了周边人群。与此同时市场供给也在逐年增加，消费者似乎突然有了更多的选择空间。基于这两点变化，人们开始从以前没钱买、没选择的状态下解放出来，人们的消费倾向被极大地刺激了，人们的消费意愿也开始增强。很多人为了提高自身的生活质量，开始在家用电器，教育、旅游、饮食健康等方面消费。

随着中国市场经济的确立，市场体系和制度得以完善，消费者在市场上的选择余地明显增大，并在市场中逐步占据了主导地位，这既体现在消费者的选择空间的扩大，又体现在消费者的选择权明显提高。供给种类的大幅增加，提高了消费者的市场选择范围，消费者可以完全根据自己的主观喜好去购买自己倾向的商品和服务。之后随着相关法律的出台，消费者的自我保护和维权意识也开始上升，在追求商品质量的过程中，开始注重消费感受和性价比。而伴随着中国金融业的发展，贷款、超前消费等观念也开始慢慢普及。

3. “懒人经济”下的当代新消费行为

经过了 40 年的改革开放，中国的经济发展实现了举世瞩目的飞速发展。体制的转变顺利完成，一方面体现在中国从传统的农业国家转为现代工业国家，另一方面表现为中国经济从以往改革开放前传统的计划经济体制转变为现代化的市场经济体制。根据联合国发布的《2018 年世界经济形势与展望》显示，2017 年，受发达经济体，以及新兴市场和发展中经济体广泛复苏的影响，全球经济增长 3%，较上年大幅提速 0.8 个百分点，是 2011 年以来的最大增速。而中国对全球经济增长贡献最大，约占 1/3。中国经济已经快速增长了近 40 年，2017 年，中国 GDP 为 82.71 万亿元（12 万亿美元），成为全球第二大经济体，是第三名日本的 2.5 倍。世界 500 强企业，中国拥有 11 家。中国还有全世界最大的中等收入人口、最多的在校大学生，消费力强劲。未来 20 年，中国市场将是全球炙手可热的一块大蛋糕。

在这样的大背景下，消费者的个性化需求、高品质消费需求等方面的发展创造了坚实的基础条件，同时也容易诞生出新的经济行为。

高速发展的经济也改变了人们的生活节奏，快节奏的都市生活改变了人们的生活状态。人们渴望在忙碌中寻找惬意，将自己完全放松，比如在周末的早上慵懒地伸个懒腰，开始一天懒人的生活，使心灵得到平静……由此，催生了一个新兴的经济——“懒人经济”。

2005 年，“懒人经济”已经在中国兴起了，而且来势迅猛。懒人用品不知不觉间已经渗透到我们的衣食住行各方面。在“食”方面，方便食品家族成员越来越庞大，最初是方便面，而后是速冻馄饨、速冻饺子，后来又发展到各类速冻炒面、炒饭、盒装汤……超市的懒人食品越来越多，更进一步地也推动了整个外卖的发展。

所谓懒人，不是无所事事、穷得叮当响的懒人，而是学有所长，收入颇丰的勤奋型的“懒人”，只是因为职场拼搏使他们无暇分身关注工作以外的事情。基于这样的背景，“懒人经济”的目标消费者主要为 20～45 岁的白领及学生群体。白领成熟稳重，有较高的收入，消费能力强，消费理念较新，对价格敏感度较低，注重产品品质；学生思想活跃，消费追求新颖和潮流，易接受新事物、新观念，有一定的经济来源，注重产品包装美观。

现代社会节奏加快，竞争激烈，国人“健康透支”后果初现。有资料显示，目前中国癌症的死亡人数每年达 150 万，精神和心理疾病患者达 1 600 万人。人们希望让一些琐碎而繁重的家务变得更轻松，以便集中精力和时间处理更重要的事，这样，既减轻了工作负担，又提高了生活质量，这不能不说是社会进步的一种体现。

社会的进步就是让一切都变得越来越简单、越来越方便，换句话说，就是培养越来越多的“懒人”。随着这个群体的不断扩大，懒人用品、食品开始出现在市场上，越来越多的商家也开始瞄上懒人群体。“懒人经济”能够创造市场商机，促进社会经济发展。这就使“懒人经济”的兴起有了合理基础。“懒人”已经成为越来越多的商家首选的目标消费群体。

“懒人经济”的一个重要影响是推动了“网上购物”的发展，现在已经很少有人去线下购物，人们更习惯于线上支付，足不出户就可以拿到需要的商品。基于此，“懒人经济”还催生了“跑腿经济”，这无疑给一些人提供了就业的机会，特别是在外卖业态上。

“懒人经济”下消费者的诉求是“足不出户就能买遍世界”，消费者的这一诉求使得他们对外卖的依赖度越来越高，外卖也由一开始的饮食延伸到生鲜、药品、鲜花、水果蔬菜等多个品类。

1.3.2 “懒人经济”催动外卖进入新业态

1. 消费行为下的外卖新业态

高速发展的经济形势促成了“懒人经济”在中国的生根发芽，而其中的佼佼者非外卖莫属。距美团外卖 2013 年正式上线已经过去 6 年。2014 年百度外卖成立，李彦宏曾高调为其融资 2.5 亿美元，仅仅 3 年，百度外卖就被饿了么收购；而到了 2018 年 4 月，饿了么又被阿里全资收购；2019 年 5 月，美团在北京召开发布会，正式推出新品牌“美团配送”……互联网时代下外卖这个曾经不起眼的单一渠道如今被彻底地颠覆，并引来多方平台的激烈竞争。而作为这个时代下被长期留下的，便是人们彻底被改变的行为习惯，6 年来，外卖行业唯一不变的就是发展飞速。

1）新消费行为带动外卖规模不断壮大

当下人们渴望优质生活、健康饮食，在提升生活品质方面消费欲望不断提高，同时人们更加渴望即买即得送货上门的服务，所以在“懒人经济”下外卖市场的规模不断壮大。

《2018 中国餐饮报告》指出，据艾瑞咨询等公开资料显示，中国外卖 O2O 市场规模从 2013 年的 34.3 亿元增长到 2017 年的 3 052.15 亿元，连续 4 年增速在 100%以上。2017 年，中国餐饮市场规模达到 3.9 万亿元，对照美国和日本，外卖占餐饮份额在 30%计算，未来中国的外卖市场将是万亿规模。

2）人们对外卖的依赖程度越来越高

快节奏的都市生活改变了人们的生活状态，在工作之余寻求惬意舒缓的生活是人们的第一需求，由此人们也越来越依赖外卖这种便捷高效的服务。截至 2018 年 12 月，中国网上外卖用户规模达 4.06 亿人。根据《2018 中国餐饮报告》显示，2018 年 5 月，美团外卖日完成订单量突破 2 100 万单，对比 2015 年的 300 万单，三年增长了 6 倍，5 月 6 日，美团点评在北京召开发布会，正式推出新品牌“美团配送”，在发布会现场，王莆中透露美团外卖日完成订单量已于 4 月 20 日超过 2 500 万单。根据美团点评研究院发布的《2017 年中国外卖发展研究报告》数据显示，2017 年，在中国近 2 亿单身人群中，有 1.3 亿人都曾在美团叫过外卖，其中 8 万单身人群平均每天叫一次外卖，393 万人年度订单数量高于 100 次，平均每周叫两次外卖。在消费者点外卖的原因调查中，“单独用餐”成为继“用餐时间短”“不想做饭”之外的第三大原因。

外卖的身影会越来越多地出现在人们的生活场景中，慢慢地，外卖不再局限于单一的餐饮，而会成为一种覆盖人们整个日常消费的全新的模式。

3）经济增长下人们在外卖上的开销越来越高

当下人们的目标早已从吃得饱转变为吃得好，消费观念上的改变使得人们愿意为了好的服务、好的饮食花费更高的价格。随着市场愈发成熟，外卖客单价呈稳步增长的状态。2015—2017 年，外卖用户的客单价从 24 元/单，增长至 42 元/单。

用户习惯已经形成，且对于价格越来越不敏感。根据易观发布的《2017 互联网餐饮外卖用户分析》，中高端消费用户在餐饮外卖领域消费能力较强，占比达 49.8%，在这其中，高端消费群占比 48.4%；超一线城市消费占比 16.0%，一线城市消费占比 52.7%，二线城市消费占比 13.6%。外卖已日渐成为消费者日常消费的一部分。易观千帆数据显示，截至 2017 年年底，在本地生活服务场景下，餐饮外卖也已成为生活服务类别下的第二大消费场景。

4）各年龄段的人群纷纷成为外卖用户

随着“懒人经济”下外卖的不断渗入，外卖从一开始的年轻人群体逐渐扩展到全年龄段群体，很多白领忙于工作无暇照顾家人时，外卖成了照顾老人和孩子的一种新选择。

《2018 中国餐饮报告》显示，在整个外卖市场中 20～30 岁的人群贡献了 65%的订单量，成为外卖的主力消费群体，35 岁以上的群体的订单量占 13%；25 岁以下的人群对价格更加敏感，其群体单均价远低于整体单均价，单均价随着年龄的增长而提高，35～45 岁单均价达到波峰 40 元；值得注意的是，55 岁以上的消费群体虽然订单量很少，但客单价较高，为 39 元。在去年，有 1 600 万以上的老人使用了外卖服务。

5）新消费行为下外卖不再止步于一日三餐

随着人们对生活品质的要求越来越高，虽然目前外卖依然以餐饮为主，但是随着消费升级，人们对于甜点饮品等下午茶品类的饮食需求越来越高。

与 2016 年相比，2017 年的早餐订单量同比增长 230%，是所有用餐时段增速最高的，夜宵时段次之，增长率为 205%。早餐、夜宵和下午茶的高速增长导致非正餐场景下的外卖增速进一步加快，同时“懒人经济”下高效的配送服务使得生活超市等类目的订单量和配送需求正在快速增长，后续将爆发更大的市场活力和市场空间。

6）用餐场景更加丰富，一切地点皆可外卖

以往人们在外必须到附近的饭店才能吃饭，但在“懒人经济”下人们越来越希望足不出户就可以吃到美食，以往是消费者去找美食，现在则是美食来找消费者。因此，如今使用外卖的场景变得越来越丰富，几乎涵盖了我们生活中会去到的所有地方。

根据《2018 中国餐饮报告》，除了办公室、大学校园、住宅等常规消费场景，酒店、商铺、医院等餐饮消费场景也渐出风头。从数据看，酒店的订餐单量比例高达 8%。随着用户外卖习惯的养成，异地差旅人士成为外卖不容忽视的重要人群。

人们的消费理念在变化，带动的是外卖的高速发展。站在历史的角度上，从新中国建立到改革开放再到如今，中国的经济体制经历了计划经济时代到市场经济的转型，经济不断增长的同时，人们的消费观念开始变化，从满足基本的生存需求到开始追求更高的生活品质。外卖平台的出现更是彻底改变了人们的用餐习惯，在美团外卖上线的6年中，整个外卖的规模、订单量、人均客单价都有显著提升。在服务方面，美团也基于自身技术优势在各个方面提升外卖整体的服务水准，来满足人们对饮食日益变高的需求。

2. 新消费行为下年轻人的饮食消费特征

2017年，80后、90后、00后总人口5.5亿，占全国总人口的近40%，80后、90后、00后的年轻人成为中国消费的中坚力量，也是餐饮消费的主力军。根据波士顿咨询公司的报告，未来五年中国消费者中坚力量将由上层中产阶级（家庭年收入24 000～46 000美元，每月可支配收入1 738～3 186美元）和新世代（80后）所构成。再看整个餐饮行业的消费，80后、90后人群在中国餐饮消费整个用户层中占比接近7成。美团点评的数据显示，20～39岁的消费者贡献了84.4%的餐饮消费，其中，90后的餐饮消费大幅超越80后。麦肯锡发布的《2017年中国消费者调查报告》也指出，“中国90后正在成为消费新引擎”。在未来15年里，80后、90后、00后将贡献出中国总消费增长的20%以上。

在移动互联网时代，当今中国的年轻人，有几个非常显著的消费特征。“即买即得”，多等一天的耐心都没有，凡是能够在网购中满足的需求，绝不愿意挪动脚步到线下，“懒人经济”已成大势；“体验大于一切”，如今的年轻人并非真正的懒人死宅，他们非常愿意参与线下的空间活动，在真实的生活或学习场景中交友、消费和展现个性，但前提是现场体验足够好；“内容型消费”，购物不仅仅是必需品的购买行为，更多时候是满足自身情绪的需要，买回来的东西不仅要实用，更要满足年轻人分享的欲望。《2018中国餐饮报告》指出，当下年轻人在饮食方面的消费特征又具有3个特点。

1）更关注食品本身是否好吃

在消费升级的大背景下，消费者有能力追求更高品质的产品，偏好多天然食材、少添加剂的品质菜品。根据美团的数据显示：按口味搜索餐厅的人群中，79.13%是 80 后，在 80 后、90 后所写的评论中，39.81%是关于口味。

2）爱分享、关注食品颜值

中国烹饪协会《2017 年度美食消费报告》显示，就餐环境已连续三年成为消费者最关注的因素，餐饮消费体验的重要性逐渐凸显。通过就餐环境、菜品颜值的打造，为消费者提供更舒适的就餐场景是餐饮发展的必然趋势。和过去的人们不一样，80 后、90 后年轻消费者除了追求好口味，对菜品颜值和惊喜搭配也有很高的期待。餐厅的菜要美、环境要美。够不够美的一个标准是，一定要能发微信朋友圈。美团数据显示，所有撰写带图评论的人群中，80 后占比为 80.53%。对于商家端来说，低成本高效率的互联网社交工具也方便了商家推广门店。近年来以抖音、快手为代表的短视频开始流行，众多餐饮企业纷纷开始在新媒体端发力，扩大导流漏斗，吸引消费者前来“拔草”。

3）愿意花高价但看的是性价比

消费升级并不意味着大家愿意支出的钱更多了，“升级”是体验和功能更好了，并且在同等的体验和功能之下，性价比更高了。对餐饮来说，这两端都是有巨大机会的。大众点评在 2018 年 1 月 16 日发布了高性价比的黑珍珠餐厅指南，共有 330 家餐厅上榜，覆盖北京、上海、广州、南京、成都等国内 22 个城市，以及东京、巴黎、纽约、曼谷、新加坡 5 座海外城市。这份大众点评推出的“米其林指南”中，有 28 家三钻餐厅是“一生必吃一次”、85 家二钻餐厅是“纪念日必吃”、218 家一钻餐厅是“好友聚会必吃”。其中一些餐厅的人均消费超过了 1 000 元。

本节主要探讨经济发展之下人们消费观的演变历程。当前，人们对于外卖的需求呈现多场景化，配送的领域也不单单是过去单一的食品，开始涉及更多的维度。随着外卖品类的全面发展，整个外卖以餐饮为基础，开始渗透到新零售等方向，这极大推动了外卖业态的升级，建立了更完整的外卖的消费路径，促进了外卖产业链雏形的形成，使外卖逐渐以一种全新的独立产业姿态进入人们的消费生活中。

1.4　新产业新业态，反哺传统行业升级

在历经经济的高速发展、技术革新的爆发，以及互联网革命的浪潮之后，各行各业都迎来了全新的发展机遇和挑战，尤其是当前中国正处于进入发展的重要关头，传统行业需要进行供给侧结构改革，方能在经济升级的历史十字口上，获得先机。

而餐饮和零售行业，由于发展历史悠久，过往更一度是传统行业的代名词，但如今，因为与互联网逐步进行融合，已进入了全新的发展阶段。企业只有抓住新的发展趋势，才能找到提升业绩增长的新动力。

1.4.1　餐饮和零售行业进入新阶段

中国经济发展已经进入新时代。从外部来看，全球经济一体化使中国面临着复杂的发展大环境，外部经济、政治形势的动荡，一定程度上都与中国经济的发展息息相关；从内部来看，中国经济发展在新时代的基本特征是经济从高速增长阶段转向高质量发展阶段，在未来一段时间内，中国经济要解决的首要问题已不再是“快”字当头，更重要的是通过供给侧结构性改革，往高质量上发展转型，经济发展将以“好”字当头。

供给侧结构性改革已成为现时中国经济工作的核心，其主要目的是，在扩大总需求的同时，提高供给的质量和效率，这也将推动包括零

售和餐饮在内的各个行业进行自我改革，实现产业升级。

在这个改革的过程中，技术升级是企业实现改革的重要工具。在近十年中，大数据、AI、物联网等新技术的出现，使消费者的画像和行为可被识别，并形成精细的大数据。大数据的应用可以极大地帮助企业洞察用户需求，提升企业运营效率，降低营销成本。而对于电商、外卖等行业来说，大数据更是物流运力高效调配的基础，同时配以 AI 技术，使产业智能化变成了可能，助力企业效率的提升，推动企业改革升级。

从消费者一侧来看，消费者的组成结构和观念的改变使消费者的消费行为变得更为复杂，除个性化需求、高品质消费需求外，物质的丰富、技术的提升，也促使了“懒人经济”的兴起，面对这一系列消费行为的变化，企业的改革升级也成了迫在眉睫、关系生存的任务。

作为与互联网较早结合的行业，零售和餐饮行业率先成为改革先锋，过程中孵化出了电商、外卖等新型模式。随着新型模式的不断升级，零售和餐饮行业逐渐形成了新的产业形态，进入了全新的发展阶段。企业需要抓住新的产业发展趋势，进行自我迭代和改革，找到新的业绩增长引擎。

1.4.2 新餐饮发展的四大趋势

餐饮行业发展至今，其行业规模已经跨入 4 万亿元时代，得益于互联网浪潮，整个行业从传统行业逐步往新餐饮行业转型。团购的火爆是餐饮行业变革的导火线，外卖在餐饮行业的盛行是助推餐饮向新餐饮转型的关乎质变的里程碑。

新餐饮发展呈现出以下四大趋势。

1. 线上线下一体化

移动支付的成熟、SaaS 的快速发展，为餐饮业发展线上线下一体化奠定了基础。餐厅不仅在线下能交易实现在线化，同时顾客选择餐厅、预定位置、排队、点餐等动作，全流程都能在线上实现。线上线下一体化的趋势下，餐厅可实现多种在线：交易在线、信息在线、行为在线。未来，不仅是消费体验，商家的经营效率都能得到极大的提升。

2. 全渠道+数据化

线上线下一体化，使商家可以通过顾客的各种行为，更好地收集行业数据、门店数据、用户数据，可以精准掌握用户需求，并且扭转过往餐饮商家开店吸引客户只能通过线下的宣传，商家可以通过多种渠道吸引用户，获取客源，同时也使得消费者体验更好。

3. 餐饮需求个性化、情感化

在餐饮市场中，消费者拥有越来越多的主动权。对新一代消费者而言，饮食不再只是简单地满足口腹之欲，而是带着特定的情感诉求，成为一种重要的社交方式和渠道。他们观念开放，思想新潮，对各类饮食产品充满猎奇心理。时尚、好玩成为重要诉求，到网红店打卡，外出就餐之余拍照发朋友圈是很常见的社交行为。

年轻一代的消费者经济和精神独立，快节奏的生活、口味选择的多元化等使一人食成为流行，单人用餐成为一种常态，这是一种全新的生活方式。

除此之外，现代年轻人有主见，热爱新鲜事物，因此对于餐饮的消费需求也变得更为个性化。近几年来，部分年轻人寻求健康的生活方式，寻找有特定属性的餐饮，个性化趋势明显。例如，新一代消费者更注重健康养生，出现了“少年养生派”。绿色健康是他们选择就餐的重要标准，时下也是一种生活方式。

4. “懒人经济”：得“懒人”者得天下

线上线下融合模式的日臻完善、物流配送的便捷，为人们的生活提供了极大便利。新一代消费者思想活跃，消费能力强，消费理念较新，易接受新事物、新观念，有一定的经济来源，注重产品包装设计，对价格敏感度较低，注重产品品质。

闲适惬意、便捷轻松的生活方式越来越被推崇。巨量的“懒人”群体爆发出巨大的市场机会。消费者追求美味与效率的结合，餐饮零售化、零售餐饮化的趋势越来越明显。“懒人经济”下，大部分消费者外出就餐时间在 60 分钟以内，这就对堂食的出餐速度提出了更高的要求，同期还要兼顾良好的用餐和服务体验。

当下，外卖为餐饮企业创造的业绩价值不断攀升，俨然已成为新餐饮企业的业务模式中不可或缺的组成部分。外卖从单一线上渠道的位置高速攀升为与堂食并行的业务主体，“堂食+外卖”模式将成为新餐饮浪潮下餐饮企业的主流模式。

1.4.3 零售新模式发展的五大趋势

零售和餐饮行业，是满足消费者日常最为高频的消费场景的基础产业，因此，在供给侧结构性改革的过程中发展较快，零售和餐饮行业的改革需求最为迫切。

互联网促使零售行业重构了人、货、场的关系，使之成为新的零售，新零售也被众多互联网巨头视为“互联网下半场的关键”，是各大企业争相入局的新赛道。

那么新零售的本质究竟是什么？总体来说，新零售以用户洞察为核心，以数据为驱动，以互联网为平台，线上线下深度融合，重构人、场、货，满足用户消费分级，提升行业效率。

新零售具有以下五个发展趋势。

1. 产业链全链条的数据化

随着移动支付向三、四线城市的下沉与普及，消费者行为数据采集工作基本实现。

消费者真实身份和互联网 ID 身份之间实现了统一与关联，消费者在线下数字化门店的货架停留时间、体验产品的过程都有可能被记录，在线上门店产品详情页停留时间、消费过程中的咨询互动也会被记录。

本地生活服务平台已经成为水电煤气的基础服务平台。而消费者数据已经成为新零售的能源，最终将成为贯穿产业链全链条的“大动脉”。

2. 以用户为中心的个性化体验，千人千面的反向定制

传统零售是千人一店，一店一面，而新零售是千人千店、千人千面的，是可以根据消费者行为数据和兴趣偏好等主动调整线上货架和商品信息，并精确推送到潜在消费者面前的。

3. 技术成为零售新模式下的壁垒和破局点

移动互联网、物联网和大数据、人工智能、图像识别、虚拟现实等技术日趋成熟，将更多用于新零售全场景中，技术将成为新零售发展的第一驱动力。同时，从竞争角度来看，这一系列的“黑科技”未来或将成为企业在零售新模式浪潮中的核心壁垒和破局点。

4. 场景化体验渗透产品和服务

根据场景匹配不同的服务，强化用户体验。一个简单的购物活动，成为包含诸多场景的购物旅程。

5. 外卖平台是释放零售新模式下势能的超级出口

新零售崛起的背后，是移动互联网打通了线上+线下场景，通过技术革新，使线上+线下随时随地捕捉消费者成为可能，同时依托于大数据，实现产业链全链条的生态重塑。其中，外卖平台拥有巨量的流量，且用户场景明确、高频。一方面，外卖平台将成为新零售企业精准的获客渠道；另一方面，外卖平台背后强大的物流配送能力，让消费者在线

上下单后，在线下可以用最短的时间取得商品，改变了过往网购需要等待快递才能取得商品的情况，极大地提升了消费体验。

目前，以美团外卖为首的外卖平台，除了原有的美食品类，已经陆续扩充到商超、生鲜果蔬、医药等品类，未来外卖平台将成为释放新零售势能的超级出口。

1.4.4 外卖进入到一种新的业态

首先，一部分餐饮商家对外卖的认知程度还是不够，外卖早就不是堂食的一个简单补充，而是一个全新的业态。

那么我们先来探究外卖模式是什么？综上所述，外卖模式满足消费者对日常生活服务即时购买行为，并在最短时间内获得商品的核心需求；以本地在线生活服务平台作为基础设施，连接供给侧和需求侧，通过线上完成交易闭环，通过即时配送完成线下交易履约，为用户提供从需求发起到商品验收一站式的服务。

外卖模式最初根植于餐饮行业，在经历飞速发展后，其商业模式得到了市场验证。随着外卖在供给侧和需求侧的深度渗透，加之配送效能的提升，外卖这一新模式对产业上下游的生态链进行了重塑，形成了“线上+线下”新的生态闭环，发挥出巨大的市场规模效应。其后，外卖覆盖的边界从餐饮扩张至新零售。至此，外卖升级到了一种全新的业态。

外卖新业态是以用户的即时洞察为核心，以大数据为驱动，围绕着本地生活服务平台打通线上和线下的消费场景，线上实现交易闭环、产生规模经济效益、形成以外卖为核心的产业生态链，使人货场价值重构的二代电商。

外卖从一个新模式升级为一个新的业态，使餐饮和零售行业迎来了新的时代红利，同时也为供给侧带来了巨大的改革挑战。全民外卖时代来临，外卖业务平台逐步升级、大数据模型正在建立、营销模式数字化、物流配送多样化和智能化、外卖在全品类的快速扩充……这一系列变化，都是外卖新业态的典型特征。

在外卖新业态之下，传统企业须深刻洞察外卖新业态下的发展趋势和机遇，从品牌定位到企业的信息管理系统、人财体系、供应链等环节，都需要链接外卖新业态，进行优化和重塑，制定新的企业发展策略，为企业业绩增长寻求新的动力。

第2章

平台化、数据化加速行业全面升级：新消费时代下的外卖新业态

2.1 全民外卖时代：深化外卖业务的业态化——外卖已成为媲美堂食的核心业务

民以食为天，不肯将就的中国人，早在距今千年以前的唐朝就开始“点外卖”了，婚丧礼席有专业的料理团队操办，富商巨贾平日也经常派人向饭馆下单，饭馆会用暖盘、食盒把饭菜送到顾客家中。这就是外卖最原始的形式：食客打包，食肆外送。

20 世纪 90 年代，电话订餐逐渐成为外卖行业的主要手段，最有名的是丽华快餐。商家用纸质的传单、优惠券揽客，这种形式使菜品变化、促销活动无法及时更新，仅凭电话沟通也容易把顾客信息、餐品信息等记录错或传达错。

约 10 年前，随着互联网的普及，学生和白领成为网站订餐的主要消费者，这个阶段发展起来很多互联网订餐企业。曾经火爆却昙花一现的有深圳的 ABC 订餐网，它虽然配有自主的餐品生产工厂、供应链物流、配送团队和客服，然而这些企业与最古老的外卖形式一样，是餐馆一对一联系用餐者，社会分工少，不能通过平台聚客导流、营销优化，不能把专门的事交给最专业的人来做，自然会面临发展的瓶颈。

2.1.1 外卖的平台化历程

外卖平台大致经历了三个发展阶段。

第一个阶段，1999 年到 2013 年，是外卖平台的初创期。1999 年，为在华外籍人士提供餐饮外卖的平台食派士 Sherpa's 诞生。覆盖更大客户群体范围的饿了么、到家美食会、零号线、美团外卖自 2009 年起到 2013 年相继上线。

最早期的外卖平台只起到消息流、支付流对接的作用，解决的是用户的功能性消费需求，即如何让用户更有效率地点外卖。随着智能手机的普及，外卖的形式从电话订餐、网络订餐，走向了移动订餐，外卖平台有了化茧成蝶般的蜕变。2013 年 9 月，美团外卖推出了第一版 App，早期的功能比较少，用户在线上下单，美团外卖的客服接单后给商家打电话，商家需要与客服核对订单产品、数量、消费者地址和电话等，所有后续的行为包括配送都由商家自主完成。App 版本升级后，多了一个短信接单的模式，系统给商家发短信时多了一个菜品清单，同时还支持消费者催单。

第二个阶段，2014 年到 2015 年，是外卖平台的启动期。在雄厚的资本助力下，各大外卖平台开始飞速扩张，不断推出更完善的服务功能。

2014 年 7 月，美团外卖 App 可以在线支付和退款了。2014 年 10 月，开始支持红包功能，逐步演化出分享红包、天降红包等形式。次月，美团外卖单日订单量突破了 100 万。美团随即抓住先机扩展业务，于 2015 年 7 月推出新的流量频道区，用户可以选购商超、水果生鲜等非餐品类。

第三个阶段，2016 年至今，是外卖平台的高速发展期。行业资源集中到头部平台，精细化运营成为唯一选择，借助大数据和人工智能改革了营销和物流配送模式。

随着消费升级，用户不再只重视购买时的快速、便宜，而对餐品的品质、消费过程的体验日益敏感。这体现在客单价的涨幅 20%远高于 CPI 的涨幅 2%上。2016 年 11 月，美团外卖首页推出“为你优选”栏目，开了外卖个性化推荐的先河。为了给顾客更好的品质体验，美团率先通过线下、数据、内容信息流精选品牌店铺为用户提升品质感。次月，美团外卖入驻微信钱包。

2017 年 5 月，美团外卖推出到店自取业务，在到家和到店业务外，开辟了一个新的场景。8 月，美团隐私号功能上线。2018 年，美团外卖的隐私号功能已覆盖我国全部省份，下单时默认开启隐私号，在保护用户隐私的道路上迈出重要一步。2018 年 2 月，美团在部分城市开展全城送服务，精选全城高品质美食，提供 3～10km 的全城美食配送。2018 年 7 月，美团上线闪购业务，30 分钟配送全品类商品，助力新零售服务升级。

从网页到手机订餐，从商家自配送到平台运力配送，从餐品到全品类新零售，外卖业务已不仅仅服务于餐饮业，而是越来越深地融入了每个人的生活，不断提高顾客满意度，扩大市场规模，助推品牌商家的崛起和快速发展。

2.1.2 外卖向业态化发展的趋势和原因

根据第一财经数据中心的报告，2016 年开始，具有代表性的城市的餐饮门店扩张开始放缓，尤其是北京，如何深挖存量顾客的价值成为餐饮行业接下来的重要目标。在线外卖平台成为餐饮商家提升已有门店效益的重要手段。根据国家信息中心发布的《中国共享经济发展年度报告（2019）》，2015 年至 2018 年，在线外卖收入年均增速达到 117.5%，是传统餐饮业的 12.1 倍，其中 2018 年我国在线外卖收入约 4 712 亿元，占全国餐饮业收入的比重从 1.4%提高到 10.6%。

截至 2018 年年底，美团外卖用户数达 4 亿，年活跃商户 360 万，日订单突破 2 500 万，覆盖 2 800 余市县，日活跃骑手 60 万。

从 2012 年到 2018 年，在餐饮业扩张规模效益递减的背景下，外卖从四百亿成长为四千亿的规模市场，凸显了外卖平台对餐饮业的巨大贡献。下面让我们来看看蒸蒸日上的外卖业态背后的原因。

1. 新型外卖平台连接信息流、支付流和物流

首先，外卖平台作为一种电商平台，为商家和消费者连接起了信息流。

外卖平台上聚集了数量庞大的商家，他们提供差异化的供给。商家电话、地址、菜单透明的同时，价格还有优惠。消费者可以省时省

力地比较菜系、商家、口味、餐品，这改变了消费者信息搜集的方式。依靠公开透明的用户评价制度，很大程度上减少了信息的不对称性，更大限度地满足了消费者的个性化需求，也节约了顾客宝贵的时间，增加了用户的消费冲动和消费频率。对商家来说，则大大降低了获客和运营成本，更广地覆盖用户，更加精准地营销，更及时地根据顾客需求优化菜品。

其次，随着智能手机和移动支付的普及，外卖平台还为商家和消费者提供了安全、可靠、快捷的支付方式，连接起了支付流。外卖平台作为第三方，为商家和消费者双方起到了降低信任成本的作用。

再次，也是外卖业态最核心的，外卖平台强大的即时配送体系为商家和消费者解决了物流的问题。商家的自配送是从 90 年代末开始的，然而一直发展缓慢。一方面，很多优质的商家无法自己配送；另一方面，因为堂食和外卖的繁忙时段是一样的，由商家自己负责配送，难免在人力、时间上起冲突，成本也非常高，同时服务没有外卖平台的专业配送队伍那么好，顾客的反馈也很难让商家有及时的优化。外卖平台有了自己的专业配送队伍之后，外卖对餐饮业的贡献显著增加。在国内餐饮业门店日趋饱和、规模效益递减的背景下，外卖逆势起飞，以惊人的速度，形成了四千亿的庞大市场，并持续高速发展。

2. 外卖平台整合消费大数据

美团等外卖平台运用大数据分析能力，为商家提供一站式服务，帮助商家智能选址，拓展上下游渠道，多品类串联，融入更多本地生活服务场景，进行用户画像，更精准地连接消费者，全方位数字营销，并且能及时地优化产品和服务，促进了客单价的增长，也使得用户黏性增强。

外卖平台帮助商户收集市场数据和区域特性的信息，将消费者分类并确定优先级，给出差异化的策略，全面研究消费者的购买潜力和核心客户群的路线，将不同客户的购买潜力结合自身选址、重要竞争对手的选址进行比较，评估历史交易数据，详细分析交通情况等微观环境，反复衡量，最终确定正确的选址。

平台帮助商家分析识别客户属性、需求及购买驱动因素，设定用户标签，形成用户画像，制订有针对性的精准营销策略，帮助商家多入口、多场景导流用户，构建线上会员体系，提高用户忠诚度。平台协助商家分析客流热力图等详细数据，协助商家做好后续营销活动。

3. 平台以“在线”服务提升商家效率

在互联网时代，组织效率的提升需要四个“在线”：员工在线、产品在线、客户在线和管理在线。

以美团外卖为例，早期通过客服联系商家，这是让员工在线。企业的员工能连接消费者，也能连接商家，并实时服务。

员工在线的同时，还得做到产品在线，美团外卖的产品就是商家的菜品，要让消费者能在线上看到菜品，能在线点餐。

接下来是客户在线，消费者要能从线上点餐，并养成路径依赖。消费者在线动作涵盖了查找、筛选、点餐、付费、收货、评价、复购等一系列流程。

最后是管理在线，外卖平台为商家制定了规范的服务标准，督促商家遵守食品安全标准，让商家凭借高品质的产品和服务，赢得消费者的信赖，可持续地健康发展。

2.1.3 外卖业态化的底层逻辑

外卖平台为餐饮业提供信息通道、资金通道和物流通道。新零售，就是人、货、场效率更高的零售，是以互联网为依托，通过运用大数据、人工智能等先进的技术手段，对商品的生产、流通和销售过程进行升级改造，将线上服务、线下体验和现代化的物流进行深度的融合。

第 2 章

平台化、数据化加速行业全面升级：新消费时代下的外卖新业态

根据刘润《新零售：低价高效的数据赋能之路》一书中的模型，新零售需要用数据赋能，提升“场”的效率；用坪效革命，提升“人”的效率；用短路经济，提升“货”的效率。其中的坪效就是每一平方米场地产生的营业额。因为销售额=流量×转化率×客单价×复购率。外卖平台力图帮助商家更高效地为顾客提供最有价值的货品，提高客户转化率、客单定价和复购率。而数据赋能是外卖平台研究如何利用线上线下的优势来提升商家销售的效率。短路经济体现在砍掉中间不必要的环节，直接将客户所需送达客户手中。

外卖平台是连接 B 端商家与 C 端用户的媒介，配送是连接双方的核心路径。商家借助平台这个载体，通过配送将产品和服务触达 C 端用户。由此看出，外卖业态以 B 端商家为中心，通过效率至上的物流服务，始终坚守食品安全标准，以达成最终 C 端用户满意、从而实现商家产品的核心价值。

以美团外卖平台为例，2018 年美团外卖拥有 360 万活跃商家，丰富多样化的供给，使平台上菜品和口味的丰富度有充分的保障。用户有充足、丰富、源源不断的商品可选，同时平台还通过用户的评价、建议等反馈，帮助商家增加效益。

外卖平台一方面全力帮商家节省成本增加营收，扩大流量，提供专业的物流配送服务，另一方面坚守食品安全规范，助力行业长远健康地发展。

我国 2017 年 2 月出台的《网络餐饮服务监督管理办法（征求意见稿）》，一方面要求互联网外卖平台上提供外卖服务的商家应该具备实体店铺和食品经营许可证，另一方面指明外卖平台有对平台上的商家进行审查和监测的责任。因此美团外卖等平台，在餐厅资质审核上不断加大力度，并出台各种措施，加大对品牌的维护力度，同时更加重视菜品质量的把控，以求真正赢得消费者的心，让商家具有真正的核心价值，能走得更远。

2.1.4 外卖业态前景展望

外卖行业已经过了跑马圈地的阶段，不能再仅仅依靠资本红利和流量红利发展，目前更需要做好的是存量的“文章”，比拼品质、服务和产业渗透能力，并为未来市场的全品类配送做好准备。为了在激烈的竞争中存活占优，分析消费者、精准地细分市场十分重要。

国外外卖蓬勃发展的契机有三个因素：一是家庭规模缩小，不自己做饭的比例越来越高；二是女性就业比例增加，家庭主妇比例下降；三是人均 GDP 到了允许快餐和休闲餐饮高速发展的阶段。中国目前也处于类似的阶段。同时消费者的结构发生了重大变化，伴随着第三次消费升级的浪潮，外卖业态乃至整个餐饮业，到了从满足需求，向用美好品质、创造难忘体验的阶段。餐饮业能做到的远不止饱腹疗饥，创造体验是无止境的，比仅仅满足需求的发展的天花板高很多。

美团高级副总裁兼到家事业群总裁王莆中曾引用 E.M.Rogers 的创新扩散理论描述外卖的前景：创新扩散过程可用 S 型曲线描述，在扩散早期，用户很少，进展缓慢，当用户比例扩大到 10%～25%时，进展突飞猛进，进入起飞期，在接近饱和点时，进展又慢下来。外卖市场现在处于第一个拐点，相比美国外卖占整个餐饮市场交易额的 30%，中国现在的比例是 10%，外卖还有较大发展空间。

外卖正在向全时段发展，从早餐、正餐到下午茶、夜宵，从餐品到生鲜、日用品。基于外卖平台强大的即时配送体系，餐饮结合新零售业态成为主要趋势。百亿投资人、今日资本创始人徐新认为，把餐饮的业态和零售的业态结合到一起，可以更好地吸引流量，毛利也很高，更快做到营收平衡。中国人口密度大，配送费用便宜，能做到送货快、成本低、服务也好。

那么中国最有购买潜力的群体是什么样的呢？两个词：年轻+中产。因为年轻人主导以互联网为基础的流行文化，中产阶级引领消费升级。2008 年，中国有 1 亿中产阶级；2019 年有 5 亿，而在这 5 亿中产阶级中，年轻的中产阶级才是最愿意消费的主体。根据零点有数的报告，中国目前有 2.7 亿年轻中产，同时中国目前新中产阶级每年增长 15%，而这部分最核心的客户，也是时间最紧缺的人群，同时也是对网络有较强路径依赖的人群。餐饮品牌要做的就是了解年轻中产的消费习惯、他们最高频的活动、他们心底急待满足的精神需求。服务好了他们，能买一送一地获得其他想要模仿年轻、中产的人群的市场，也就是说，年轻人市场会显著带动中年、老年消费市场。

所以餐饮业成为近两年投资人热衷的目标，正是因为餐饮业可以通过外卖迅速扩张规模，可以借外卖平台积累高频消费的大数据。对餐饮品牌来说，外卖平台可以助其建立清晰的用户画像，做精准的数字营销和放心的即时配送，满足核心用户群全场景、全时段对本地生活服务的需求。借力外卖的东风，可以让餐饮业乘势前行，还可以在以前被忽视的餐饮细分市场继续产生明星公司乃至独角兽。

以前无法明辨的消费者细分市场和个性化需求，将经由大数据和人工智能、深度学习等技术被准确分析和识别，外卖平台可以助推商家发现新的蓝海，去无限逼近消费者潜在的需求。而幸运的是，消费者会很乐意因为潜在需求被满足（哪怕很细微的体验提升）而给予足够丰厚的报偿。外卖更精彩的下半场，藏龙卧虎；适时革故鼎新，才能乘风破浪，独占鳌头。

2.2 数据助力外卖业态升级：大数据模型的建立和应用

从美国的硅谷到中国的大街小巷，大数据都是最热门的话题。数据虽然无形，却成了最宝贵的资源。2001 年，美国市值最高的公司是通用电气、埃克森美孚这样的能源企业。而到了2018年，市值最高的是苹果、亚马逊、Alphabet等核心业务都和大数据紧密相关的科技公司。数据就像石油和货币，是价值可观的经济资产，将带来全新的商业模式。据预测，全球餐饮大数据市场将在2017年至2022年实现巨大增长，可达到近百亿元的市场规模。

截至2018年年底，中国拥有近14亿人口，其中，8.29亿是网民，互联网普及率达59.6%。中国是拥有最多数据资源的国家之一，同时也是大数据应用的最大市场之一。中国的数字经济规模自2016年起跃居全球第二。根据《中国数字经济发展与就业白皮书》，2018年，我国数字经济规模达到31.3万亿元，占GDP的比重为34.8%。因此，我国的企业具有先天优势来更充分地了解顾客，为顾客提供更个性化的体验，为企业提高收入和利润。

下面我们一起来揭开大数据的神秘面纱，一探究竟。

2.2.1 大数据的特征

2001年，Gartner公司的IT咨询分析师Doug Laney率先提出，大数据是具有体量大（Volume）、多样性（Variety）、速度快（Velocity）3V特性的信息资产。

首先，体量大。人类的数据量已经以1 024的倍数从传统的KB、MB、GB（依次对应从文本文档、图片及音乐，到电影的大小）增长到了越来越庞大的难以形容的TB、PB、ZB。据统计，每天互联网上产生的数据可以刻满1亿多张DVD，发出近3 000亿封邮件、200万个帖子，上传2.5亿张图片。互联网数据中心IDC 2011年发布的一项研究表明，到2020年，全球数据量将是2011年的50倍，预计2020年全球数据量会达到35ZB，这意味着近几年产生的数据量相当于人类之前所有数据量的总和。

其次，多样性。主要是指大数据所包含的数据类型的繁多。过去所有的数据都是整齐排列的结构化数据，如今绝大多数都是非结构化数据。结构化数据包括文本文件、地理定位数据、日志文件、传感器数据、电子表格等，而非结构化数据包括多人编辑的文档、电子邮件、聊天信息、社交数据、在线平台数据、语音识别数据、多媒体等。非结构化数据更为重要，所需要的数据分析技术也更加复杂。

再次，速度快。指的是创造、存储、分析和可视化数据的速度越来越快。以前都是对数据进行事后收集、分析，具有滞后性，现在随着网络连接设备的普及，可以实现数据的实时传输和实时处理。根据国外的统计，如今在全球，人们每分钟会上传超过 100 个小时的视频，每分钟会发送超过 2 亿条短信，每分钟查看超过 2 000 万张照片，每分钟会发布 30 万条推文，每分钟会进行差不多 250 万次谷歌搜索。

大数据还具有全面性、相关性的特征。全面性是指以前做研究，只能以抽样调查的样本估计总体的情况，而现在有可能获得所研究主题总体的数据。相关性是指以前人们根据主题搜集的数据更重视因果关系，难免带有主观倾向；而现在运用大数据，有助于避免先入为主的想法，更重视相关关系而非因果关系。

2.2.2 美团平台全链条应用大数据助力商家

餐饮业集即时制作餐品、销售和服务等流程为一体。2018 年，餐饮业整体营收超过 4.4 万亿。随着消费升级和人工智能等新趋势，以及自动售饭机、无人餐厅、智能货架等模式的出现，各种规模的餐饮企业都面临着激烈的市场竞争环境。根据美团点评的统计，以北上广深四大一线城市为例，在每天新增一百多家门店的同时，每个月倒闭的门店也占到 10%。高开店率、高淘汰率、低毛利润成为行业常态。同时随着许多餐饮企业规模的增长，多品牌、多业态混合经营并行，充分利用大数据改善经营管理成为餐饮企业可持续发展的必然选择。

餐饮产业链涉及诸多环节，单品成本、档口成本、标准成本、实际成本、翻台率、单品毛利、桌单价、客单价、人效、坪效都需要餐饮企业更加数字化，增强数据积累和分析能力。餐饮企业必须通过信息化手段来提高核心竞争力，创新和升级商品和服务，提高顾客的满意度，并且降低企业的各方面成本，提升运营管理效率。

伴随着移动互联网的发展，外卖平台使餐饮企业打破时空限制，形成规模化的市场，为餐饮业大数据发展提供了重要的资源。在餐饮业大数据的运用和打通上，美团点评系算是链条较长的，早期有美团和大众点评，之后美团外卖上线，再通过美团跑腿、美团排队、美团收银、小象生鲜甚至美团榛果民宿、美团单车之后，整个用户行为产生的大数据真正深度打通。美团平台借由人工智能和机器学习日益增长的运算能力与大量实时更新的信息流，连接餐饮企业与消费者，推动着整个餐饮行业和新零售业的数字化转型。

外卖平台在以下四个方面助力餐饮企业对大数据的应用。

1. 精准营销

大数据应用最多的地方是协助餐饮企业对品牌的宣传、线上线下的互动打通及对会员的精准营销。而餐饮企业本身获取到的会员大数据，例如会员喜好、消费习惯等，再配合多样化营销工具后既可实现顾客体验优化、顾客满意度提升；又能够促进客单价增长，最终实现积累良好口碑及业绩提升的良性循环。

平台运用智能算法，通过对用户购买、浏览和操作行为的分析，为商户提供精准定制化的营销策略。通过定向触达和场景扩展，依据用户及商户数据，实现有针对性的精准定价，同时帮助商户自主创建营销活动，拓展商户周边潜在客源。同时以大数据指导商户执行节日、主题和会员营销，以智能化的手段全方位提升商户营销效率。在商户每次营销活动后，平台获取客流热力图分布、到店客流量、访问人数、单次及多次到访比率、平均停留时长等详细的数据分析报告，指导商户做二次营销活动。

目前，已经有部分连锁品牌通过分析菜品的销量走势图、销售金额的累计、平台销售数量的累计，查看哪些菜品是核心菜品，以及菜品在促销、调价等活动后的售卖情况，来调整菜单和平台投入力度，以达到利益最大化，提高连锁餐饮企业的运营效率。

2018 年 4 月，牛肉粉品牌伏牛堂更名为霸蛮，聚焦牛肉粉这一传统美食，基于数据分析精准获客，依托线下实体连锁门店和近百万的用户社群，霸蛮速煮系列牛肉粉在天猫、京东、下厨房、盒马鲜生、全家便利店等主要线上线下平台都进行了布局和销售。霸蛮牛肉粉还依托品牌的社群运营能力，在微信小程序和微信自有商城上也获得了爆发式的销售增长。霸蛮公司电商和外卖业务的销售额占比将近 80%。

2. 餐厅管理系统

美团点评推出美团收银系统的移动端 App“美团管家”，为餐饮老板提供一体化的餐厅管理解决方案。只需一套系统，即可全面满足餐厅管理需求，系统覆盖点餐、收银、外卖、厨房管理，进销存、会员营销、经营报表等各个环节，轻松实现门店管理、员工管理、商品管理、优惠管理、支付管理、座位管理、打印管理、订单管理。

美团管家帮助餐饮商家最便捷地免费开店，只需在美团管家通过手机号注册即可免费成为美团收银的合作商户；通过手机远程管理餐厅的各种基础设置，收银系统管理更方便、更快捷；2 秒完成自助点餐设置，引导顾客自助点餐，让老板不再为人手不足而烦恼；提供优惠券、会员消息、营销活动、电子会员卡、储值设置等，帮助店铺提升复购率；外卖自动接单，后厨自动打印，美团收银让店面轻松应对外卖订单。美团管家帮助餐厅老板随时随地查看营业数据和管理餐厅，按需配置，多功能满足餐厅需求；报表丰富，提供详细的数据统计；实时查看各门店多维数据。

美团点评还发布了美团收银茶饮版，为茶饮商家提供全场景、完整自闭环运营管理服务，包括自动配置自助互动点餐、会员系统、总部管理、库存管理、智能对账报表，针对传统收银软件进行升级。喜茶、奈雪的茶等众多知名茶饮商家均已上线使用这一系统。例如，喜茶平均每日的数千订单对于门店运营压力着实不小，通过美团收银茶饮版系统，加速了门店的运营流程，让喜茶的收银变得更有效率。

3. 生鲜供应链

传统生鲜流通环节多且复杂，产销差价高，在生鲜批发市场一家家比价购买，商家负担了过多时间和价格成本。美团推出“快驴进货”，满足了商家对食材采购时效性和价格的需求。快驴进货通过与大型的仓储物流服务商合作，以全供应链为切入点，以比市场更低的价格，和相对较低的起送价，为餐饮企业提供包括蔬菜粮油等各种食材和饮料、餐具等餐厅必备消耗品。

快驴进货从下订单到送货上门，为商家一站式服务，将餐厅订货时长从 2 小时缩短至 10 分钟。快驴进货还为商家提供财务对账、商品管理等服务。餐饮商户可通过移动端快驴进货 App，对选货、订单、售后、财务发票便捷地查询及管理。

在后台，快驴进货还可以通过商家端 App 和司机端 App 实现产地信息到物流查询的实时追踪，避免了因为市场不透明、买卖信息不对等而产生的额外成本。快驴进货在物流仓将标品和生鲜货品分开作业，及时调整生鲜货品库内作业模式，由全量拣货模式，变为基于供应商维度做投线任务，供应商到货后即入即投，提高了生鲜货品库内作业效率，保证了生鲜货品类的新鲜和准时送达。

自 2018 年 1 月起，美团的快驴进货业务开始规模化运作，先后在上海、北京、天津等 39 座城市铺开，在全国布局了 22 个省，超过 300 个区县，2018 年年活跃商户数约 45 万。

4. 智能配送

日均处理千万级的订单、数百亿条的轨迹数据，如何合理调配、如何路径最优，背后所需的科学技术需要不断地升级。美团研发了智能调度系统，还为骑手配备了智能语音助手，为特定场景开发了小区守卫系统等，通过科技创新去推动产业升级，用技术去连接人与服务，降本增效。

美团 O2O 实时配送智能调度系统是即时配送的超级大脑，它充当了末端运力的指挥官，通过向骑手推单，达到最高的配送效率。通过大数据准确预估，实时配送分布式仿真平台、超强机器学习等手段，系统能自动化地完成谁来送、怎么送两项任务，有效地降低了配送成本，缩短了配送时间，提高配送准时率。既保证用户“等待时间短”，同时又让骑手“跑的路程短”。

2.2.3 外卖新业态下大数据在企业经营上的应用

1. 提升客户满意度

大数据可以让商家更容易地提高顾客满意度和忠诚度，超越竞争对手，保持企业的核心竞争力。

大数据能够帮助企业创建详细的客户资料和全方位的客户视图，通过分析社交平台、在线调查、网络点击行为、销售数据等信息，企业就可以进行详细的市场、顾客群和产品的细分，提高客户转化率，并提高销售业绩，同时改善服务，满足新生代餐饮用户对体验感、个性化的追求，提升客户满意度。

企业可以通过交叉分析店内与在线行为的互动，然后将其与人口统计数据、地理数据，以及线上、线下收集到的交易数据结合起来，精确地找到特定产品的最可能购买者，向顾客推荐产品。企业还可以通过对店内顾客消费模式的记录，改善店面布局。

通过使用大数据工具，企业还可以识别并倾听消费者在微信、微博等社交平台上对产品和服务提出的意见，并及时改善。情绪分析还能告诉企业顾客对广告、营销活动、产品的真正感受，有助于企业调整自身定位，来适应消费者新的需求趋势。

2. 科学高效地创新

开发新产品或升级现有产品前，需要进行市场调研，了解客户的真正需求，并测试各种可能性。有了大数据，可以以相对低的成本 24 小时实时获取信息，使企业可识别顾客对新产品的具体需求，并且持续优化改善产品和服务。

企业可以通过平台、网站、呼叫中心等得到的客户的反馈意见，了解消费者对企业的品牌及产品的感受，以及不同消费者的关注重点，更及时地改良或推出新产品。

企业也可以实时了解竞争对手已有产品和新产品的市场反馈，以及可以调整优化的产品特性和价格，知己知彼、百战不殆，更轻松地获取并保持市场上的优势地位。

3. 优化销售和供应链

商家可以使用不同的销售数据，如销售终端分析、新闻报道、市场信息、竞争对手评估等，来预测某个产品的预期需求。通过评估最畅销的产品的需求量，以及季节性的因素来进行促销活动，并和供应链提供方进行更加有效的沟通以优化库存，降低成本。

商家通过使用大数据分析消费者的需求、竞争对手的活动、新闻事件、供应链信息，可以预测未来的价格波动，并相应地调整采购计划。算法能够自动检测异常情况，并在需要采取行动时告知总部。算法还能实时评估价格波动造成的影响，和营销活动带来的影响，如果出现结果不如预期的情况，算法将会为营销团队提供及时调整的机会。

在外卖新业态下，平台将利用数据为企业赋能，通过提高人、货、场的效率，消灭低效冗余环节，优化资源配置，使得品牌对消费者来说越来越贴心，同时为企业带来滚滚利润和较高的品牌价值。

2.3 解锁外卖营销新姿势：营销模式数字化

根据中国互联网络信息中心发布的最新数据，截至 2018 年年底，中国网民规模达 8.29 亿，全年新增网民 5 653 万，互联网普及率为 59.6%，较 2017 年年底提升 3.8 个百分点。每个网民平均每周上网时长达 27.6 小时，比 2017 年年底提高 0.6 个小时，互联网新媒体不论是在人群覆盖还是用户触达频次、时长上，均已超过电视等传统媒体。

互联网媒体能够实现广告的精准触达、获取用户数据、管理用户。而电视等传统媒体的营销效果难测量、难跟踪且无法实现千人千面个性化曝光。数字营销的广告效果显著高于传统媒体。数字营销在经营总额上也已经占据了广告业的半壁江山。据工商局的统计资料，2017 年全国广告经营总额接近 6 900 亿元，其中互联网广告规模近 4 000 亿元。并且根据 AdMaster 的研究报告，数字营销还将以约 20%的增速持续发展。

我们来详细了解下何为数字营销，外卖新业态下该如何应用数字营销，以及外卖平台对数字营销做出的贡献。

2.3.1 数字化营销的内涵和作用

数字营销（Digital Marketing），是指借助于互联网、电脑通信技术和数字交互式媒体来实现目标的营销方式，通过手机、邮件、网络平台等数字化媒体通道，使得营销精准化，营销效果可量化，提升广告效率，实现销售力量覆盖效益、潜在客户转化率、正常客户运营时间的最大化。

数字营销囊括了直复营销、顾客关系营销、软营销等最新的营销理念。直复营销体现了数字营销可测试、可度量、可评价的特点。顾客关系营销强调长期维护老顾客的忠诚度，企业从沟通中获知顾客的个性化需求，进行柔性化生产，使得企业在细分市场占据优势。软营销强调尊重消费者的体验，从单向的推式、压迫式营销的信息轰炸转为争取得到顾客的认同，达成共识。

自 1993 年万维网面世以来，数字营销经历了三个发展阶段。

第一阶段，营销形式从线下改到线上，主要是商家对消费者单向的宣传。例如，1993 年出现可点击的网络广告，1996 年，出现面向商家的搜索引擎广告关键词拍卖。

第二阶段，消费者可以实时与商家互动沟通交流，随后社交媒体的爆炸性增长，给消费者带来更多便利，也使得网络平台上积累了海量的用户数据。商家可以利用数据对用户需求精准定向。例如 Facebook 等社交平台根据人口统计数据投放针对性的广告。

第三阶段，随着网络宽带和智能手机的普及，科技公司依据大数据分析推出更多精准的视频广告。商家和平台可以结合线上营销和线下场景，从用户的需求和情感出发，进行原生创意。例如，2013 年起，谷歌针对移动设备推出增强型广告。又如，腾讯的数字营销依托于海量用户行为和广泛产品覆盖，为客户提供点击率预估、转化率预估、流量优选及广告优选的服务。

根据 AdMaster2019 年的调研报告，未来数字营销行业将会借助自动化营销、人工智能和 DMP 等技术拓展更大的发展空间。自动化营销是运用软件办理重复的营销使命的进程，是一体化履行、办理和完结营销使命和流程的工具，根据用户的大数据（电子邮件、购买历史、社交媒体记录等），通过对用户行为的剖析，对不同阶段的客户进行个性化营销；人工智能技术可以提升广告投放效率；DMP 数据管理平台是将企业分散的多方数据进行整合，纳入统一的技术平台，并对这些数据进行标准化和细分，让用户可以把细分结果推向现有的互动营销环境里的平台。

2.3.2 数字营销的特点

数字营销具有灵活性、低成本、集成性、个性化服务等特点。

灵活性是指营销产品的种类、价格和营销手段等可根据客户的需求、竞争环境或库存情况及时调整。低成本是指缩短分销环节，拓宽销售范围，节省促销费用，受众准确，还可根据订货情况来调整库存，从多方面降低成本。集成性是指能快速响应客户的个性化需求，实现了从推广、收款到售后服务全程营销的集成，统筹规划不同的营销活动。个性化服务是指跟踪每个客户的消费习惯和爱好，提供和推荐相关产品。

同时，数字营销还提供比传统媒体更丰富的产品信息，可以对常见的问题提供解答；并且不受货架和库存的限制，提供巨大的产品展销空间。

数字营销能够将产品说明、促销、客户意见调查、广告、公共关系、客户服务等各种营销活动整合在一起，不受时间与地域的限制，综合文字、声音、影像、网片及视听、用动态或静态的方式展现，并能轻易迅速地更新资料，同时消费者也可重复地上线浏览查询。

2.3.3 数字营销的形式及案例

数字营销渠道包括移动营销、搜索引擎营销、电子商务营销、社会化媒体营销、微电影营销、虚拟游戏营销、邮件营销、网站优化、企业博客等。

移动营销（Mobile Marketing），是指根据人口统计信息和其他消费者行为特征定制个性化信息，通过消费者的移动设备递送营销信息，随时随地与顾客互动。消费者可以随时从智能手机或平板电脑上获得最新的产品信息、价格对比、来自其他消费者的意见和评论，以及便利的电子优惠券。移动设备为营销者提供了一个有效的平台，借助移动广告、优惠券、短信、移动应用和移动网站等工具，吸引消费者深度参与和迅速购买。移动营销包括二维码营销、LBS（基于位置信息的服务）营销、移动广告、App 营销等。例如奔驰“全副武装全程撒野狂奔”的 QR 码移动营销。

搜索引擎营销（Search Engine Marketing，SEM），是指利用用户检索信息的机会和对搜索引擎的使用习惯，在人们检索信息的时候让用户通过点击进入网页，进一步了解所需要的信息。SEM 方法包括竞价排名、分类目录、搜索引擎登录、付费搜索引擎广告、关键词广告、地址栏搜索、网站链接策略及付费收录等，以最小的投入，在搜索引擎中获得最大的访问量并产生商业价值。例如，2012 年宝洁联手百度推出“感谢妈妈，用爱跨越距离”的品牌营销活动。又如，国航与“去哪儿”的合作，在标题栏里提供优惠信息，以“周末游”“15 天预售”“低价搜索”和“邮件预约”等不同标签触达消费者不同的购买动机，并测试机票价格的弹性，使得“去哪儿”对国航网站的收入贡献提升了 13%～15%。

电子商务营销通过电子商情广告、电子选购和交易、电子支付与结算和售后的网上服务等实现企业与个人的交易（B2C）和企业之间的交易（B2B）。例如，东风雪铁龙在天猫旗舰店上线，并自 2013 年起借力天猫汽车节，用多重优惠吸引消费者。又如，361°与中国扶贫基金会联合发起“买一善一”公益项目，搭建起消费者与公益捐助的桥梁，实现公益行为的可持续发展，每当消费者购买一双公益专款鞋，就会以消费者的名义，同步给贫困山区的孩子捐赠一双崭新的运动鞋。

社会化媒体可以分为社会关系网络、视频分享网络、照片分享网络、合作词条网络、新知共享网络、内容推选媒体、商务关系网络和社会化书签。例如，2013 年，宝骏汽车在微博上发起好友搜索“最伙伴，最懂你”，可口可乐给微博上的明星和意见领袖们寄出“快乐昵称瓶”，都通过微博传播达到了很好的宣传效果。2017 年，奔驰赞助体育电竞英雄联盟 S7 总决赛后，结合新一代 GLA SUV“天生无畏”的宣传，利用微博热搜、搜索彩蛋、人群标签、微博开机报头等优质微博媒介资源，实现共媒介总曝光 1.08 亿，使微博上提及奔驰的 20～35 岁用户，从活动前的占比 48%增长到活动后的 68%，有效实现了奔驰 GLA SUV 车型覆盖年轻人群的目标。

微电影营销，例如，可爱多冰激凌自 2011 年起请青春偶像拍摄爱情微电影，吸引众多年轻消费者自发分享传播。又如，益达以微电影《酸甜苦辣》传递“关爱牙齿，更关心你”的品牌理念。

虚拟游戏营销，例如，阿迪达斯为宣传清风系列跑鞋推出的“夺宝奇冰”游戏。

其中对于餐饮商家最有可行性、成本最低、大数据分析效果最好的就是外卖平台的数字营销。数字营销融合了移动营销、搜索引擎营销和电子商务营销。

美团点评通过 RFM 模型的三个维度发掘用户画像，进行用户分组，以有效提高营销的投入产出。

最近一次消费（R）指用户上一次购买的时间。理论上，上一次购买时间越近的顾客应该是比较好的顾客，对提供即时的商品或是服务也最有可能有反应。因为最近一次消费指标定义的是一个时间段，并且与当前时间相关，因此是一直变动的。R 对营销来说是一个重要指标，毕竟要吸引一个一周前购买过的顾客再次购买，比吸引一个几个月前来过的顾客要容易得多。消费频率（F）是顾客在一定时间段内的消费次数。最常购买的消费者，忠诚度也就最高，增加顾客购买的次数意味着增加市场占有率和营业额。消费金额（M）符合二八法则，公司 80%的收入来自 20%的顾客。

通过 R、F、M 三个维度，可以把用户分为 8 个部分，并且标识需要商家重点关注的人群。重要价值客户的最近消费时间近、消费频次和消费金额都很高。重要保持客户的最近消费时间较远，但消费频次和消费金额都很高，是有一段时间没来的忠实客户，要跟他保持联系不要断。重要发展客户的最近消费时间近，消费金额高，但消费频次不高，忠诚度不高，是很有潜力也最易发展的客户，必须重点发展。重要挽留客户的最近消费时间较远、消费频次不高，但消费金额高应制定挽留措施。

美团点评在商家端上开发了精准营销功能，以优惠券为载体，帮助商家增加了主动触达用户的渠道，改变了以往商家只能在线上满减折扣菜等被动营销的单一模式，为商家精准营销创作了更多的可能。

2.3.4 商家如何进行深度数字营销

卖方市场演变为买方市场，消费者逐渐占据主导地位，营销也走过了四个阶段。

第一阶段，也就是最早期的传统型营销阶段，是通过相同的非常有限的渠道（短信、电话），把同样的信息发送给“面目模糊”的一群人。第二阶段使用略丰富的不同的渠道，把相同的信息发送给可能对产品感兴趣的人，可以称为外展型营销。这两个阶段都以产品为核心，以比较硬性的方式向人群推广传播，所传播的信息都是统一的。

第三阶段可以称为内向型营销阶段，企业开始更有计划地经营无形资产，在平台上、在不同的渠道上，吸引感兴趣的人主动来寻找产品信息，更好地发挥了消费者的主动性。第四阶段是以人为核心的，以消费者的体验为核心的，利用大数据进行客户关系管理，从消费者的特征和需求出发，为他们寻找、设计适合的产品。通过消费者所倾向的渠道，为每位消费者发送千人千面的定制化、个性化的信息，真正能打动消费者的心，并长期维持较高忠诚度。

在第三和第四阶段，消费者的主导作用日益显著。第四阶段和前三个阶段的不同之处还在于，前三阶段是先产后销，第四阶段是企业为消费者订制产品，柔性化生产，可以以极低的库存或零库存全方位满足不同消费者的个性化需求。

在数字营销手段中，搜索引擎营销、视频营销和社交网络营销是呼声最高的，在此做些比较。2017 年，视频营销因为直观新颖的形式，热度比较高，在 2018 年热度降低，因为在零售、餐饮等行业竞争非常激烈，行业平均利润并不是很高，企业需要精打细算、衡量性价比。视频营销的转化成本比较高，搜索引擎营销的转化成本低，而购买转化率非常高，被企业偏好是自然的。

搜索引擎营销与社交网络营销相比，搜索引擎营销的算法是顾客现在需要什么，社交网络营销的算法是根据顾客多方面的特性，推算将来可能需要什么。社交网络营销更具互动性，信息更容易被分享传播，主要用来宣传品牌定位、生活方式等。搜索引擎营销离顾客下单更近，在更重视订单转化的企业和中小企业里更受欢迎。而社交网络营销能触达更多场景，培养用户黏性。所以企业不妨结合这两种方式，先以社交媒体营销对品牌进行生动地宣传，引起消费者的兴趣，再通过搜索引擎营销，转化为下单购买。在社交媒体营销时，应该更重视其中的社群营销，能更精准高效地达到订单转化的效果。

充分利用大数据和人工智能，不只关心顾客过去和现在买了什么，更要推测出购买的动因，发掘顾客将来的周期性需求和潜在的需求。对于消费频率高、消费周期短的餐饮、零售行业，拉新固然重要，对现有顾客的维护更加重要，要保持他们的忠诚度。要重视顾客的口碑，因为现在的消费者在下单前，相对于企业给出的宣传信息，更信任其他顾客的口碑。

数字营销还将随着更多科技的成熟而发展完善，然而技术不是万能的，消费者的体验才是核心。成功的营销需要营销人员对复杂的人性有敏锐的洞察和对最新技术充分地利用。技术加人性，才能不盲目，才能达到好的效果。

当下的营销有以下方向：重视顾客的情感与文化等全方位的体验；把顾客当作亲近的朋友增进信任；以成百上千的标签和心理测量学的模型来做用户画像、精准营销；联合有一致定位和目标的其他品牌，协同跨界整合营销。

众多连锁餐饮企业都非常重视数字营销，目前应用较多的是通过微信公众号的移动营销和社会化媒体营销，以虚拟游戏、音乐、微电影等多种数字形式跨界场景化营销，快速吸引流量，推进品牌的年轻化，扩大消费者覆盖面，并提高顾客忠诚度。

2016 年，吉野家紧随社会热点，以追梦为主题，设置微信公众号的菜单栏为品牌梦想、追梦行动、追梦 CLUB，以“为追梦人做好饭”为口号，增强亲和力和对年轻人的吸引力。并邀请消费者到北京吉野家线下门店，打开蓝牙，摇一摇手机，进入小游戏获得通关福利，如早餐和优惠券。

麦当劳在公众号推出麦麦体验营，顾客可以让孩子体验一日小当家。2014 年麦当劳在央视综合频道黄金时段推出三分钟广告片，进行“让我们好在一起”的品牌宣传活动，广告片集合了亲情、友情、爱情的感人瞬间。随后推出“好在一起”漫画系列，一方面唤起老顾客的温馨回忆，另一方面吸引 95 后年轻人，把麦当劳的形象和青春、学业、工作、友情、爱情、亲情结合在一起。

2017 年 4 月，麦当劳联合讲述网游竞技精彩对决的国产漫画大 IP《全职高手》，在动画预告片中自然地结合年轻人的拼搏精神和珍贵友情，宣传麦当劳的新产品，让品牌自然融入动画故事线。并且在上海、杭州等地打造麦当劳全职高手主题店，打破二次元和三次元，实景还原线上场景，赢得了众多粉丝的自发分享传播，提高了麦当劳在年轻人中的热度。

6 月，麦当劳借着动画电影《神偷奶爸 3》上映前聚焦的关注热度，结合小黄人 IP 推出小黄人主题新餐品和旗舰店，顾客用手机 QQ “AR 扫一扫”，解锁小黄人汉堡上的图案，可以打破二次元和三次元，和小黄人自拍合影。麦当劳利用人工智能帮助顾客获得了新奇的互动体验。

肯德基推出 K-Music 点唱机 App，以“用音乐喂饱你”为口号，顾客可以用手机选择附近肯德基餐厅播放的背景音乐内容，随后在北京推出 K-Music 音乐主题餐厅，DJ 现场打碟，顾客上台唱歌，其他现场顾客用投影弹幕点赞，气氛热烈。肯德基餐厅会根据年轻人的喜好，定期推出不同的音乐主题，给年轻人分享交流的造梦空间。肯德基还推出 K-Emoji，结合“尽情自在”营销活动，把肯德基爷爷和招牌餐品们变成 Emoji IP，赢得年轻人的自发的传播。2017 年，肯德基与热门手游《王者荣耀》互动，推出主题餐品和线下主题店，赠送顾客英雄闪卡，顾客可以在线上抽奖赢得餐品礼包和游戏权益。顺应年轻人的生活方式，融合线上与线下、美食与游戏，2018 年，肯德基又成为英雄联盟游戏战队 RNG 的主要赞助商。

中式快餐品牌真功夫曾与《剑网 3》《天龙八部》《影之刃 2》等游戏 IP 跨界合作。其也和美妆类品牌植美村跨界合作，用小视频进行“你真美”场景营销，体现了两大品牌共同追求的健康、内外兼修的品牌特性。2018 年，中式快餐品牌真功夫联合三七互娱、美团外卖等合作推出“永恒纪元”游戏，打通线上线下用餐模式，并在游戏中提醒玩家保持健康的生活方式，按时用餐，防止游戏沉迷。真功夫借助和美妆品牌、游戏 IP 的合作，进一步推动了品牌的年轻化。

2.3.5 美团点评的全场景数字营销

美团点评广告平台团队打造了“推广通”这一核心产品，凭借完善的广告系统、精准的广告算法、海量的数据分析、专业的产品设计，持续为商家提供满足营销需求、基于用户数据洞察的精准营销解决方案。

“推广通”服务包括餐饮、结婚、丽人、休闲娱乐、亲子、教育、酒店旅行等在内的十余个垂直行业，具备强大的跨场景营销能力，并且支持多维组合投放，吸引精准客流，实现广告高效转化，帮助商家和品牌降低营销成本。

2017 年，美团点评提出生活方式（Lifestyle Marketing）营销方法论，重新定义目标人群，进而为品牌提供更有效的触达方式。用户真正进入到某个场景中时，可以通过不断提供有价值的内容及体验使用户与品牌建立长期的关系，帮助品牌实现用户沉淀，并且能够助力品牌更深入、更有效地链接到真实的销售场景。

根据美团点评 2019 年第一季度的业绩报告，美团点评交易用户数达到 4.1 亿，同比增加 8 600 万。美团点评上海量的用户数据，通过 LBS 定向能力、人群属性和消费习惯等多重维度智能分析，为商家推出了“Co-Line Marketing”智能营销服务，即以消费者为核心，覆盖生活全场景，利用数据和技术实现线上线下一体化的体验式营销。

“Co-line Marketing”线上线下一体化营销，有两个内核，一个是全场景，以消费者为核心，触及生活的方方面面。另一个是全流程，给每一位用户提供全流程的体验，让用户在这个场景中能够“所见即所得”。

全场景即以消费者为核心的生活全场景触达。互联网营销下半场，单点曝光已不能满足商户的营销需求。时间、地点、人物、环境四大要素必须同时存在，才能完整构成全场景中“全”的概念。跨越地域、行业，从吃喝玩乐到住宿旅行，从线上数字生活到线下真实生活，“推广通”能够精准触达用户全周期的行为轨迹并完整记录，同时在全场景下最大限度地创造用户全周期的价值。

首先要找到对的人，美团点评为此推出了“类人群 DNA”模型。真正的消费者洞察，是“懂消费者为什么要买”“什么时间要买”“谁会买”。“类人群 DNA”就是为此而设。“类人群 DNA”模型能做的是，当品牌投射到平台用户上时，美团点评先进行人群划分，即精准地找到“谁会买”，然后通过 200 多个细分场景和 4 万个人群行为标签分析大数据，去定义用户的生活方式，了解其消费倾向，最后分析出用于投放的类人群 DNA 画像，这个过程解决的是了解“消费者为什么愿意买或者需要买”的问题。凭借细致的用户分层划分了四万个标签维度，通过清晰明确的用户需求模型，智能判断消费者的各类行为偏好，最大限度地实现商客精准匹配，随后为消费者提供一体化的产品体验。给商家提供不同的产品和服务去帮助这些品牌做细分场景的切入，触达消费者多维的隐性需求。“类人群 DNA”对品牌潜在的消费人群做了更精准的洞察，让品牌真正理解消费者，从而提供给消费者真正想要的东西。

简而言之，美团点评依托平台用户线上线下的消费行为数据，对用户基本属性、商业兴趣、消费偏好等特性精准识别并洞察到目标人群，通过多维的数据标签描绘出用户画像，为商户提供更为精准的营销决策。

Co-Line Marketing 的另一内核是全流程：所见即所得，构建“渴望的场景”，即让品牌真正融入消费者吃喝玩乐全场景，用消费者对体验的渴望激发对品牌这一关键元素的期待，即所谓“让消费者心生渴望的广告”。对 B 端商户来说，即曝光与销售为一体，对 C 端消费者来说即广告与体验连在一起。通过场景化、体验式、跨界式的线上线下一体化营销，将线上线下消费行为充分融合，可以为品牌与商家提供更多创新营销的空间。其实就是为消费者提供更全面、更自然的交互历程，让广告成为优质的体验。满足或者激发消费者的隐形需求，并构建产品在场景中的体验，这也是品牌营销的机会点。

利用美团点评的数据，可以有效支持营销创新与决策，通过信息挖掘和洞察消费者的生活习惯、使用场景、消费观念与购买决策过程等，分析他们体验与评价的方式及未满足需求，从而指引产品创新与品牌沟通创新。给消费者提供惊喜，让他们在亲切和产生共鸣的场景中获得更好的购物体验，按他们的感知方式，准确传递品牌价值，最终促成购买。

通过“类人群 DNA”和“一体化场景体验”的双矩阵营销模型，帮助品牌主打造以消费者为核心、覆盖生活全场景、利用数据和科技实现线上线下一体化的体验式营销，为品牌提供“品效合一”的营销解决方案。

通过美团点评推广通的全场景覆盖和全流程联结，商户信息在线上平台实现精准曝光，基于 LBS 定向能力和数据优势精准触达目标用户，用户直接点击即可享受到家或到店服务，完成体验后再回流到线上沉淀评价、加入会员等，从而形成二次营销，进一步提升复购率及忠诚度，美团点评闭环营销循环由此全面展开，通过实现用户与商家的深度互联互通，整合全产业链优势资源。

美团点评广告品牌总经理陈瑞杰分享过洞察消费者需求、线上线下一体化营销的三个案例。其一是主打天然健康理念的药妆品牌理肤泉，核心消费者包括孕产妇、易过敏和常熬夜人群等，基于这样的用户画像，理肤泉希望将其安心系列的产品进行精准营销，利用美团平台，从线上线下覆盖全场景。例如新手妈妈们，先在线上了解品牌和新产品系列，继而在进入亲子会所后，得到理肤泉试用装，同时在线下扫描二维码，回到线上得到优惠券，在试用满意后，可以以优惠的价格购买产品。消费者会感激品牌商家的这份贴心，使用满意后在亲子会所的页面留下好评，并且向其他新妈妈和亲友同事们分享推荐，达成二次营销，使得更多消费者成为忠诚的客户，达到品牌、商家、消费者的共赢。其二是好时贝克诗巧克力的案例，该案例研究了主要的客群和消费场景后，发现女性消费者较多，在美容、婚礼、电影院等场景中更容易消费，于是该品牌和美容美发、水疗等行业的商家合作，达成共赢。其三是哈尔滨啤酒在不同时段结合K歌场景和夜宵场景，和KTV商家及周边餐厅合作，采取不同的营销方式，进行品牌渗透。

迅猛的移动互联网给网络营销所带来的变革，既是机会也是挑战，整个数字营销产业，正在从单点的数字化推送向全场景、全流程的线上线下一体化营销转变。为此，美团点评推广通将通过行业营销生态重塑与品牌闭环营销循环，帮助品牌实现品效合一，同时也让中小商户感受更为简单高效的线上线下一体化智能营销体验。

美团点评将向媒体、商户和合作伙伴开放数据及内容，建立一个开放的营销生态。首先开放更多数据维度，满足不同商户及合作伙伴的不同需求。其次是内容，一方面，对外开放美团点评双平台自有内容；另一方面美团点评以1亿基金扶持自媒体，欢迎更多优质的外部媒体内容入驻“点评头条”，并与各大平台进行内容合作。市场急需一个站在营销人及品牌方视角的开放式生态系统，整合全生态渠道、资源、数据，来最大限度地提升营销效率。推广通的线上线下一体化数字营销，意味着美团点评将以领航生活服务营销下半场的姿态，推动行业革新，不断地为商家拓展盈利空间，为消费者提供更贴心的服务。

众多传统连锁餐饮品牌打通线上线下，联合游戏、体育、音乐、影视等产业，在顾客的生活圈中，全方位全场景深度跨界营销，以新颖的形式，吸引核心客户群的关注和自发分享传播，扩大对消费者的覆盖范围，提升顾客满意度和忠诚度，使品牌焕发出更强的生命力，得以基业长青。在外卖新业态下，餐饮品牌和数字营销，还将撞出更多的火花。

2.4 外卖黑科技：AI 现身外卖物流业，提供多元化、智能化配送服务

2.4.1 物流业发展历程

物流是物品从供应地向接收地的实体流动过程中，根据实际需要，将运输、储存、装卸搬运、包装、流通加工、配送、信息处理等功能有机结合起来实现用户要求的过程，属于复合型产业和生产性服务业。物流业是由运输业、仓储业、通信业等多种行业整合的结果，随着铁路网、高速公路网、水运网、管道运输网、航空网、通信网、计算机网络等的不断涌现，物流效率越来越高。

根据林庆《物流 3.0：“互联网+”开启智能物流新时代》一书，物流业发展迄今经历了四个阶段。

第一阶段是传统物流产业时代。

第二阶段是一体化物流系统时代，随着信息技术和科技的发展，借助多元化的渠道实现全流程信息更便捷的沟通，基于客户的需求对物流

各环节科学地控制，提升物流系统的效率和服务质量。

第三阶段是供应链管理时代，物流与制造信息的深度融合有助于协调企业的信息流、物流与资金流。制造企业可以围绕客户需求，合理安排采购、制造、销售等环节，柔性化地生产制造。

第四阶段是智能化的物流互联网时代。随着产业互联网革命的到来，以及大数据、云计算、人工智能、物联网等技术的不断优化，物流作为经济发展的战略性基础设施，全面对接并深度融合了系统化和网络化的实体配送系统和虚拟信息系统。

物流的主要特征是标准化、信息化、智能化、集约化。其中，标准化是指流程的标准化操作，是物流网络系统开放和资源共享的基础。信息化是指借助互联网思维、技术和平台，实现所配送物品的可视化、可运筹等。智能化是指真正实现物流与互联网的深度融合，运用互联网思维对物流全流程进行优化，不断提高效率。集约化是指借助分布式系统和庞大的信息共享网络，对车辆、人力、仓储、货物等要素实时信息共享，统筹规划，以实现更优化配置和更高效利用，降低物流系统的运作成本，优化管理效果。

2.4.2 人工智能助力现代物流

根据瑞银的研究报告，至 2030 年，人工智能每年将为亚洲贡献 1.8 万亿～3.0 万亿美元的经济价值，将对占亚洲 GDP 2/3 的金融服务、医疗保健、制造、零售和交通等行业产生巨大影响。人工智能将会重组行业竞争格局，越早借助人工智能的力量，越能发挥财富的马太效应。企业越早采用人工智能，就可以节约更多成本，吸引更多顾客，扩大企业规模，将超额利润再投资、再发展，而人工智能缺席的企业将被远远甩在后面。

在外卖领域，可以借助人工智能，通过顾客网上点餐的历史数据，分析顾客的口味偏好，有针对性地推送餐品。在和新零售密切相关的物流领域，物联网运输管理系统、全自动化仓库、无人驾驶货车、无人叉车和无人机也都依靠人工智能技术，提升物流效率，为商家带来更多收益，并且提升顾客的满意度。目前的物流业竞争激烈，利润不高。而根据高盛的估计，人工智能会降低整个物流行业至少 5%的成本，并将在未来十年带来至少 250 亿美元的额外利润。

根据东方证券的研究报告，智能物流是工业 4.0 的核心组成部分，是连接制造端和客户端的核心环节，然而目前我国单位 GDP 中仓储成本占比是美国、日本等发达国家的两三倍，与其他金砖国家相比也偏高，究其原因在于较低的管理效率。而智能物流将大大节约劳动力、仓储、租金成本。据估算，全自动仓储将节约 70%以上土地和 80%以上的劳动力，大大提升管理效率。

自动物流系统由自动识别系统（条码自动识别和视频识别）、搬运系统（机器人、运输小车、传输线、自动输送）、存储系统（自动仓库）和自动分拣系统四部分组成，能够更好地适应生鲜物流等即时配送需求。

构建物流互联网需要的智能技术和设备分为三部分：一是 RFID 射频标识技术、传感器、红外感知技术、GPS 定位系统、条码识别扫描技术、自动化输送分拣技术等智能感知技术与产品，有利于提升物流定位感知、过程追溯、信息采集、物品分拣的效率；二是适应密集型货架的智能穿梭车、基于激光导引和磁条感知技术的智能搬运、理货机器人、节点运输无人机、自动导引运输车（AGV）等；三是利用给条码、RFID 等技术构建的双向赋码追溯系统、ROS 路径优化系统、司机监督系统等。

2.4.3 即时配送领域的发展

移动互联网的普及、消费升级和“懒人经济”的兴起，为即时配送带来海量用户。即时配送，指同城区域 45 分钟以内送达的服务。即时配送与仓配、快递等传统物流主要存在三点区别：一是点对点服务、无中转环节；二是即时性和非计划性；三是以生活圈为半径，覆盖范围通常在 5 公里以内。

从即时配送的主要场景看，外卖作为高频需求是最主要的订单来源，占据 80%的比例，此外即时配送还涵盖了 B2C 新零售、生鲜宅配、商超便利、快递及末端配送、C2C 配送需求等。即时配送在新零售领域布局的包括美团闪购、小象生鲜等。

即时配送已成为新物流的重要标志。自 2014 年起，即时配送呈现爆发式增长，用户数量从 2014 年的 1.24 亿人，发展到 2017 年年底的 2.9 亿人，2018 年超过 3.6 亿人。2018 年，即时配送市场仍以超过 30%的增长率快速增长，据估计 2018 年全年订单量超过 120 亿件。

起初即时配送服务的是个人紧急业务，比如送文件、公章、新品材料等，到中期，一些无法通过快递配送的易损耗商品加入了队列，如鲜花、蛋糕、肉菜类生鲜等也加入了即时配送。到如今，即时配送包括大部分节日礼品的快递服务，比如说中秋寄月饼，情人节送玫瑰，清明节送青团等同城服务基本由即时配送来完成，甚至儿童节父母上班，即时配送还能给孩子送玩具等。

从发展历程上看，美团即时配送团队成立于 2015 年 5 月，依托于自营即时配送平台，美团外卖于 2018 年年底覆盖 2 800 余座市县。2018 年，凭着日订单突破 2 500 万单的战绩，美团外卖跻身为全球最大的即时运力平台之一。为了更有效利用运力，美团外卖等平台正在拓展商超零售配送、服装配送、代买代送等服务。

2.4.4 美团外卖的智能物流

根据美团点评研究院的报告，外卖要拓展未来发展空间，需要在供给侧加强品类扩张、拓展跑腿业务，在配送侧增加配送运力、提高配送效率、扩展配送服务。

第 2 章

平台化、数据化加速行业全面升级：新消费时代下的外卖新业态

截至 2018 年年底，美团外卖的日活跃骑手已达 60 万。美团外卖基于大数据、云计算、人工智能、物联网等新技术研发了美团智能运输网，利用经纬智能配送网络、智能 O2O 实时调度系统、智能语音助手与智能硬件三大系统，支持千万级订单的配送。

1. 智能配送算法

美团外卖综合商家位置、用户位置、城市路网、订单状况、轨迹数据等信息，开发了整套智能划分配送范围的完整算法。这套配送系统能够实现在不同时段、不同品类、不同配送方式、恶劣天气、交通拥堵等多维度配送因素和复杂配送场景下，实时对配送区域、配送范围进行智能动态优化调整，以适应不断变化的需求和运力情况。

从具体的层面看，美团配送平台基于大数据和云计算，将配送平台建设为配送数据平台、机器学习平台和物流仿真平台，设置了同城履约方案、同城建设方案和骑手运营方案，如在预测预估环节包含了时间预估和单量预估，在轨迹挖掘上包含了 POI 定位和骑行导航，在定价机制上包含了供需平衡和弹性研究，在网络规划上包含了配送范围和站点规划，在智能调度上包含了订单指派和路径规划，在智能硬件上包含了语音助手和配送硬件。

信息化和智能化是美团配送 AI 的两大组成部分。信息化指的是数据收集，包括商家数据、用户数据、骑手数据和商圈数据等，通过多个维度的数据对即时配送各大环节进行精准画像。智能化指的是平台方构建一套智能化模块，包括智能硬件、智能助手、智能调度和智能运营等，用以覆盖即时配送各个环节，达到全面提升配送效率，改善用户、配送员、商家三方的体验。

在信息化的大数据方面，共有四个因素：一是商家画像，涵盖了出餐速度、具体位置等；二是骑手画像，涵盖了轨迹、偏好和熟练度等；三是用户画像，涵盖了地址类型、楼层、配送难度等；四是商圈数据，涵盖了天气、实时路况、交通管制等影响因素。

2. 智能 O2O 实时调度系统

高效的物流配送能力几乎是决定外卖等线上平台商业模式成败的关键。因此，即时配送的智能调度系统是各家运力平台的技术核心，它依托于海量的历史订单数据、配送员实时定位数据、商户数据等，用以针对配送员的实时情景，包括已有任务量、配送距离、并单情况和评级等，对实时订单进行智能匹配，以实现自动化调度及资源全局的最优配置，最大限度提升用户体验。其中历史数据包括了上千万用户和商户的特征、亿级历史订单和百亿级的骑手轨迹，还包括订单结构、一般出餐时间。目前，数据还包括天气信息、区域复杂路况、配送员熟悉程度等。

美团配送在机器学习、运筹优化、仿真技术等方面深入研究，推出了即时配送的“超级大脑”，即 O2O 即时配送智能调度系统。该系统在接收订单之后，会综合考虑骑手的实时位置、已有订单情况、天气、骑手能力、商家出餐、地理路况、未来单量等因素，做到在正确的时间将订单分配给最合适的配送骑手，并在骑手配送的过程中随时预判订单超时情况并动态触发改派操作，实现实时订单和配送骑手的动态最佳匹配。

在整个即时配送系统中，ETA（预计送达时间）分析模型尤其重要，它几乎是外卖配送场景中最重要的变量之一，甚至关系到用户的后续行为和留存。ETA 在配送业务架构中也具有重要地位，是配送运单实时调度系统的关键参数。美团外卖认为，对 ETA 的准确预估可以极大提升调度系统的效率，在有限的运力中做到对实时订单的合理分配，还可以帮助线下运营构建有效可行的配送参考指标，用以保障配送员的体验和收益。

ETA 分析模型主要分析从用户下单到送达的过程，其中有三个变量：一是商家接单到出餐的时间，二是骑手接单到到店的时间，三是骑手取餐到送达的时间。要做好整个可控过程，首先得保证商家的出餐效率，其次保证骑手到店是否已经出餐，最后是取餐后是否能在有效时间内送达。简单地说，出餐和到店还有商家与用户的距离路径是否符合送餐路径是最大的关键要素。

运筹优化模块在即时配送大数据平台及机器学习的预测数据基础上，采用最优化理论等优化策略进行计算，以便促使系统做出全局最优的分配决策，继而实现动态最优化。有数据统计，启用该系统后，美团外卖订单平均配送时长由 2015 年 12 月的 38 分钟提效到 2017 年 10 月的 28 分钟。至今，区域范围内的订单基本控制在 30 分钟以内，准时率高达 98%，人均日单量增长 46%，单均配送成本下降 20%。

3. 智能语音助手和配送硬件

骑手配送有三个场景：一是订单生成时的派发订单，二是骑手到达商户时的到店和取餐，三是骑手到达用户和离开用户并完成整个配送场景。在三大场景外，还包含了骑手在骑行过程中接到商家、消费者的电话，听导航声音等。在整个配送过程中，骑手的大脑和双手实际上是频繁被占用的，如骑车的时候来电话了，如接受系统指派订单但即将超时。

由于需要实时派单确认、上报状态，很多骑手都是“机不离手”，骑手配送有三大痛点：一是频繁看手机的安全隐患，二是操作烦琐，三是任务复杂。

针对配送的天气多变和各类烦琐而复杂的场景，美团率先开发了订制蓝牙耳机，来连接骑手及其手机。该蓝牙耳机在技术上具备六大优势，包括高防风降噪性、高户外防水性、重足续航满足 8 小时高频工作、双耳侧可调佩戴舒适、兼容大部分手机机型、多 App 调用快速响应。

其次用全维度数据，包括商家画像、骑手画像、用户画像、环境数据，再加上全维度人工智能技术，最终做到了全流程智能服务。全流程智能服务涵盖了四个板块：一是安全提醒，包括超速等提醒；二是智能提醒，包括订单播报、配送提醒、打电话提醒等；三是语音操作，包括语音接电话、到店、取餐、送达等；四是智能引导，包括任务规划和语音导航。

美团配送智能语音助手提供了三大便利：一是解放骑手双手，二是极简零唤醒交互方案，三是全场景智能引导。通过多维度大数据和机器学习模型，对骑手未来的行为进行精准预测。通过自然语言处理（NLP）技术，将地址解析到小区、楼栋、楼层。在最恰当的时间和地点，自动找到骑手需要操作的订单和行为步骤，发送给骑手。

借助强大的即时配送体系，美团外卖在立足餐饮配送之外，正在积极向生鲜、零售等更多品类拓展，和线下传统零售商一起，依靠即时物流配送网络，为用户提供综合品类即时消费需求的解决方案。目前，在品类方面，甜点饮品、生活超市、生鲜果蔬、鲜花绿植正在以两倍速迅猛增长。以“忙、急、懒、难”为主要使用场景的跑腿业务也在蓬勃发展，2017 年跑腿业务月均增速达到 70%，餐饮、生鲜、鲜花、文件、服饰占据跑腿帮买业务的前五名。美团外卖平台上的商超类日订单量突破 80 万单。为用户提供物品递送和代买的“美团跑腿”业务也迅猛发展，文件、鲜花、蛋糕等品类的配送需求快速增长，订单量约 30 万单/日，积极为用户打造 30 分钟便捷生活圈。

借助人工智能，即时配送系统将越来越强大，外卖的场景将进一步完善，外卖物流将向更多同城配送和到家服务转型，购买时段更灵活，购买渠道更丰富，购买内容更多元。外卖新业态帮助单身族、加班族、独生子女/父母的养老托幼解决了很多生活服务问题，提升了消费者的生活品质。在不远的将来，人工智能将在外卖新业态下从更高的层面改善更多消费者的生活，为商家带来更大的发展空间。

2.5 全品类趋势：与零售新模式充分结合，外卖品类持续拓展

2.5.1 消费者需求驱动外卖跨行业发展

外卖之所以能在短短几年中，发展出千亿市场规模，其本质是由于外卖极大地满足了消费者购买商品后，希望能第一时间获得商品的需求。消费者的这个需求，除了在“吃”上有强诉求，在平时购买日常生活用品上，也同样有极大的需求。

因此，受消费者需求驱动，外卖出现了跨行业、跨品类发展的新趋势。

得益于外卖行业过往几年的蓬勃发展，对于如何在外卖平台上下单的一系列流程，消费者已经有了充分的了解，因此当外卖扩充到超市便利、生鲜果蔬、鲜花绿植等品类时，消费者也更容易接受和使用。同时，从履约环节来看，各大外卖平台已经组建了配送团队，为外卖跨行业拓展提供运力保障。另外，消费者在外卖平台上点餐时，其消费高峰主要聚焦在五大时段：早餐、午餐、下午茶、晚餐、夜宵，这也是配送运力压力最大的时段。但消费者对于其他品类的消费需求，时段上相对不那么集中，这将有利于配送运力的势能在其他时段进行释放。

未来，随着外卖的边界扩充，配送运力的调配会更加高效。外卖在全品类的扩充和渗透，将是大势所趋。

2.5.2 餐饮业现状及转型方向

根据国家统计局发布的数据，2018 年中国 GDP 突破 90 万亿元，餐饮收入超过 4 万亿元。随着市场趋于饱和，餐饮业增速从 2010 年的

18%降到 2018 年的 9.5%，餐饮收入额逐渐提升，而增速趋于稳定。随着竞争日益激烈，餐饮行业面临三高一低的问题：高人力成本、高食材成本、高房租成本，低毛利润。同时中国餐饮市场集中度较低，中小餐饮企业占多数，然而淘汰率非常高。2016 年、2017 年倒闭餐厅的平均运营周期约为 500 天，关店数占新开店数的 90%以上。降低成本、提高运营效率迫在眉睫。同时，根据美团点评研究院的数据，20～35 岁的年轻群体成为消费主流，在人数和消费金额上都占七成的比例。餐饮业需要顺应核心客户群的新需求，打造多样化、个性化的产品和服务。

餐饮业和零售业需要打破壁垒，强强联合，目前也已经发展出融合后的新模式。宜家等家居店有自己的特色餐厅并售卖半成品，7-11 便利店、便利蜂等众多便利店提供外带早餐。小象生鲜等生鲜零售企业开始加大半成品的比例，充分发挥中央厨房的优势，在门店布局餐厅，前店后仓，在线上推出多种熟食，涵盖了海鲜大餐、中式快餐、西式简餐、日料、卤味、沙拉等品类，拓展了消费场景。这些是零售餐饮化的探索。

大龙燚、小龙坎、井格等四川火锅品牌推广火锅底料的零售，广州酒家打造八大系列一百多个产品上线电商平台，全聚德、狗不理等传统品牌也推出真空或速冻餐品，海底捞、良品铺子、新希望推出自热火锅，这些品牌餐企把热销产品在线上推广，覆盖了更多的消费群体。星巴克、麦当劳、西贝、喜茶推出周边产品，推广品牌文化，拓展消费场景。肯德基、德克士推出无人餐厅，嘉和一品进入自动售饭机领域，利用人工智能和 AR 等技术的多种智慧型餐厅都是餐饮零售化的探索。

餐饮业和零售业的融合离不开强大的供应链和即时配送能力。正如美团高级副总裁张川所说的，餐饮产业未来发展，具有线上线下一体化、供应链垂直整合、餐饮零售化三大趋势。

2.5.3 外卖新业态下拓展全品类

随着生活水平的提高，人们希望更便捷地获取所需，同城配送的需求延伸到了餐饮外的品类。DCCI 的《中国网络外卖服务白领市场价值研究报告》显示，接近 90%的用户已经将外卖平台作为全品类消费平台，未来这一市场还将继续扩大。据美团点评研究院的报告，虽然目前外卖仍以餐饮为主，但是甜点饮品、生活超市、生鲜果蔬、鲜花绿植的订单量和配送需求正在快速增长。2017 年 1—10 月，外卖总体订单量同比增长 173%，其中，美食增长 168%，甜点饮品增长 254%，生活超市增长 253%，生鲜果蔬增长 358%，鲜花绿植增长 238%。

为了达成“帮大家吃得更好，生活更好”的使命，美团为消费者提供全品类、一站式的配送服务，2018 年 7 月推出闪购业务，涵盖超市便利、生鲜果蔬、鲜花绿植等众多品类，主打快零售，解决忙、急、宅情境下的即时性需求，打造 30 分钟到货的生活卖场。

财报数据显示，截至 2018 年年底，美团点评拥有超 4 亿年度活跃用户。闪购业务背靠美团点评生态下庞大的商户基数和地域覆盖实现快速增长，一方面依靠美团在餐饮行业的经验积累和强大的地推团队和执行力，另一方面依靠美团随时间沉淀的忠诚用户和品牌效应。闪购业务可以提升非正餐餐饮巅峰闲时的运力流转。

家乐福、百果园、711、海澜之家、鼎卉鲜花等知名的传统零售品牌已入驻美团。对于加入美团闪购平台的传统零售商，美团点评将在营销、配送、科技三个方面进行助力，帮助其实现业态升级，更好地服务消费者。

在营销方面，美团闪购可帮助零售商家覆盖更多消费人群、触达美团点评生态的海量用户。同时通过数据分析，美团点评还针对每个商家的用户特点、商圈特点、商品特点为其推荐专业的运营方案，帮助商家提升营销转化率。

配送方面，截至 2018 年年底，美团点评拥有 60 万的日活跃配送骑手和技术领先的智能调度系统，形成了成熟的分级配送体系和完善的拣货方案。美团招股书显示，在大数据和 AI 技术的支持下，美团外卖的智能调度系统根据骑手的实时位置进行最优匹配，高峰期每小时执行约 29 亿次的路径规划算法。

此外，美团点评拥有基于地理位置服务（LBS）的生活消费全景数据，可以为商家的精细化运营提供支持。同时，新一代零售系统可以低成本、高效率支撑业务升级，帮忙零售商家实现门店服务自动化、门店管理智能化、门店作业自动化。

以第一时间入驻美团的海澜之家为例，在美团闪购搜索“海澜之家”，若附近有上线的相关门店，消费者便可直接下单，购买自己喜欢的衣服，一小时便可收到。在工作商务中的紧急场合，服饰闪购为消费者提供了极大的便利。美团闪购特别针对不同品类的配送特点，为骑手新增订制背包，以区分餐饮货品与服饰的存储配送，保证服务质量。

对于消费者来说，通过美团闪购，用户足不出户即可享受送货上门的轻松购物体验。

2018 年 12 月，闪购大数据报告显示，在“忙、急、宅”群体中，在性别分布上，女性用户是购买主力，订单占比 59.2%，偏好休闲零食和乳制品，而男性订单占比 40.8%，最喜欢“闪购”酒水饮料。

基于不同的消费诉求，“忙、急、宅”在工作日与非工作日的消费喜好也有所差别。最突出的是，在工作日，酒水饮料、生鲜果蔬成为被频繁下单的消费品类，闪购饮料因提振工作状态的功能成为“流行趋势”；而到了周末，“忙、急、宅”们则迅速恢复“宅”的状态，粮油调味、熟食零食成为消费的普遍诉求。

从地域分布来看，经济水平首屈一指的华东地区“忙、急、宅”人数最多，该地区闪购订单量在全国占比近四成，远远甩开了华南、华北等地，稳居第一；全国城市排名方面，北京、上海、深圳闪购订单依次位列前三，主要原因是工作生活节奏较快、加班族众多；而作为国际重要的电子商务中心，杭州排位超过广州，位居第四。此外，国内三线城市的消费潜力也不容小觑，惠州、武汉、石家庄、保定等地单均价增幅均超过 20%，乌鲁木齐单均价增幅也达到了 18%。这样看来，不论是快节奏的华东，还是发展中的华北、西北，“忙、急、宅”市场均有较大需求。而且，不同地域有不同喜好。美团闪购大数据报告也透视了不同的城市风采：广州、深圳青年偏爱闪购酒类还有熟食；北京青年除果汁外，更中意调味酱、煮炖菜等熟食酱料，颇有北方人踏实过日子的既视感；而上海潮人则颇富时尚气息，更青睐零食、粮油礼盒及冰激凌。数据显示，住宅区、写字楼和酒店构成了美团闪购业务的三大主要场景。除了宅在家里坐等好物，“忙、急、宅”们在酒店也越来越青睐闪购服务。报告显示，美团闪购 65.9%的订单送往了住宅区，而有 11%的订单送往了酒店。酒店消费场景中，男性用户群体占据多数，最喜欢的订单组合是“啤酒+面包”；而女性消费群体更习惯于在家闪购，偏好用薯片、火腿肠填补空虚的胃。

而从一天的订单时间分布来看，都市人夜生活的丰富多样也生动地体现在了“忙、急、宅”们在美团闪购下单购物的消费偏好中。报告显示，不同于外卖高峰通常出现在午间，闪购订单的高峰期是下午 5 点至晚上 9 点，晚上七八点钟下单数量为全天最高，想必是因为闪购的商品多是送至家中或酒店，回家路上和刚到家中，才是下单的最好时机。美团闪购订单在每天晚 8 点到达日峰值。对于 18～20 点在酒店下单的用户来说，解渴、充饥是首要需求，酒类、饮用水、方便速食、碳酸饮料的比例更高；而 21 点至凌晨 1 点住宅男用户，酒类需求旺盛，随着时间后移对方便速食的需求变大，另外对计生用品需求也在增加。

从年龄结构上看，美团闪购以年轻用户为主，30 岁以下用户占比达 67%。报告还显示，用户越年轻，在平台的下单时间越晚，30 岁以下消费群体在21点到凌晨5点的下单量远超过30岁以上群体。与此同时，30岁以下用户订单多送往酒店，下单产品以休闲零食、熟食速食为主，而30岁以上用户订单多送往家里，偏好粮油调味，这也与其“顾家中年人”的形象颇为相符。

在闪购订单单均价这一层面，家居清洁、粮油调味品以67元的单均价成为单值最高的消费品类，而“忙、急、宅”们最爱买的酒水饮料单均价最低，但也达到了55元，平台订单均价达61元。这些数据也从侧面印证了花钱买时间、买方便正成为“忙、急、宅”群体的消费共识。

2.5.4 前景展望

借助人工智能的发展，除了以智能配送系统、智能耳机武装现有的庞大配送队伍，美团还在进一步探索无人配送驾驶。2018年7月，美团发布无人配送开放平台，除了已经投入试运营的无人车“小袋”，还有无人配送新款概念车和无人机。美团仍将进一步加大对无人配送的研发和投入。无人配送将集中覆盖楼内最后100米、园区配送、道路末端3公里和空中配送的四大场景。

虽然人口红利和流量红利逐渐消失，但美团等平台利用科技不断提升服务范围和服务质量，使得外卖业态进入数字红利阶段，广大消费者养成了在外卖平台上多样化消费的习惯。2018年，中国在线外卖收入约4 712亿元，外卖在网民中的使用率已超过45%；2018年，中国到店业务市场交易规模达9 976.3亿元，同比增长31%，同比增速主要来自生活服务商家线上化率的大幅提高。从餐饮到生活服务全品类，外卖平台持续协助商家引流、拉新、增加销售额和降低成本。预计互联网餐饮外卖市场在未来三年内仍将继续保持增长，预计到2021年，中国互联网餐饮外卖市场交易规模将达到9 340亿元人民币。

外卖新业态下，餐饮业和零售业同时面临着前所未有的机遇和严峻的挑战，企业的业绩增长趋于缓慢，如何提升业绩增长，成为企业的重中之重。看清外卖利润增长的底层逻辑，借助大数据、云计算、人工智能等科技手段，拥抱外卖平台，多渠道进行数字营销，利用好多样化的智能物流配送系统，扩充消费场景、时段和品类，帮助企业开拓新的增长通道，是我们不断深入探索的主题。

第3章

面对百年一遇的大风口，如何重塑外卖新业态下的业绩新增长

3.1 受挫还是飙升的净利润：看清外卖增长的底层逻辑

3.1.1 餐饮业的发展和现状

随着改革开放四十年来的发展，国内经济增长迅速，传统经济以投资、消费和出口这“三驾马车”驱动的发展模式在近些年来受到了挑战；投资的增长也随之减速，其中所占比例最高的基础设施投资由于城市化的增速放缓；出口因中美贸易战、新兴国家制造业的崛起和欧美发达国家经济增长缓慢而受到消极的影响；而随着中产阶级的崛起，人均可支配收入的提高对消费的拉动效果明显，进而对经济增长产生更大的影响。其中，餐饮行业的增速和比例尤为明显。近四十年来，餐饮行业营业额除了 2013 年的增速略低，在其他年份都高于同期社会最终消费总额的增长速度，其在整个消费结构中所占比例也由 2003 年的不到 5%，到 2018 年首次超过 11%。餐饮业在国民经济中扮演的角色越来越重要，其发展也愈加受到人们的关注。

在消费结构调整、云端智能技术升级、税费改革、用电成本降低这些利好消息的推动下，餐饮业在稳健地迈向更美好的未来。

然而，在表面的繁华下，我们也应当看到一些隐患。虽然餐饮业的收入在不断增加，速度也保持在较高水平，但是行业的平均利润水平却在曲折中后退。全国餐饮业百强企业的利润率，从 2010 和 2011 年分别 9.42%和 8.04%降低到 2014 和 2016 年的 4.5%和 4.7%，不到五年的时间，降低了一半。全行业的平均利润率虽然略高一些，但是也只有不到 5%。也就是说，虽然总量上去了，利润率却下来了。

从社会层面看，由于人口出生率降低、城市化速度减缓，导致互联网人口红利也在逐渐消失。从经济方面看，经济下行的压力，房地产增长迅猛，使店租成本提高。餐饮行业火热的同时，吸引了大量行业外从业者进入。2014 年有 1 400 万从业者，2015 年增加了 600 万，2016 年增加了 300 万，而到了 2017 年则增加了近 700 万，从业者达到了 3 000 万人，大量的从业者蜂拥而入进一步抬高了店租水平，提高了行业竞争的激烈程度。从政策上来看，2013 年以来，中高端餐饮消费受冲击明显，拉低了整个行业的利润率，中高端餐饮的供给找不到有效需求，导致供给需求结构不合理。最具代表性的是曾经国内最大的高端自助餐厅金钱豹，其在 2013 年后收入一路下滑，2017 年关闭了在北京的最后一家餐厅。此后国家也出台政策文件鼓励提高大众消费的比例，而行业内的供给侧改革也还有待深化。

3.1.2 探究餐饮业收入和利润增长的底层逻辑

对于餐饮业商家来说，其利润就是从用户身上赚取的收入减去从上游农产品和原料供应商采购及经营所要承担的成本，商家作为一个中间环节，既充当了买家，又扮演了卖家的角色。因此，要提高自身的利润率，就要从提高作为卖家时的餐饮收入和节约作为买家时的运营成本入手，实现开源和节流。

在整个餐饮业收入增长率放缓的背景下，外卖产业的收入增速非常值得关注。2013 年以来，餐饮业的收入明显减缓，尤其是在 2013 年，自改革开放 40 年来首次增长率跌破 10%；虽然之后有提升，但都没有达到 2013 年前的增长速度。与之相反，2013 年是餐饮业中外卖产业突飞猛进的开端，在之后的几年间，年增长率达到或者接近 100%；在 2018 年总销售额达到 4 712 亿元，占餐饮行业总收入的比例超过 10%；2015 年到 2018 年，年均增速超过 117%，是传统餐饮行业增速的 12 倍；外卖在整个行业中所占份额愈加明显，对未来餐饮业的发展走向必将发挥越来越重要的作用。因此，要提高餐饮业的收入增长率，不仅要保持堂食部分的稳步增长，同时也要深挖外卖业务的利润空间和价值。改变以产品为中心的传统餐饮思维，新餐饮需要以用户为中心，探究扩大用户的规模和价值；减少人力成本，提高员工工作效率，减少使用面积，增加有效面积的使用率，提高企业效率；在外卖还有“风头”的时候，着力挖掘增长的第二曲线拐点，做到未雨绸缪。

深挖用户规模和价值，也就是从用户出发，以用户为核心。对于餐饮商家来说，在单个用户利润不变的情况下，增加总利润的路径自然是提高用户数量和流量，也就是深挖用户规模和价值，拓展新用户的同时，提升老顾客的复购率。

由之前的分析我们可以了解到导致近几年行业利润率下降的非常重要的因素就是商家成本的提高，包括房租、人工费用和原材料采购成本，也就是“三高一低”。对于餐饮商家来说，房租和人工属于固定成本，即在一定时期内，不受商家的营业量变化的生产要素。原材料采购成本则相反，受到营业量的影响，在营业量变大时，商家需要采购更多的原材料。在固定成本方面，商家没有办法在短期内减少，但是可以通过提高使用效率来实现利润的增长，在管理学中，有两个术语体现了这方面的优化，分别是坪效和人效，二者分别是一定时期内的销售额除以营业面积和员工人数。所以对于增加外卖业务的商家来说，在一定的营业额增长范围内，既不增加营业面积（房租），也不提高用人成本（人工费用），却能提高总收入，增加人效和坪效。提高人效和坪效是商家收入和利润的重要途径，而外卖的增长，则是实现这两点的方式。如同汤城小厨创始人黄俊宇说的：“餐厅的利润是厨师一盘盘菜、服务员一步步服务，一点一滴做出来的。如果在人均消费不变、环境品质和服务标准不降低的情况下，能多一个餐位或减少一个服务员，那节省的这部分就直接变成餐厅的净利润。”

而在原材料采购方面，传统餐饮业中的大多数商家往往亲力亲为，或者安排部分员工在市场中进行采购，这种方式面临的问题很多。首先，个体体量小，在市场中议价能力很低，采购成本无法降低；其次，员工采购还会涉及“拿回扣”的道德风险；再次，由于难以准确掌控经营中所需的菜品数量，往往会出现多买或者少买的情况。而近年来，在新的形势下，出现了一大批新的原材料供应商，他们提供了“一站式”的供应链服务。这些供应链商家提供全套服务，在降低采购价格的同时，提供了更准确的菜品消耗数量，并且避免了“拿回扣”的风险，整个流程更加透明合理。因此，优化餐饮商家的原材料供应链，降低采购成本是实现增长的重要手段。

3.1.3 如何提高餐饮企业的利润率，实现利润新增长？

1. 深挖用户规模和价值

传统餐饮业的运营以粗放、凭借直觉和经验为代表，在面对互联网智慧化餐饮为代表的运用数字化工具来进行精细化运营的新餐饮时，难有招架之力。随着净利润水平趋底，餐饮业市场对商家在运营方式上提出了更高的要求，稍有不慎便可能亏损经营。根据艾瑞咨询（2018）的报告，餐饮业的新店铺关门率达到 70%，新企业的平均寿命只有不到一年半，北京、上海、深圳和广州的新店在一年内的关门率更是达到了惊人的 90%。

成功的餐饮商家运营的思路必然是从增加销售收入和降低运营成本出发。而增加收入的重点又在于提高客单价，增加用户流量，包括吸引新用户，提高老用户的复购率，进而提高总订单数和价值。在堂食部分发展遇到瓶颈的状况下，外卖的崛起维持了整个行业的增长。总而言之，外卖就是在堂食增长达到极限之前获取新用户的通道，是开辟用户规模和价值的第二战场。

外卖的作用体现在三个方面。

第一，直接增加了总订单数。对于商家而言，上线外卖服务，让用户足不出户即可享受送餐到家的服务。过往一天屈指可数的外卖订单数，在外卖平台的推动下，有的甚至超过了其堂食的销量。以北京烤鸭品牌金百万为例，2017 年，金百万堂食营业收入为 2.67 亿元，同比上年度下滑 10.3%，但在外卖上，其营收从 2016 年的 3 亿元暴增至 2017 年的 7 亿元，外卖部分的增长让金百万不但摆脱了收入下滑的趋势，反而创造了总营业量年增长率 100%的奇迹。

第二，外卖借助于移动互联网的崛起和大数据的应用，形成了餐饮 O2O 模式，打通了线上和线下消费的界限。顾客可以在线上点餐的同时，在线下消费；在线下消费的时候，利用线上付款。类似地，商家既可以利用线上外卖平台的数据分析来帮助线下堂食的运营和营销，也可以用线下堂食的消费信息辅助企业做好线上外卖，线上线下形成闭环信息生态圈。

第三，和堂食相比，外卖扩大了目标用户的时间和空间。传统的堂食的目标用户群体主要集中在餐厅附近，一般不超过 1.5 公里的范围。而外卖的辐射半径至少可以扩大一倍，辐射面积大大增加，其所能覆盖的用户数量也大幅度增加。在外卖尚未兴起时，虽然也有外卖商家，但是主要通过电话订餐，送餐速度不够快，点餐不够方便，体验不好，人们的点餐热情度自然也就不高，因此未给传统餐饮业带来变革；而在外卖新业态下，全民参与外卖，人们不仅可以点正餐，还可以点夜宵、下午茶点。外卖的兴起拓展了餐饮消费的时间段。因此，将外卖和原有堂食进行深度融合，实现线上线下消费一体化，是深挖外卖利润空间和价值的重要手段。

2. 运用智慧化工具提升企业效率

企业效率的提高是实现利润率的重要路径之一。决定企业效率的因素有很多，包括企业管理、企业运营、原材料采购等诸多环节，提高企业的效率，就能减少人工成本，改善营销体系，增加用户流量，降低采购成本，从而达到提高企业利润的目的。

传统餐饮企业效率低下，体现在商家主要靠直觉、感觉和经验来进行决策和运营，即使能做一些科学的分析，也因为自己能搜集到的自身和行业数据有限，不能做出精准的判断。例如，在用户进店点餐过程中，主要还是依靠服务员进行面对面的服务，使得餐厅必然要保证更多数量的服务员的同时，还会增加用户的等待时间，降低体验度；在进行营销的过程中，传统企业还只是使用发传单、做线下活动的方法，难以抓住有效的用户群体；在采购原材料当中，对库存不能做到精准的记录，造成新采购量不够或者过多。而餐饮和外卖新业态下，互联网的引入、大数据和智慧化工具的使用，使得企业向标准化、精细化和信息智慧化方向发展，有效地解决了这些存在的问题。

传统企业在点餐时，需要服务员与顾客进行面对面交流，而在新业态下，顾客只需要拿起手机，扫一扫餐桌上的二维码便可完成点餐和付款，这极大降低了对服务员数量的依赖，减少了顾客点餐和支付的时间的同时，提高了消费者的用餐效率，提升了翻台率，帮助餐厅降低了人工成本，有效地提高了餐厅的人效。

在企业选址时，互联网大数据的智慧化工具也提供了有力的支持。传统商家在选址时，只能根据直观和有限的统计来计算商圈的客流量，以此作为选址的依据。而大数据的引入，使得商家可以采用对某一区域热力图的跟踪计算，选择投入最小，而产出最大的商铺位置。和传统选址方法相比，可以在租用更小面积商铺的同时，获得更大的营业量、增加利润，提升了企业坪效。

线上和线下的技术使用和升级产生了战略协同作用。2013 年“全民外卖”时代的开启极大地推进了这一行业趋势。由于外卖需要互联网的接入大数据和智慧化 AI 技术推动了外卖的崛起，外卖平台通过运营过程中对用户消费行为进行画像，分析用户的消费习惯、偏好，进而用这些数据进行精确营销，提高营销效率。与此同时，外卖的普及对智慧化技术和工具又有推动作用。首先，商家应对外卖新业态，要提高自身效率，就必须运用智慧化工具，如利用 SaaS 软件对餐厅进行管理，提高餐厅对外卖订单的响应速度和餐厅的运转效率。而这个过程中，堂食业务也受益颇多。其次，在运用这些工具的过程中，商家也将堂食用户转移到线上，运用大数据云端技术对这些线下用户进行消费者画像，进一步增强了其堂食业务的同时，也会将这些数据用于线上和外卖业务。在这个过程中，原来相互独立的外卖和堂食业务界限被打通，形成了信息链的流通，打造了闭环的运营生态圈。

3. 整合供应链

对供应链的优化是企业做大做强的必经之路。餐饮行业有一个观点：前端决定生死，后端决定强弱。后端指的就是供应链，这足以看出供应链对于商家的重要性。“巧妇难为无米之炊”，原材料采购作为餐饮企业必不可少的一环，跟其他生产要素相比，有着频次高、流水量大、黏性强的特点；原材料采购成本和成本端的人力成本和租金成本相比，是在绝对数量上不可打折扣的。传统商家的供应链模式通常为个体化采购，过程不规范，即便是统一进行采购的连锁企业仍需经过繁多的交易环节，中间环节多，耗损大，成本大。在互联网大数据的推动下，供应链端的服务也呈现 O2O 模式化，同时诞生出“中央厨房”的概念。

企业层面，供应链上游农产品企业、互联网公司与餐饮企业自己建设供应链，从而构成推动供应链创新的三股力量。他们通过整合互联网、大数据等多种技术，建立了新的供应链网络，降低了企业采购成本，提高了运营效率和利润率。具体而言，新型供应链服务解决方案又分为联盟模式、平台模式和综合模式。

联盟模式一般为大中型连锁企业所使用，这些企业为了节约成本，提高采购效率，采取自己组建采购联盟的方式，直接从农产品生产基地采购食材，分发到各个联盟成员企业的总部，再由总部分发到下面的分店，其代表有链农、众美联等企业。平台模式是指企业从互联网供应链采购平台下单，平台分发到各个生产基地，再由这些基地配送到企业；这种模式一般是中小型企业在使用。综合模式的供应链则是在平台模式的基础上，在社区开设门店，服务普通社区用户购买生鲜食材，代表企业如小龙女。

这些模式的兴起不仅降低了餐饮企业的采购成本，也保障了上游农产品商家的良性发展。在餐企下单的同时，供应链平台也会对企业进行画像，智能化技术使得平台能够学习和预测企业今后的预订数量和种类，农产品商家根据这些数据可以指导自身的农产品种植，避免出现供需不一致的情况，维持了农产品价格稳定的同时，也确保了食材的新鲜度。

4. 挖掘外卖的第二曲线增长拐点

寻找第二曲线是企业实现快速稳步发展的重要手段。1997 年，管理思想大师查尔斯·汉迪提出了“第二曲线理论”，他指出，每个企业和行业的发展都摆脱不了 S 形曲线的命运，这条曲线是第一曲线，而持续增长的秘诀则是在达到 S 形曲线最高点之前发展另一条 S 形曲线，以保持基业长青。这个理论可以用一句话来总结，“提前意识到问题然后改变战略”。但商业的残酷之处还在于大多数人可能更擅长亡羊补牢，对于提前意识到问题并做到未雨绸缪是一件难以完成的事情。

类似地，贝佛在其著名的研究报告《失速点》中提出一个观点：一个企业或者一个行业的发展一旦达到失速点，业务停止了增长，那么他们几乎不可能有东山再起的机会。就像任何产业一样，外卖的发展也总有遇到增长的天花板的时候，而如何在这之前找到外卖发展的“第二曲线”则是我们需要认真思考的问题。

当然我们也不用太悲观，在 20 世纪 70 年代，经济学领域有一个著名的理论学派——罗马俱乐部，其代表人物丹尼斯·米都斯（1972）发表了著作《增长的极限：罗马俱乐部关于人类困境的研究报告》，提出了著名的增长极限理论。他们通过科学地建立计算机模型并预测 70 年代以后的世界人口和工业将会继续增长，但是其所造成的环境破坏和污染将会使得经济衰退，最后迫使人口减少。罗马俱乐部的理论并没有错，但是他们错在低估了人类对自己错误的纠正能力和找到新的增长路径的能力。

对于发展了千百年的餐饮行业来说，堂食是其第一曲线，伴随着移动互联网而崛起的外卖产业是其第二曲线，是在堂食业务之外开辟的第二战场。对于外卖来说，如果说互联网是其第一曲线，那第二曲线是什么呢？

零售新业态或许就是答案。所谓的新型零售业态，即商家以互联网为基础，运用大数据和人工智能技术对产品生产流通销售过程进行全面改造，整合线上线下资源，提高物流效率的新零售模式。

末端的物流配送体系让新零售和外卖产业有了合适的连接点。传统网购的配送时间长，多以天为计时单位，无法做到即买即用，用户体验较差，这也是传统网购无法取代线下购买的一个重要因素。相比之下，外卖产业的线下配送体系十分发达，由于其配送范围专注于“最后一公里”，所追求的则是“30 分钟必达”，基本做到了“即买即用”。

新零售拓宽了外卖产业的产品线。传统外卖主要经营的只是餐食业务，新零售的升级让外卖延伸到以前无法触及的领域，范围不仅扩大到了茶饮、生鲜，还添加了药品、鲜花，甚至电子产品等。业务的拓展让外卖的线上线下产品服务更加紧密，并且由于生鲜等新产品的上线，对企业的冷链及供应链也将有推动作用。

新零售的改革也对外卖的信息化系统、智能化技术提出了更高的要求。信息化、智能化是企业精细化运营的基石，在深挖用户规模和价值，以及提高企业效率方面有着不可或缺的作用；线上线下数据链的打通使得线上线下消费的边界被打破，两者进一步融合，相互促进。

新零售使外卖产业的产品服务不再单一，也促进了外卖产业的技术升级；同时，外卖产业也使新零售的物流配送更加高效快捷。

2018 年之前，众多分析机构对 2018 年外卖营业额估计不超过 3 000 亿元，但因为外卖产业新零售化的进一步深化，总营业额还是达到了 4 000 亿元的销量。在外卖新零售还处于起步阶段、商家信息化程度尚不超过 10%的情况下，外卖就已经交出了如此完美的答卷。随着新零售的进一步升级，不难想象其作为外卖的第二曲线的角色将进一步显现。

3.2 新业态下的品牌精准定位方法论

品牌定位是企业立足、可持续发展的根本，任何企业拓展业务、制定发展策略，都离不开其品牌定位，因此一旦一个企业的定位出现问题，就像大厦的根基不稳，将导致所有的上层建筑岌岌可危。企业的定位往往也决定了其增长策略是否准确、未来企业的增长空间是否广阔，这也是近几年互联网行业内常提到的“选对赛道很重要”。

而回归到餐饮业中，过往传统餐饮品牌的定位多以产品品类为核心，围绕“卖什么”来进行，相对弱化了“卖给谁”，对消费者的需求洞察不足。而互联网浪潮的到来，使消费者的特征和行为构成了大数据，以更精细的维度可被企业识别和应用；同时外卖崛起，让消费者的消费场景更多样化，消费决策和消费行为都变得更为复杂，这也意味着，过往单以产品功能为核心的粗放型品牌定位，将难以满足消费者多层次的消费需求，实现企业的可持续发展。

因此，在外卖新业态之下，企业需要把消费者需求放在最重要的战略位置上，通过大数据分析和调研。为自身的品牌进行更精细的客群定位和品类定位。

而在这之前，我们首先要明白，什么是品牌定位？定位对于企业的价值和重要性又在哪里？

3.2.1 做好品牌定位，对于企业有什么重要价值？

品牌定位是什么？

想要做好精准的品牌定位，有一个前提是，要充分理解品牌定位的核心定义。

品牌定位的核心是占领用户心智，未来的商战将是心智战场的竞争。

全球著名战略大师、“定位之父”杰克·特劳特提出了著名的定位理论——企业的成果不在内部，而是在外部顾客心智中，只有在顾客心智中占据一个有利的定位，才能赢得顾客的优先选择，企业才能获得好的经营绩效。

因此企业的一切行为，都是为了消费者，品牌定位的核心是占领用户心智，从而促使消费者建立对品牌的正确认知，以更短的决策路径，下单购买企业的产品。

对于餐饮和电商、快消等领域的企业来说，做好品牌精准定位将更为迫切，这是由于这些企业所面临的行业环境、行业特性等因素而造成的。在做好品牌精准定位的路上，小部分大型餐饮品牌已经意识到占领消费者心智的重要性，并且已经开启了心智战场的营销战，大部分中型餐饮品牌还处于定位探索期，而更多的小型餐饮门店，对于定位的重要性则认知有限。

行业竞争越趋激烈、消费需求和行为更加复杂、自媒体时代传播环境高速变化、线上线下消费场景差异……这一切变化发展得如此快，让不少企业措手不及。而在这样一个变化越来越快的商业时代，企业重塑品牌定位，已经迫在眉睫。

3.2.2 为什么精准的品牌定位对企业至关重要？

1. 竞争越激烈的战场，越要做好品牌定位

在过去的几年里，不管是餐饮老兵还是新入行的餐饮老板，对于行业经营环境和自身经营情况的认知，都发出了同一个感叹——“竞争真的太激烈了”。

餐饮作为一个拥有几千年历史的行业，在近几年互联网浪潮下，很

多创业者踩着风口涌入这个行业，都使餐饮战场的竞争越加激烈。根据美团点评发布的《2017 中国餐饮业供给侧发展报告》，已关闭餐厅的平均寿命为 508 天，可见即使已经运营了 1 年以上较为成熟的餐饮门店，也依然面临着严峻的生存压力。根据《中国餐饮报告 2018》的数据，2017 年，餐厅关店数是开店数的 91.6%，虽然总体来看，全国餐饮店的数量仍属于正增长，但从另一个角度来看，也反映出餐饮业的竞争十分激烈，淘汰率极高。

餐饮业虽然市场规模庞大，准入门槛较低，看似入行容易，但想长期地把门店做下去、做好却并不容易。

而对于餐饮老板来说，身处这样一个竞争密度大且属于长期竞争的战场，更应该意识到，越是竞争激烈的市场，越要做好品牌定位，否则将极容易陷入价格战的恶性循环中。一旦企业陷入价格战，品牌在消费者心中的形象将极大地损耗，这将使消费者的注意力聚焦在价格上，并逐渐变成价格敏感型用户，企业会陷入依靠低价来维持生存的恶性循环中。

在中国商业战场上，彩电行业和手机行业均是发生过典型价格战的行业，而这两个行业的市场竞争激烈程度，与餐饮业可谓不相上下。

在 90 年代初，中国彩电市场开始崛起，但市场高度分散。当时，国内彩电市场已经有不少国外品牌进入，牢牢占领了高端市场，导致国产品牌陷入低端市场的竞争中，面临着较大的生存压力。

当时长虹是国内最大、效益最好的本地彩电企业，其拥有的生产线数量位列国内厂商前茅，而且是生产彩电元器件的最大生产商，再加上地处经济较为发达的四川，让长虹拥有得天独厚的成本优势和较高利润率，长虹当时的净利润率接近 20%。这一系列的优势，使长虹成为挑战国外彩电品牌的最有力竞争者。

但即使有这样的优势，对于当时的长虹来说，仍与国外品牌有一定的差距。当务之急是提升市场份额。通过一系列的市场调研，长虹发现，在当时的竞争状况下，要在短期内增加市场份额，价格战是最佳的竞争策略，原因有三个：第一，国外彩电品牌普遍走高端路线，价格普遍比国产品牌高 20%，而长虹的净利润率达到 20%，只要拿出 10%的让利，就能跟国外品牌的价格拉开 30%的差距，这样的价格差，足以促使部分消费者转投长虹怀抱；第二，降价将使国产品牌进退维谷，陷入是否要跟随降价的困局中；第三，长虹较高的净利润率，使长虹“亏得起”。

最终一切如长虹所愿，长虹的市场份额从原来的 16%在短短几个月内，增长至 31%，赢得了这场价格战的胜利。

可叹的是，成也萧何败也萧何，几年后，彩电企业纷纷学起了长虹的这招，大量推出低价产品。而长虹在经历价格战后，虽然在短期内收割了大量的市场份额，但是由于未迅速建立起自身的品牌定位，而且价格战使长虹的品牌在很长一段时间内给消费者留下“廉价”的心智认知，导致长虹的市场份额优势很快被康佳和 TCL 反超。

从长虹的例子中不难看出，在一个竞争激烈的行业中，价格战也许能争来短期的市场份额，但从长远来看，在消费者心中建立品牌认知，形成品牌溢价能力，才是赢得竞争的终极武器。

与彩电行业类似，智能手机行业过往也曾经历过一段“价格战”丛林期。在华为强势崛起之前，消费者对于高端手机品牌的认知一直局限于苹果、三星两大国外品牌。2010 年，雷军正式把他的创业项目小米工作室更名为小米科技，并提出了“硬件+软件+移动互联网”三家马车的构想。其后，依靠互联网的力量和饥饿营销等手段，小米迅速在国内手机行业原有的市场格局中撕开了一个口子。

小米的快速崛起给了华为一个警醒，那就是——华为手机的核心价值究竟在哪里？华为手机在产品和技术上的优势，如何转化为品牌价值正确传达给用户？

华为虽然意识到了这个问题，但当时国内手机行业的“价格战”正进入高潮期，各个手机厂商都希望在智能手机全民普及的时代风口分一杯羹。如果放弃打价格战，意味着华为需要逆潮流而上，走一条与大部分手机品牌都不一样的发展道路。这注定是一条孤独的路。

幸运的是，华为最终还是坚守了任正非的产品理念——“华为手机必须找到自己的核心价值”，并在 2013 年启动旗下荣耀品牌的独立发展，让荣耀子品牌与小米对垒。这一个动作，把华为从中低端手机的品牌定位彻底解放了出来，为华为未来在消费者中建立高端手机的心智认知。这为华为占领高端手机市场的地位，踏出了关键性的一步。

2018 年，荣耀品牌成立独立公司，这意味着华为和荣耀将从品牌层面全面分离，不管是品牌定位还是形象，都将更清晰明确。华为面向拥有较强消费能力的高端消费者，品牌定位向苹果、三星看齐，荣耀则主打中低端市场，与小米、OPPO、vivo 等国产品牌竞争。同时，基于华为和荣耀两大主定位，华为还针对消费者群体进一步细分，开发出 mate、Nova、p、畅玩等多个系列的手机，满足不同类型消费者的需求。由于各个系列手机的定位精准垂直，如 mate 系列面向工作多年的商务人士、p 系列主要面向喜欢拍照的年轻女性……每一个系列的手机都能在细分的手机战场里单打独斗，与国内各个手机品牌展开全面竞争。

华为的崛起具有历史意义，华为的成功固然有其人才、技术优势的原因，但在消费者心智层面，如果当初华为没有毅然把荣耀品牌独立发展，做好精准的品牌定位，那很可能直到今天，在消费者心中，华为仍然难以具备跟苹果叫板的底气。

因此，竞争越是激烈的战场，企业越是要做好品牌定位。精准的品牌定位，能使管理者的目光更“聚焦”，制定的销售策略、营销策略更不容易出现方向性的错误，同时，这也使目标消费群体更容易了解品牌特性。从竞争层面来看，商业战场呈现更垂直细分的态势，这意味着即使是财大气粗的巨头，在多个垂直领域内的商业竞争，也依然需要做好品牌定位。

2. 消费者需求和传播环境越是变化，越要做好品牌定位

自互联网+浪潮掀起至今，餐饮可谓是与互联网深度融合较早的行业之一。因此，餐饮人对于行业环境和消费者需求的变化，也是较早的

一批感知者。不少餐饮老板在谈到消费者时，往往会吐槽“太难伺候了”，但抛开主观感受来看，不管是消费者的组成结构，还是消费者的行为和需求，都正在发生巨大的变化。而这些变化，也必定促使餐饮企业需要通过更精准的品牌定位。更多样化的产品策略，更优质的服务体验，才能满足新一代消费者的消费需求。

3. 消费需求正在变得更复杂、更精细

由于人口结构的变化和互联网在不同年龄、地域人群中的下沉式渗透，导致消费者的用户画像和消费需求变得更为复杂和精细，这也将加大了企业满足复杂用户需求的难度。

根据中国互联网络信息中心发布的第 43 次《中国互联网络发展状况统计报告》，截至 2018 年 12 月，中国网民规模为 8.29 亿，全年新增网民 5 653 万，互联网普及率达 59.6%，网络覆盖范围扩大、连接速度提升、使用费用降低为互联网普惠化发展铺平了道路，也促使移动消费释放出强大的势能。近日 TalkingData 发布的《新消费时代开启，消费升级显活力——2018 新消费趋势洞察报告》显示，2018 年在移动消费者中，90 后等新生代消费者的占比已经达到了 34%，值得注意的是，60 后等中老年消费者的占比也达到了 16%。结合国家统计局发布的第六次人口普查数据来看，90 后占全国总人口的比例为 26.2%，60 后的占比也超过 15%以上。这反映出，移动消费的渗透程度在 90 后中更深，同时中老年人的消费势能正在通过互联网被进一步释放出来。

消费者的年龄结构正在发生巨大的变化，95 后陆续进入职场，消费能力持续加强，第一批 00 后已经进入大学校园，作为“数字原居民”的他们，还有更多的消费需求有待挖掘。

而从地域上来看，智能手机的全面普及，以及微信、拼多多、快手等 App 向三四线城市的下沉，进一步提升了三四线城市网民，尤其是中老年用户的上网时长，使之转化为深度移动互联网网民。同时，移动支付在三线及以下城市的覆盖，使三四线流量变现成为可能。近年来，

拼多多、趣头条等互联网独角兽的兴起，均是由于抓住了这波互联网下沉的红利。

中国人口规模庞大，地域广阔，过往人民的消费需求主要通过线下场景来满足，例如，餐饮门店的生意以前以堂食为主，因而餐饮商家只要做好了自家门前“一亩三分地”的生意，就能过得很好。但互联网时代的到来，建立了新的线上消费场景。

在线上场景中，商家面对的消费者是海量的，消费者的用户画像与线下差别巨大，每一个消费者由于年龄、地域、消费能力等差异，呈现出的消费需求将变得更为复杂和精细，这就需要商家通过大数据等手段，洞察复杂的用户画像，建立精准的品牌定位，方能满足当今顾客的消费需求。

4. 新的消费观念和行为兴起速度正在变得更快

互联网的普及和居民收入的提升，使人们的消费观念和消费行为正在飞速变化。

注重效率、追求品质是新消费时代的两大显著特点。

根据艾瑞咨询公布的《中国新餐饮消费行为趋势研究报告》，由于生活节奏加快，超过 50% 受访者在过去一年的就餐频次有所增加，42.5% 的受访 90 后每周在家做饭次数少于 4 次。同时，数据显示，消费者在选餐定位出于方便快捷的需求，会首选在线生活服务平台；对于外出就餐时的等位也追求效率，越来越没有“耐心”；超过 85%的消费者表示，外出就餐时能接受的最长等位时间不超过 30 分钟，过半数消费者最希望能通过手机在线排队等位。从服务体验上来看，如果召唤三次服务员都没有响应，半数消费者会放弃就餐。在结账买单的环节，93.2%的消费者会选择移动支付，58.5%的消费者希望能通过扫描开票二维码的方式自助开票。可以说，消费者对于效率的追求，贯穿就餐的每一个环节，这给餐饮商家提出了更高的效率要求，服务体验的效率优化将贯穿全链路。

但消费者对于效率的追求，并不代表着对于品质的要求会降低，相反，消费者越来越追求高品质。从艾瑞公布的数据来看，2018 年，中国消费者在餐饮上的花销十分舍得，接近九成的消费者出外就餐时平均每顿花费 50 元以上，其中 29%以上的消费者每顿花费 200 元以上。年收入在 10 万元以上的 80 后及 90 后“新中产人群”外出就餐频次和消费金额都远超整体水平，这类人群愿意付出更多的金钱为餐食品质和就餐体验埋单，“高频次”“高消费”成为新中产人群的最重要消费特征。

除此之外，消费者需求越加精细和复杂也催生出新的趋势——个性化消费。个性化消费带动了网红店和网红商品的兴起。根据第一财经商业数据中心公布的《2018 生活消费趋势报告》，在网红食品的偏好上，80 后偏爱网红冰激凌、火锅和奶茶；而 90 后则喜欢到网红西餐、中式快餐消费；95 后也同样喜欢购买网红食品，最喜欢西式快餐和蛋糕，还成了线上即食火锅最大的购买人群，带动新兴品类销售金额的快速增长。

美团等在线生活服务平台的兴起，给予了商家更多的曝光机会，即使是小众的品类，也有可能被消费者通过平台所熟知。平台的兴起使消费者可以通过线上拥有更多样化的用餐选择，消费者个性化的消费需求，在餐饮 O2O 时代更能被满足。

5. 信息爆炸时代，品牌传播变得更难、也变得更容易

这是一个信息爆炸的时代，由于海量的信息向消费者涌入，企业发现，要让品牌的“声音”传达给目标消费者，变得越来越难；另外，这又是一个人人都是自媒体的时代，每个个体都能成为传播节点，这也使品牌如果通过裂变等方式，更容易把品牌传播出去。

信息爆炸在当今已经不是什么新鲜的词汇了。但“网红”一词，可以算得上近两年的新词汇。根据艾瑞咨询公布的数据，2017 年，微博超过 10 万“粉丝”的网红增长了 50%以上，“粉丝”整体增长了 20%以上，网红“粉丝”规模经济达到 4.7 亿元，季度同比电商销售额增

加了一倍。可见，名人、网红等 KOL，对消费者的消费选择影响越来越强。

在自媒体兴起前，过往消费者接触信息的渠道主要为电视、杂志和报纸，消费者接收信息的渠道单一，因此获取的信息类似。但如今，消费者可以通过多样化的渠道接触信息，这也意味着每个消费者所接触到的信息将呈现巨大的差异化，这也意味着企业如果想在消费者心中建立统一的心智认知，难度将越来越大。另外，从消费者的决策路径来看，由于每天接收到海量的信息，消费者会为自己建立起“信息过滤器”，筑成信息茧房。而在这个过程中，身边的熟人、自身信任的意见领袖，则成为信息触达给消费者的关键节点，通过这一个个节点组成的点状网络，使信息能形成裂变效应。于是，这些关键节点，便变成了品牌触达消费者的重要入口。近年来兴起的网红经济、微商经济，本质上是通过为关键节点提供利益，进而来推广品牌。从这个角度来看，品牌的传播又变得更容易，只要足够频繁地触达关键节点，就有可能在某一部分用户中形成刷屏式的品牌效应，这也促成了“网红品牌”的诞生。

多样化的自媒体渠道、KOL，对于企业来说，未来都将成为品牌营销的重要工具。而在使用这些工具的过程中，企业应该思考，在信息爆炸时代，如何筛选出能触达品牌核心用户的关键节点？通过这些关键节点，应该输出什么样的品牌定位和价值，从而影响消费者的消费决策？

6. 线上线下消费场景的差异越大，越要重塑品牌定位

随着外卖进入新业态，商家需要对外卖建立全新的认知，在寻求自身定位和品类选择时，需要结合堂食和外卖场景的差异性，进行品牌定位。

在外卖平台兴起之前，外卖对于商家来说，只是堂食的一个延伸销售渠道。在没有外卖平台之前，顾客获知外卖信息的主要渠道基本上是餐馆的传单，可选择的餐馆有限，顾客也没办法通过传单获知餐馆

的卫生情况、菜品味道等信息。新店难以建立信任感。再加上电话外卖的时代，商家自行配送外卖，配送范围极为有限，普遍在 1～2 公里以内，因而顾客普遍会倾向于用过堂食的老店点外卖。外卖的用户群体跟堂食的用户实际上是同一批顾客，外卖是一门彻头彻尾的“老客生意”，难以起到扩充客源的作用。商家在进行品牌定位时，只需要做好选址即可。

但进入到外卖新业态时代，以美团外卖为首的外卖平台，使用户的消费场景拆分为线上和线下，外卖不再是堂食的附属销售渠道，而是一个崭新的业态。

外卖新业态的到来，究竟改变了什么？我们先从消费者侧来看。

更高的点餐频次：得益于发达的外卖配送系统，消费者现在可以在最短的时间内拿到餐品。外卖方便快捷的特性，使越来越多的消费者放弃在家做饭，转变为外卖用户。根据美团点评研究院公布的数据，2017 年，全国有将近 2 亿单身人群，其中 1.3 亿单身人士曾在美团叫过外卖，有 393 万人年度订单数量高于 100 次，等同于每周平均叫 2 次外卖。

过往一个家庭每周一次出外“下馆子”已经算得上是奢侈，但外卖的到来，催生起“懒人经济”，消费者点外卖成了一个高频的消费需求。

更多的消费选择：外卖平台的崛起，极大地提升了餐饮门店的曝光量和客源范围。过去，一家餐饮门店的辐射范围在 3 公里左右，通过在外卖平台上线，可使其辐射至周边 5 公里甚至更广的地域，这对于消费者来说，等于是提供了更多样化的消费选择。

更短的决策路径：消费者的决策行为和路径，也由于外卖平台的崛起，发生了深度的变化，决策路径变得更短。

外卖平台为门店提供了商品图片、营销活动、配送范围、用户评价等信息，消费者仅需通过这些信息，结合自身的用餐需求和偏好，就会进行外卖下单，整个消费决策时间不到 10 分钟即可完成。

过往消费者在线下堂食的消费决策，需要通过实地考察门店的装修、服务体验等因素，而如今，这些决策因素都被高度浓缩为在线上展示的信息，消费者的决策路径更短。

那么，这些变化，对商家来说会产生怎样的影响？

结合线上+线下进行客群定位：堂食和外卖的客源不再是完全重合的同一批顾客，在考虑消费者需求的时候，除了线下堂食的用户群体，还需要考虑外卖用户群体的需求。

关注外卖战场的潜在竞争对手：外卖战场的竞争，是以消费者为核心的多维度竞争。竞争对手不再仅仅是堂食 3 公里内的同一品类餐馆，还可能是离你家门店 5 公里外，品类不同但客源定位相似的门店。品牌定位和选址已不再仅仅是“堂食”的事儿，同时还需要结合外卖来进行考量。

线上品牌的建立和传播成为关键：消费者的决策路径变了，商家也应因时而动。即使是有多年积累的传统餐饮品牌，也需要把品牌在线下积累的知名度，在线上转化为品牌影响力，从而影响消费者在线上的决策行为。

3.2.3 餐饮企业如何进行精准的品牌定位？

20 世纪 70 年代，美国著名营销专家艾·里斯与杰克·特劳特提出定位理论，其核心为“一个中心、两个基本点”，即以打造品牌为中心，以“竞争导向”和“消费者心智”为两个基本点。时至今日，企业在进行品牌定位时，仍然可以化用这套理论为品牌进行精准定位。

那么，回归到外卖行业中，品牌在外卖新业态下，应该如何进行定位呢？

1. 通过大数据和市场调研，分析消费者行为和市场环境

既然所有的品牌定位都围绕“人”来进行，那么品牌定位的第一步，首先要圈定你的产品受众，了解品牌目标受众的消费需求。

过往的用户研究，往往是通过定量或定性研究的方式，获取消费者的行为，但这样的方法，难以对深层次的用户行为进行洞察。但随着大数据技术的不断完善，企业可以通过对信息进行关联、参照、聚类、分类等分析方法，获取用户精细化的画像和有价值的用户行为洞察。

在当下的餐饮业，有一个趋势越来越明显——餐饮业的竞争，已经下沉到垂直细分的战场了。这意味着什么？意味着定位不清、没有足够特色的品牌越来越难出头了。品牌竞争已经下沉至细分品类和餐饮细分领域，比如，每年会出现不同的“爆品”——小龙虾、牛蛙等，都明显呈现出餐饮行业的大趋势正在向“专而精”发展。

回归到品牌定位上来看，企业如果要进入或开拓某一类新的餐饮项目，那么必定需要对该项目未来的发展空间和当前竞争趋势进行分析，例如在这个领域内，有多少目标受众？这些目标用户的消费能力如何？这些用户有怎样的消费习惯和需求？用户目前都分布在哪些地域？当前领域内都有哪些竞争对手……这一系列的问题，实际上就是市场定位的过程，过往企业的市场调研部门会带着这些问题，通过查阅相关部门的公开数据、第三方机构出具的行业调研报告、咨询行业专家意见及实地进行市场考察等方法，来进行深入的调研，以便精准定位。但这样的方法除了耗费巨大的人力物力外，还存在着数据滞后性等问题，没办法很好地帮助企业进行精细化的定位。

但大数据的出现，未来将使企业在品牌定位、门店经营上，有数据可依，商业决策变得更加科学。未来，餐饮企业通过大数据定位客群，需要下沉至消费者的年龄、消费能力、消费频次等更细致的维度，通过这些数据，企业除了能估算整体的市场规模、制定未来的企业发展策略，也能对目标受众的口味和偏好进行深入分析，甚至能反向倒推其直接及潜在的竞争对手，进而进一步利用大数据对竞争对手的优势和劣势进行分析。

据了解，目前在大数据应用上，不少连锁餐饮门店已经通过自建数据系统或是与第三方咨询机构、互联网巨头合作的方式，把大数据应用到开店选址中。例如，美团点评利用多年积累的大数据资源，开发出专为餐饮企业推出的大数据选址工具——“黄金眼”，通过大数据技术对商业环境、消费趋势、用户画像、周边商户画像等方面进行详尽的分析，输出最佳选址点，同时，还将评估企业的销售额及成本回收周期，为其提供重要的参考及借鉴。

例如，你的餐饮品牌定位为面向 25 岁以上、月入 1 万元左右的年轻白领，那么则需要围绕这部分人群的餐饮偏好及消费能力，选择适合的品类和定价策略，再通过大数据挖掘这部分人群的所在城市，同时结合竞争对手的布局情况，确定开店选址、后续门店运营的策略。

以呷哺呷哺旗下的凑凑新品牌为例，为了在竞争激烈、同质化严重的火锅行业闯出一片天，2016 年，呷哺呷哺推出了高端火锅品牌“凑凑”。而在开店之前，通过大量的市场调研，凑凑将目标客户群定位为 25～35 岁的都市白领，这部分消费者具备较高的消费能力，追求优质的产品品质和服务体验。除此之外，作为年轻人，这类人群有较强的社交需求，喜欢新鲜事物，热爱在社交媒体晒自己的衣食住行，所以凑凑在明确消费群体后，将品牌定位为“轻奢聚会”的火锅品牌。

同时，围绕核心用户和品牌定位，凑凑从店铺选址、店面装修、产品研发、员工培训等方面，设计了一整套运营打法，来抓住目标用户的消费需求。除了店面装修、定价策略都较为高端，在打造适合年轻人聚会的空间上，凑凑还通过在餐厅设置室内水池、设计特色菜仙境龙脉等，来满足年轻人拍照打卡的社交需求，甚至为了鼓励客人拍照分享朋友圈，凑凑还专门请来专业的摄影师对服务员进行指导，培训他们如何用手机为顾客拍出好看的照片。

未来，随着数字经济的进一步崛起，不同领域的数据将会进一步打通，企业将能通过更多维度的数据分析，助力制定精准的品牌定位。

2. 聚焦品牌独有价值，找准品牌的核心差异

既然定位是企业立足的根基，那么品牌定位必然具有排他性，在定位理论之父杰克·特劳特看来，消费者有5大思考模式。

① 消费者只能接收有限的信息。

② 消费者喜欢简单，讨厌复杂。

③ 消费者缺乏安全感。

④ 消费者对品牌的印象不会轻易改变。

⑤ 消费者的心智容易失去焦点。

这些思考模式，也导致消费者很“健忘”，一般而言，在顾客的心智中，最多只能为一个品类留下七个品牌空间，而随着竞争的加剧，最终只能给两个品牌留下空间，这就是定位理论中著名的“二元法则”。因而，企业在为自身制定品牌定位时，一定要有选择性地集中火力于狭窄的目标，切记贪多，形成一个核心的品牌关键词，然后通过不断地利用和强化该关键词，最终达到品牌占领消费者心智的目的。

那么，如何找到核心的品牌关键词，找到品牌差异点呢？

有一些企业认为，生产的产品差异等同于品牌差异点。

但企业要明确的是，对于消费者来说，他们购买某个品牌的产品，那必然是因为这个品牌为他们提供了某种价值。当这个价值越是稀有，那么这个价值的提供方，就越容易在消费者心中占领心智、形成品牌。所以要找到品牌差异点，实际上是品牌为消费者提供了什么差异化的利益和价值。而这个价值，可以是除了产品功能以外的价值。虽然品牌价值的差异化可以聚焦在产品属性上，但在很多情况下，这是容易被模仿的，会导致品牌壁垒较低。

如何理解品牌价值呢？可以用一个公式来解读：

品牌价值=（功能性利益+情感性利益）/（货币成本+时间成本）

这个公式代表的含义是，一个企业可以通过提升收益、降低成本的方式，提升消费者对于品牌价值的认知。企业可以通过一种或多种价值，

对自身品牌进行差异化的定位。

一般而言，在餐饮行业中，企业会更偏向通过产品、服务、用餐环境上的功能性利益来寻找品牌的核心差异点。而在快消等领域，不少企业已经开始通过提供情感化的利益来打动消费者的心了。

1）品类区隔：聚焦细分品类和潜力品类

对于餐饮企业来说，在明确用户群体后，首要做的就是明确品类定位，进而基于品类和品牌特性，找准品牌核心差异点。中式快餐黑马蒸小皖在品类选择上，也曾经经历过一段品牌定位的摸索期。

可能很多人都不知道，“蒸小皖·家乡小笼菜”的前身，曾是“肥东老母鸡”。在企业建立之初，蒸小皖创始人司武卓和团队曾把品类定位为鸡肉类产品，但由于当地已有同样以鸡肉类产品为主打的老乡鸡，因此最终蒸小皖决定换赛道，开创“小笼菜”细分品类，继而将品牌全面升级为“蒸小皖·家乡小笼菜”，在保留 20%原有产品的基础上，剩下的 80%菜品均是全新研发的菜品。

而在品牌升级前，创始团队曾进行了多次测试来评估品牌升级的可行性。

蒸小皖在起步时，门店主要集中在合肥市区。当时创始团队选择在县城作为突破点进行测试，通过最下沉的市场进行测试，降低了测试的成本，如果县城店的测试成功后，也意味着市区门店的成功可能性也大大增加。

除此之外，基于门店利润、顾客认知度等问题，蒸小皖主要在平效比较低的大店进行利润测试，同时测试菜品升级后，后厨的出品和出餐速度是否能跟得上，进而结合测试期间消费者的反馈，来观察菜品和品牌变化后，消费者的接受度。

最终，数据证明了品牌升级的可行性，内测期间蒸小皖的年轻消费者占比从 30%提升到了 70%，证明了品牌升级后受到年轻消费者的认可。其后，蒸小皖对全国过百家连锁门店的品牌进行了全面升级。

在餐饮行业竞争已经下沉到细分领域的现在，品类定位越是聚焦，对于消费者来说越是容易记忆。同时，从竞争层面的角度来看，各个细分品类领域的赛道现时尚未处于饱和阶段，新兴餐饮品牌还有进场一战的机会。

值得注意的是，在外卖新业态崛起的当下，餐饮企业在选择品类，制定产品策略的过程中，需要把外卖的用餐场景和需求作为重要的考量因素。

根据2019年美团外卖产业大会上公布的数据，2018年，外卖品类中快餐小吃、甜点饮品、特色美食三大品类的增速亮眼。“正餐+小吃”能较好地满足外卖用户多场景和时段的消费需求，包子、粥、煎饼、生煎等快餐简餐品类订单 2018 年同比增速快于外卖大盘整体增速的170%。

除此之外，从品类潜力上来看，甜点饮品和特色美食在外卖市场极具发展潜力。咖啡、奶茶果汁、蛋糕甜点等品类订单2018年同比增速快于整体的65%，这进一步证明，新茶饮崛起现时已经成为餐饮行业的大势。而甜品本身作为饮品的标配伴侣，预计未来也与饮品一样具有可观的市场发展空间。

随着消费者的需求多样化，外卖品类中特色美食的增速明显，2018年特色美食的订单同比增速是整体的1.5倍，外卖呈现多样化的发展趋势，用户个性化需求明显。贵州菜、韩国炸鸡、寿司刺身等特色美食品类备受用户欢迎。

2）体验差异：差异化的顾客消费体验

当今时代，消费者对于消费体验上的追求，不止体现在产品品质上，同时也反映在服务体验上。

最典型的案例是海底捞火锅，海底捞为顾客提供其他餐馆无法提供的、远远超出消费者预期的服务，其优质的服务体验成为海底捞品牌形象最核心的关键词。

除此之外，不少商家虽然可能在服务体验上拼不过海底捞，但是也纷纷在其他的消费体验上动起了脑筋，力求让消费者感受到独一无二的消费体验。

如在短短几年间，开了 300 多家店铺，火遍全国的胡桃里音乐酒吧，通过“音乐+餐饮”的崭新消费体验，为到店消费的顾客营造出全新的用餐氛围。胡桃里音乐酒馆创始人李华宾曾表示，胡桃里的品牌护城河是音乐。

据了解，胡桃里累计签约了 2 500 名艺人，聘用驻场乐队，专门唱女性客群喜欢的清新民谣。专门为驻唱歌手而来的粉丝，则成为胡桃里最忠诚的顾客和品牌代言人。因此，在部分胡桃里的忠实粉丝看来，她们更愿意把每一晚定义为“音乐会”，而不只是单纯吃一顿晚饭。胡桃里为消费者提供这样独特的消费体验，使“音乐”和“文艺”成为胡桃里最核心的品牌价值。

2018 年，餐饮跨界融合的趋势越来越明显，胡桃里“音乐+餐饮”新模式的成功也为其他企业带来了新启示。2017 年成立的三克映画融入了电影、餐饮、酒吧等多种元素，为消费者提供独特的“电影+餐饮”体验。而早已在日本大行其道的“二次元 IP+餐饮”模式，近几年来也陆续进入中国。2019 年，《名侦探柯南》在中国大陆的首家官方授权主题咖啡店在上海正式开门营业，其刚营业之初，便吸引了大量的粉丝排队三四个小时，只为体验一杯柯南咖啡厅的下午茶。

提供独一无二的服务、消费氛围，都有可能成为消费者为差异化埋单的理由。除此之外，近几年不少一夜爆红的网红店，则在环境上下足了功夫，通过设计独特的店面装修，吸引消费者进店拍照打卡。这样的手段看起来简单粗暴，但高颜值的店面，无疑是有效吸引顾客进店的大杀器。如网红品牌的代表喜茶，设计了多种不同风格的店铺装修——黑金店、喜茶热麦、Lab 概念店和喜茶 Pink 主题店等，另外也会根据所在城市的人文特点，在标准店之内，推出一些概念店。在跨界合作上，喜茶也是积极探索的代表，其曾与美宝莲等品牌联合推出快闪店，以满足年轻消费者喜欢新鲜事物的需求。某种程度上来看，除了独特的茶品，对于喜茶的用户来说，喜茶独特的装修风格，也成了用户对于喜茶品牌的重要记忆点。

在未来，独一无二的消费体验，也将成为企业寻找品牌差异点、建立新品牌定位的重要壁垒。

3）情感认知差异：洞察新一代消费者的情感需求

90后、95后的消费者，正在成为新一代的主流消费力。

由于成长环境的富足，新一代的消费者更关注自我，除了有更个性化的消费需求，他们也更容易被情怀所打动，并愿意为能产生情感共鸣的产品埋单。

火遍大江南北的“江小白”，在近几年中一度成为“年轻人的酒”的代名词。江小白的成功，除了江小白通过抖音、公众号等一系列新媒体渠道的营销，更重要的是，江小白是一款典型的精准定位产品，与茅台等拥有多年历史的传统酒类品牌不一样，它瞄准的并不是大部分喜欢喝酒的中年人，而是初入社会的90后，并聚焦在90后的精细消费场景——小聚、小饮、小时刻、小心情。江小白通过场景化切入，给消费者以强烈的情感共鸣——年轻人聚会、有心事的时候，就该喝江小白。

走类似路线的，还有在前几年各大热门综艺、电视剧刷屏式出现的RIO锐澳鸡尾酒。RIO锐澳鸡尾酒以初入社会的年轻人为主要消费群体，聚焦年轻人Party聚会的社交消费场景，主打“女性、白场、尽兴不失态”的差异化特征，通过精细的品牌定位，来满足消费者的情感需求，在消费者心中植入“聚会喝RIO”的品牌认知。

当然，企业要明白的一点是，消费者并不会对品牌本身轻易产生感情，但是，企业可以通过消费场景化、情感营销等方式，让消费者“移情”到品牌上，把消费者的某一种情感认知，与品牌进行强关联。当消费者经历某一场景或者沉浸在某一种情感中时，便能触发对品牌的记忆和认知，从而产生消费。

3. 建立品牌的线上影响力

在互联网大潮中，不少商家发现，线上获取流量的成本越来越贵，线下经营多年的品牌积淀需要转化为线上的影响力，线上+线下联动发力，才能更高效地触达目标消费者，抢占用户心智。

企业想在线上建立品牌影响力，首先需要想明白 3 个问题。

① 我的用户是什么样的群体？

② 我的用户群体分布在哪些渠道？

③ 我要以什么方式触达我的用户？植入什么样的品牌认知？

对于企业来讲，最关键的是第一个问题，定位关乎生死；最纠结的是第二个问题，渠道基本等同于花钱；最困难的是第三个问题，第三个问题决定了花出去的钱有没有效果。

第一个问题在上文已经详细说明，不再赘述，接下来我们重点分析第二个和第三个问题。

4. 寻找最高效的线上获客渠道

对于餐饮商家来说，除了抖音、微信等新媒体渠道，外卖平台在当下和未来，都将是餐饮及零售品牌最重要、最核心的获客渠道之一，能帮助企业形成全新的“堂食+外卖”的生态模式。

在浙江，主打钱江源野生鱼特色菜肴的渔沧米缸是当地发展迅猛的知名连锁品牌，它通过开创“以堂食带外卖，以外卖带堂食”的全新发展模式，极大地拉动了品牌营收，还建立了线上+线下一体化的强大品牌影响力。

由于品类的特性，过往渔沧米缸主要以堂食为主，但通过堂食顾客的反馈，渔沧米缸管理团队发现，能在家吃到新鲜的野生鱼菜肴也是一部分顾客的消费需求。渔沧米缸决定上线美团外卖，通过优化菜品食材和包装，在保持了外卖出品品质的同时，还通过外卖平台策划了一系列线上营销活动，推动了渔沧米缸的外卖业务发展迅速。2018 年，渔沧米缸整体经营业绩和利润上涨了近 70%，其中 40%～50%来自外卖业务的贡献，外卖营收高达 1 500 万元。渔沧米缸副总经理赵庆认为，外卖对品牌发展帮助很大。

渔沧米缸外卖业务的蓬勃发展，不止帮助品牌在线上提升曝光量、建立影响力，同时通过线上获取的流量还能转化为营收。渔沧米缸副总经理赵庆说："我们现在形成了'外卖带堂食，堂食带外卖'的模式，顾客吃外卖觉得很好吃，他就去找这个店在哪里，堂食顾客觉得好，也会尝试外卖。"他还指出，外卖业务的增长，甚至助力了品牌的扩张，"很多人在线上了解到我们的品牌，每天都会有三到五个人来门店咨询，想要加盟我们的外卖业务。"

流量红利的时代已经过去，外卖业务将成为帮助餐饮商家拓展用户、增长线上流量的重要渠道，提升品牌营销力、抓住外卖新业态的红利上，不少连锁餐饮品牌已经开始了更深入的探索。多次被评为"中国十大快餐品牌"和"北京餐饮十大品牌"的知名快餐品牌和合谷，通过深耕外卖业务，目前外卖业务的占比已经达到 50%。2018 年，和合谷外卖交易用户数增加 27%，外卖实付交易额提升 2 倍。廖记棒棒鸡借助外卖活动，进行深度营销，实现品牌效应的提升，活动品牌曝光量提升 36%，活动期间新用户数增长 7 倍以上。

5. 线上品牌营销的 5 个秘密武器：人格化、情感化、强互动、浸入感、仪式感

当品牌在进行线上营销的时候，首要的便是把自身的品牌价值转化为用户愿意接受、且便于理解的"语言"，与用户建立心灵的"对话通道"。在这个过程中，一共有五大秘密武器可以供商家使用——人格化、情感化、强互动、浸入感、仪式感，而这 5 个武器的核心都是为了让品牌能在某一瞬间、某一场景下与用户"对话"，影响用户心智。

1）人格化

品牌人格化的核心是要有性格，简单来说就是得有"人设"。人设的建立是一个长期的过程，例如，大家都很熟悉的杜蕾斯，在打造品牌影响力的过程中，花了半年以上的微博营销，才在用户心中建立认知。

2）情感化

近年来，越来越多的品牌选择用情感化的H5来进行营销传播。如果想通过线上渠道为用户塑造某种体验，那么情感化营销会是品牌与用户建立情感纽带最高效和快捷的方式。

3）强互动

品牌与用户进行强互动，是提升用户黏性最有效的方法之一。不少餐饮门店在开发新菜品时，会邀请用户参与菜品评选，或是通过霸王餐的方式，收集用户反馈，提升用户黏性。

4）浸入感

小米的营销案例，实际上是运用了强互动、浸入感两大武器。2018年兴起的短视频和直播，都需要用户在一段时间内集中注意力接收内容信息，这使得用户在线上的浸入感大大提高。未来，对于企业来说，不管线上还是线下，在为用户构建某一消费场景时，浸入感都将是重中之重。

5）仪式感

年轻的消费者特别注重仪式感，吃喝玩乐要拍照打卡，连学习、运动也需要拍照打卡。品牌需要考虑的是，当用户接触或是消费你的产品时，如何让这个过程成为一件有仪式感的事。

从品牌营销层面来看，品牌传播的核心链条是建立线上线下一体化的深度营销和品牌在线上的影响力。品牌影响力的提升方法不再是过往大众所理解的通过广告轰炸的模式提升在消费者侧的曝光量。未来，品牌提升线上影响力将更多地作为线上获客的方式，贯穿整个用户增长AARRR模型的所有环节，不仅能助力品牌获取新客、扩大用户规模，同时还能激活和留存老客、深挖老客的价值，以提升老客的点单频次来增加营收。

3.2.4 案例：传统企业如何升级品牌？新品牌如何建立品牌定位？

近 10 年来，互联网的飞速发展不止改变了消费者的消费行为和习惯，也促使不少企业对自身品牌定位进行持续升级。

对于部分传统企业来说，面临着品牌老化的问题，而对于新进场的品牌来说，当务之急则是通过找准定位，打开市场突破口。

在不少消费者的心中，康师傅是国民级的品牌，但即使坐拥行业龙头老大的位置，康师傅也同样面临着品牌老化的问题。

2019 年 3 月，康师傅公开发布了 2018 年的业绩报告，报告显示，康师傅在 2018 年实现收益 606.86 亿元，同比增长 2.94%，康师傅的业绩差不多是统一的 3 倍。

在过往很长的一段时间内，康师傅曾多次被行业和媒体质疑品牌是否已经老化，不过通过 2018 年的业绩报告来看，康师傅正在打一场翻身仗。

过去几年中，康师傅全面升级了方便面的品类。在目前划分的高价面、高端面（创新产品）、中价面（干脆面）三大类中，高价面和高端面是其发展的重点。除此之外，在饮品市场，过往主打低价的康师傅瓶装水业务也开始发力中高端市场，并开发出了新的中端水产品“优悦”。并结合利用电视剧植入广告等方法，使“优悦”品牌在白领中逐渐打开了知名度。

通过改变品牌 LOGO 和品牌视觉形象的方法，也可以重新塑造品牌认知。近日，肯德基发布的一支新广告引起了广泛的讨论，消费者过往熟悉的白胡子肯德基老爷爷，在广告中摇身一变，化身为帅气性感的虚拟偶像大叔，与一群帅哥大跳热舞。

对于老品牌来说，当务之急是顺应时代的大势、洞察消费者新的需求、快速行动、对品牌进行自我迭代和升级。

在信息爆炸的时代中，建立品牌变得很难，在海量的信息中，把品牌传达给核心消费者，让“健忘”的消费者记住品牌并不是一件容易的事。但从另一个角度来看，近一年来，网红店如雨后春笋般出现，又说明品牌声量的打造在自媒体时代变得比过往更容易。

2015 年成立的二十五块半，在过去很长的一段时间内，一直被视为网红外卖品牌的代表。与其他品牌“堂食+外卖”的运营模式不同，二十五块半以纯外卖品牌进入市场，其创始人朱天成认为，外卖的人效、坪效都远高于堂食，外卖更像零售型的堂食。一个 30 平方米的店面，只需雇佣 5 个员工，就能出 1 000 份的餐，发展潜力极大。因此，二十五块半一直以来都主打纯外卖模式。但缺乏堂食让二十五块半缺乏线下品牌影响力，难以为线上门店导流。于是朱天成以二十五块半的餐品价格作为品牌定位，同时另辟蹊径，向消费者输出“难吃”外卖的人格化品牌形象，同时创造了“难吃险”“保温袋”等一系列独特的营销手段，使二十五块半作为网红外卖品牌被消费者记住。

除了纯外卖品牌通过线上崛起，各地还有不少新兴小吃和特色品类餐厅，他们把店面装修、单个爆品作为卖点，再结合抖音、本地大 V 推荐等线上渠道进行全方位宣传，在极短的时间内，打造了一个个线上网红品牌。

自媒体的兴起，使短时间内形成品牌刷屏变得更容易，不管对传统餐饮品牌，还是进入餐饮行业的新兴品牌来说，未来外卖和自媒体渠道都将成为线上品牌营销的重要工具。

外卖新业态已经到来，商家除了要结合新业态进行精准的品牌定位和升级，还要通过精细化的运营手段，深挖用户规模和价值，使之成为企业业绩增长的新引擎。

3.3 迎接外卖精细运营全盛时代：深挖用户规模及价值

在完成产品定位和客群定位之后，我们就可以开始分析如何“开源”，也就是如何增加用户流量，深度挖掘用户规模和价值，提高客单价。随着市场竞争的加剧和互联网平台化、数字化、智能化工具的引入，传统的运营方法已经无法满足市场的要求，精细化的运营方式迫在眉睫。

3.3.1 如何运用精细化运营提高销量

传统的粗放式运营方法主要是靠运营者对市场的直觉运营经验，并对市场的变化做出反应。但是随着技术的进步，移动互联网发展带动外卖飞速崛起的同时，也颠覆了传统运营的方法，精细化运营应运而生。精细是相对粗放而言的，其本质还是用更低的成本获得更大的回报。具体而言，精细化运营是指商家在结合市场、产品、消费场景和用户行为之后开展有针对性的营销，从而取得相应目的的营销行为。这种运营方式有两个特点：第一，其更注重使用互联网数字工具来分析用户的行为和特点，进而挖掘他们的需求，并对他们进行分析，以此来获得准确的用户数据，并将这些数据进行充分利用；第二，其更注重流量的精准利用，如有效转化和留存度。

市场营销在用精细化运营来提高用户量的方面有两个重要的模型，分别是 AARRR 模型和裂变模型。在 AARRR 模型中，用户的转化过程分为 5 个环节：获取（Acquisition）、激活（Activation）、留存（Retention）、实现收入（Revenue）、传播推荐（Referral）。获取指潜在用户获得关于产品的信息；激活指潜在客户在获取信息之后决定购买产品或服务；留存是用户在初次体验之后觉得满意，并且决定以后继续购买；而实现收入则是指商家通过用户的购买行为实现了收益；传播推荐就是用户在多次购买产品或服务之后决定推荐给身边的朋友和家人。裂变模型可以理解为一个老用户在传播推荐（Referral）的阶段，将推荐的用户带入获取（Acquisition）的环节。裂变模型对 AARRR 模型进行了优化，实现了营销生态的闭环，使源源不断的新的潜在用户进入获取（Acquisition）环节。

通过这两个理论的分析，我们可以看出来，精细化运营的关键在于如何获取更多的潜在用户，并充分将之转化为有效用户。因此，我们分析外卖时，要想提高销量，无非从两方面着手，一方面是获取新用户，另一方面则是留住老用户，提高复购率。

1. 获取新用户

获取新用户是企业为后期转换、留存提供流量基础的重要一步。我们用 4P 营销组合理论来指导获取新用户的过程，即产品（Product）、渠道（Place）、价格（Price）和促销（Promotion）。对于餐饮外卖来说，具体是：菜品的设置，包括菜品种类、分量等；商家构建的销售渠道；企业的价格策略；企业如何通过营销来扩大用户数量。

1）扩大消费场景和时间段

外卖给人们提供了更多对餐饮商铺的选择，也拓展了消费者的消费场景。根据《2017 年中国外卖发展研究报告》，全国有 1.3 亿单身人群在美团订过外卖，有 8 万单身人群每天吃一次外卖，有 393 万人群在一年中点了超过 100 次外卖；每年暑假，全国约有 500 万上班忙碌的父母会给孩子叫外卖；外卖解决了 1 600 万老年人做饭难的问题；全国全年有 715 万医护人员通过叫外卖解决吃饭问题，近 1 900 万病人或病人家属叫外卖到医院。

花少爷的粥是一家主营粥类、简餐小炒的连锁餐饮店，开设外卖业务之后，外卖销售额占其营业额的近一半。花少爷的粥致力于满足更多外卖场景下的消费，比如，针对店铺周边很多医院的工作人员和患者无法外出就餐的环境限制，他们开发了很多适合医患人群的粥品，从而提高了外卖的销售额。

根据《2017 年中国外卖发展研究报告》的数据，在 2017 年，午晚餐这种正餐时间内的订餐量减少了 4%，而早餐则由原来的 3%提高到了 5%；夜宵占比由 8%上升到 10%。可以看出，外卖的趋势正向非正餐时间的早餐和夜宵靠拢，非正餐时间是外卖增长的一个突破口。因此，商家应该根据自身情况，在已有菜品的基础上，开发设计适合早餐、下午茶和夜宵的菜品。

老東粥皇是一家自 2 000 年在昆明创立的连锁企业，在十多年间开设了二十多家分店。其运营者坦承以前只需要做好堂食业务便可，现在开始做外卖了，在用外卖的大数据增加企业的销量的同时也提高了企业的知名度，虽然外卖的利润率一般，但是在总营业额中也占到了 30%之多。老東粥皇是以粤式的粥品、汤、简餐小炒和点心为主，原来的营业时间主要以正餐为主，现在因为外卖的带动，各个时间段也都有所扩展，并且已经延展到了夜宵，而这在以前是老東粥皇所不能触及的消费时间段。

水墨田塬也是外卖的受益商家，自 2016 年开设外卖业务以来，外卖的营收在 2018 年已经占到了总营收的 16%，相比 2017 年，外卖的增长率达到了 173.6%。水墨田塬也提到，外卖为用户提供了很多便利，如在下雨天里，用户不愿意出门吃饭，堂食的业务难免会受到很大的冲击，而外卖业务却可以帮助堂食减少损失。

2）*产品的改良和更新*

根据第一财经的报告，2017 年全国的单人订餐比例较前一年上升了 26%。随着 90 后、00 后在人口中的比例上升，这种“一人食”订餐比例将持续上升。单人订餐往往更追求性价比和效率，对菜品的分量要求会降低，堂食的大份炒菜往往并不适合这些群体的需求。以水墨田塬为例，在从传统餐饮转型互联网餐饮的过程中，其将堂食的菜单完全复制在外卖平台上，效果并不好，外卖的单人点餐往往要求分量小、种类多。在结合运营数据分析后，水墨田塬做出了将外卖的菜品小份化以符合消费者的需求。

菜量小份化只是利用数据运营的一个缩影，商家在使用平台数据进行分析做出正确决策才是关键。在运营中，外卖平台可以将菜品依据销量来排名分类，商家可以通过数据分析，将有潜力的菜品改良打造成热销菜。

3）低价促销

新商家在进入市场、面对高度同质化的市场时，难免要使用低价策略进行市场开拓；老商户在运营过程中也需要对一些热销的特色菜采用低价策略，以此保持商铺的热度。此外，由于外卖业务并不需要占用多少额外的固定成本，在打折促销的过程中，利润率的保持可以比堂食的压力更小一些。一些大型连锁品牌也都采取这种措施，如大鸭梨烤鸭就常年采用满 45 减 23、满 50 减 25 的大折扣促销，实际效果也非常好，大鸭梨烤鸭在外卖排名中也非常靠前。

4）裂变

裂变就是利用老用户推荐新用户，以实现 AARRR 模型从传播推荐（Referral）到获取（Acquisition）的一个循环，以创造流量渠道的生态闭环。裂变方式一般有以下两种。

① 社交圈裂变。

移动互联网的发展使得信息的传递速度更加快速、高效，人们常用的微信、微博取代了过去 PC 端的 QQ 和博客，如何利用这些社交圈进行裂变营销是我们需要深入考虑的。Kao 铺就是一个非常值得分享的案例。和普通的利用微信朋友圈进行营销不同，Kao 铺直接把顾客变成了合伙人。用户通过在 Kao 铺账户上充值便可成为会员，这些充值费不但可以作为顾客的入股金，还可以进行年底分红。半年内，顾客存的 1 000 元将分 6 次返还到顾客账户余额中，而且每个月返 220 元。算下来，存 1 000 元，半年一共得到 1 320 元。这样的好处是会让顾客主动来吃饭。而且，顾客也变成了 Kao 铺的老板之一，更多的顾客来吃饭，自己也能有更多的收益，所以顾客自然也非常乐意向周围的朋友推荐。

② 口碑裂变。

良好的口碑对于一家新店来说尤为重要。根据艾瑞咨询（2018）的研究报告，超过80%的消费者在选餐厅的时候将餐厅的口碑排在首位；完全不受网络餐饮消费信息影响的占比只有7%。网络餐饮信息的传播渠道有美食类网站，如大众点评、口碑网，以及美食类公众号，现在更加流行美食博主，他们利用B站、抖音直播来评测美食。因此，商家需要加强对网络信息渠道的重视，对这些渠道传播中反馈的问题进行改良。毕竟在餐饮体验中做得好，老用户就会产生推荐亲朋好友的想法。在社交圈形成口碑是非常好的传播方式，几乎是零成本获取用户的方式。

2. 留住老用户，提高复购率

积累一定的新用户之后，将他们转化为老用户才是我们的目的。据统计，在外卖行业，商家53%到76%的营收都靠的是老用户的订单；老用户意味着之前点过，以后也有更大的概率会点餐，和新用户相比，他们的忠诚度更高；在引流过程中采用低价补贴形成的新用户的忠诚度普遍偏低，一旦价格回归正常，他们就会转向其他的低价商家。因此，在我们的分析中，沉淀下来的老用户才是“有效用户”。在精细化营销中，获取（Acquisition）和激活（Activation）虽然很重要，但是后面的留存（Retention）更加重要。

在实现从激活到留存的过程中，我们主要从菜品复购率、提升售后满意度和社群关系维护方面来分析。

1）菜品复购率

菜品复购率是指消费者对菜品重复购买的频率，频率越高，则可折射出用户对其偏好度越高，反之则越低。在复购率高的菜品背后，必然有多次购买的老用户。数据可以给商家做出正确决策、提供最科学可观的依据，通过外卖平台的数据，商家可以查看各个菜品的复购率和销量。那些复购率高但销量很低的菜品，分析其原因，极有可能是其在店铺中的排位过于靠后而不易被用户看到，或者是制作这个菜品的原材料经常供不应求；而那些复购率底，销量却还不错的，则有可能是因为菜品的名字、配图有特点而让用户眼前一亮，但是菜品并不好吃，所以复购率底。面对这些不同的情况，商家应该要分析背后的原因，对症下药，及时做出调整。

腹愁者联盟是一家以城市白领为目标用户群、主打午餐外卖的连锁公司，在 2015 年完成首轮融资，其创造 60%的周复购率的成功经验值得从业者们学习和思考。创建初期，腹愁者联盟在外卖平台上累计投放了近百种不同的菜品，用以检验哪些才是适合外卖的菜品。菜品的复购率和销量被作为衡量菜品是否适合外卖的最重要的两个指标。腹愁者联盟把菜品复购当作衡量用户是否喜爱的风向标。根据这两个指标，腹愁者联盟快速地从这上百道菜中选出了 6～10 道有成为爆款潜力的外卖菜品。

腹愁者联盟认为，数据的结果往往会颠覆人们主观的认识，如人们通常认为炒菜非常不适合外卖，因为很容易回水和卖相差，但是在实际运营中，并不被看好的回锅肉却成了 2015 年卖得最好的菜品之一。

堂食部分复购率高的菜品，也应该得到商家的关注，因为复购率是反映用户对这个菜品喜好的一个最重要的指标。商家可以将这些菜品在外面平台上排名靠前，测试其是否在线上也能获得更多的流量。

雷蒙德提出的产品生命周期理论指出，一个产品在市场中的流动周期要经历形成、发展、成熟和衰退这几个步骤。同样，外卖的菜品无论多热销，也难免有被吃腻的一天，因此，商家需要主动做出改变，根据外卖平台的数据，果断撤下那些销量靠后的菜品，及时更新菜单。

当然，以上对复购率的分析都是建立在店铺评分不是太低的情况下，如果评分太低，则不是考虑复购率的问题，而是应该从源头上分析造成评分低的原因。

2）提升售后满意度

餐饮业从本质上来说属于服务业，其满意度在运营过程中的重要性不言而喻。外卖和堂食不一样，堂食用户可能用完餐直接走，即使不满意也不会反馈给商家；而外卖用户则可以在用餐结束后将自己的喜恶在平台上展示出来分享给其他用户。这些评价一方面会影响老用户的复购率，另一方面会给潜在的新用户是否下单提供参考意见，尤其会影响新用户的转化率。因此，在应对和回复这些评价的过程中，商家务必要谨慎。

对于赞赏自己菜品的用户评论，需要找出并且统计这些优点，并且在菜品的信息更新中予以体现。回应一些中差评时，务必要做到两点：第一，对顾客要表达歉意，并予以适当的补偿；第二，说明原因，并表达会给提供解决方案的决心。这样，潜在的新用户也能看到商家愿意改善不足的诚意。在回应中有两点需要避免：第一，不可以指责用户、对骂，这样的行为会显著拉低新用户潜意识里对商家的印象，进而影响下单的决定；第二，不要只有千篇一律的“谢谢您的光临，祝您生活愉快”这样模板式的回复，这样的回复也会让潜在的新用户觉得自己不受重视，降低购买的欲望。

3）社群关系维护

社群是指一群具有共同爱好、生活经验或者互动关系的人组成的社会群体。对于外卖商家来说，购买其外卖服务的用户们通过点餐这个中介环节形成了一个社群。勒庞在其著作《乌合之众》中提出了一个著名的观点，人们参与一个社群时，其个性会暂时消失，人们的从众心理被强化。而对于商家来说，维护好社群关系，在社群中提高老用户的复购率要比提高新用户的转化率容易得多，成本也能降低很多。

虽然现在通过外卖点餐更方便了，沟通也更便捷了，但是消费者缺少了在传统堂食消费过程中的服务感，即和服务员或者店长沟通交流的机会，也就是说虽然服务更便捷了，商家和用户的心理距离却更远了。因此，通过社群关系的维护对维系老用户复购有着极其重要的作用。

在这方面“WE 我们轻食店”就是一个很好的案例。WE 我们轻食店的老板在每个用户点餐之后都会主动加上用户的微信，并且将用户拉入自己组织的微信会员群内，每天会定时发红包，会员点餐的时候会增加一些小礼品，有时候是酸奶，有时候是水果，虽然价值不高，但也算得上是会员们的小福利了。为了维持微信群的热度，老板时不时会在群里发消息，和顾客聊天；由于有微信这个可以直接和用户交流的平台，许多投诉和不满可以在群里解决，所以 WE 我们轻食店在美团外卖上的评分要超过绝大多数的其他轻食类店铺；并且，由于微信群的热度非常高，许多用户都选择持续在店里点餐，店铺的老用户比例非常高。WE 我们轻食店开店仅半年多，每天的订单量都已经快忙不过来了，现在已经在准备开设分店。

3.3.2 理性提高客单价

商家前期为了获得流量，采取低价营销的策略，可以取得一定的效果，但是这种策略必然不可能持续，指望这种输血式的营销策略取得长期的利润率提升是不可能的，结果只能是“赔钱赚吆喝”。正确的思路是将低价策略作为星星之火，而把潜在用户作为幅员辽阔的草场，火光只负责启动，持续燃烧则要靠草地本身。

“涨价才能留住老用户”，这似乎和主流的观点相悖，而这其实是理性分析的结果。低价策略下获得的也必然是对价格敏感度高的低忠诚度用户，难以产生持续购买力，而提高客单价可以把这部分用户筛选掉。低客单价也会导致低利润率，而在市场平均利润率走低的状况下，对于商家来说，后退半步就可能是万丈悬崖。因此，理性提高客单价，对于商家的利润率提升和长期发展是利大于弊的。

西方经济学的理论基础是“经济学人”假设，也就是消费者的决策都是效用最大化的，在做决策的时候必然是完全理性的。而丹尼尔·卡尼曼则认为在条件不确定的情况下，消费者的决策是“部分理性的”。在市场营销中，则表现为消费者存在“贪图小便宜”的心态，有一种组合定价法就是为了迎合这种心理而设定的。组合定价法是指对于互补产品、关联产品，商家在定价时，将部分高价格和低价格的产品组合，以此来取得整体经济效益的定价方法。这也是我们分析提高客单价的理论基础。

1. 套餐模式

套餐模式分为两种，第一种可以称为组合套餐模式，采取将多种不同的菜品捆绑销售的方式，实现销售总价格的提高；第二种称为总量套餐模式，采用一次性购买预支一定数量未来的消费量，诱使用户多消费商品，形成间接的组合套餐，比如瑞幸咖啡的咖啡账户可以满二赠一。

麦当劳案例

麦当劳在设置双层深海鳕鱼堡大套餐的时候，鳕鱼堡、大可乐、金黄脆薯格一共只需要 37.5 元，而如果单点的话，双层深海鳕鱼堡就要 21 元，大可乐要 11.5 元，金黄脆薯格要 13 元。也就是说单点的鳕鱼堡 + 金黄脆薯格就差不多接近套餐的价格了，而大可乐似乎是白送的一样，这给消费者一种“选购套餐很划算”的心理暗示，这样的组合使得麦当劳顺利地提高了客单价。并且顾客在选购的时候，选购的思路就容易从“要不要在这里点餐”变成“我点套餐好,还是单点好”。

2. 科学合理地涨价

丹尼尔·卡尼曼提出过一个著名的“前景理论”，这个理论也是论证消费者“非完全理性”的特点，其中一个结论就是，消费者在面临损失的时候比获得的时候更加敏感。所以商家在涨价的时候，需要避免对高爆款产品进行涨价，因为这些产品的曝光度高，复购率高，消费者对这些产品的价格区间有更深的印象，对涨价自然会更加敏感；涨价应该选择那些低曝光度的菜品。

重庆洋人街远近闻名的美心馒头，以“一元馒头”打开销路、打造出自己的品牌之后，在 2008 年面临面粉等原材料上涨的问题，单个馒头的成本就已经达到了 1.5 元，董事长夏明宪在开会讨论涨价问题上力排众议，维持“一元馒头”这款特色产品的 1 元售价。可是市场是残酷的，成本比售价高出一半了，是肯定无法盈利的，卖得越多，必然也亏得越多。面对困难，团队决定，保持“一元馒头”的情况下，推出衍生的新品：豆沙馒头、杂粮馒头、糍粑块等，价格均相对较高。慢慢地，衍生新品的销量也上去了，虽然还要补贴馒头上的亏损，但实现了企业的总体盈利，没多久，美心馒头就在重庆市开设了多家分店，并实现了年销售额突破 2 000 万元。

万岁寿司是国内最早的回转寿司企业之一，经过近二十年的发展，其分店遍布国内二十多个省份，有一百多家分店。虽然面临着市场上越来越多的回转寿司企业的竞争，万岁寿司有一款爆款菜品——斤装三文鱼，自开店起就从来没有涨过价，一直保持 46 元的价格。万岁寿司认为，与其对这款销量最好的菜品涨价，不如把在其他营销渠道花费的成本节省下来，补贴在这个菜品上，以此来回馈消费者。

郑州海底捞也采取类似的涨价策略，对高曝光度的菜品，比如虾滑、澳洲肥牛等，单价只涨两块钱，而底曝光度的菜品如猪脑花，则涨十几块钱。但是用户在消费过程中，并不会有明显的感知。这样在减少了消费者的心理落差的同时，增加了产品的毛利润。小杨生煎在涨价过程中也是如此，高曝光菜小杨生煎保持 8 块钱不变，而牛肉汤和大虾生煎都有不同程度的涨价。

虽然以上 3 个案例中，高曝光度的热销产品没有涨价，或者没有明显的涨价，但是能给企业带来新的可观流量，对比之下，还可以给其他低热度的产品带来涨价空间，最终还是达到了提高客单价的目的。

3.4 技术驱动效率——提升人效、优化坪效、整合供应链

3.4.1 技术推动企业效率提升

在国内餐饮业市场越做越大、一路高歌猛进的同时，人们也会提出疑问：为什么 14 亿人口、4 万亿元的市场，却只成就了海底捞，而 3 亿美国人的市场则诞生了麦当劳？2018 年，中国最大的餐饮企业海底捞市值约 860 亿元人民币，盈利 16 亿元；美国最大的餐饮企业麦当劳市值近万亿人民币，是海底捞的十多倍，盈利达 400 亿元，则是海底捞的二十多倍。

麦当劳和海底捞的差距，就是国内餐饮和国际化连锁品牌发展比较的一个缩影，虽然两者的目标用户群体、市场定位不同，中餐也有着自己难以标准化的问题，但本质上，我们应该看到背后企业效率的差异。国外餐饮市场发展早，发展程度高，企业在运用 ERP 和 SaaS 软件上要比国内覆盖率更高，使用时间更长，而这些数字工具在大中型企业提升企业效率上的作用非常明显。

技术驱动了整个宏观经济和现代社会的多元发展。

技术在推动餐饮业近些年的快速发展中刷新了消费者包括业内人士对其的认知，具体是一个什么样的过程？我们先来看餐饮业技术变革的过程。

20 世纪 90 年代以前，餐饮业的厨房在一些小门店还依然可见大量的柴火灶，餐厅管理也主要靠账目本来记录收入、支出，运营效率低下。从 20 世纪 90 年代开始到 2010 年，随着个人电脑的普及、配套软件的发展，特别是在 2001 年中国加入 WTO 后，国际餐饮品牌的进入加速了技术在餐饮企业的应用，如 ERP 软件的使用。企业开始用电脑记录

营收、用 POS 机刷卡结账，运营进入了数字化阶段。随着互联网的进一步发展，2010 年开始出现团购、外卖等网络服务，互联网与餐饮业的融合更进一步，企业运营进入了互联网化阶段。在 2013 年之后，移动互联网技术的积累和应用在餐饮行业中表现为外卖产业的迅速崛起发展，这使得 SaaS 系统在餐饮企业中得到了更广阔的普及，同时也推动了线下餐厅的服务升级。点菜宝、平板电脑、打印机等新设备逐渐替代了过去的纸质菜单，让点菜形式有了新变化。而支付方式也由传统现金支付变为线上移动支付，企业的运营进入智慧化阶段。技术的进步使得企业在这几个阶段的效率在一步步地提高。

在技术改革下，行业效率也越来越高，顾客与餐饮门店的“消费距离”和“感情距离”越来越短，“服务反馈”和“体验重构”也越来越快。过往的营销靠发传单，从顾客接单到顾客进店消费的这个过程基本是无法监控和统计的，而在当下，顾客还没出家门，电子折扣券就已经可以精准地发给潜在用户了；过往新店选址基本靠感觉，需要“蹲守数人头”，动辄三五天、一两周，而现在只需要一键就可以生成一份完整而精准的数据报告……技术，正在重构着整个行业的效率。

在传统餐饮行业中，消费者吃饭除了在家做饭、去餐厅或者在餐厅打包外，还能打电话让商家送餐到家。但由于配送还是由商家自主服务，加上商家和消费者之间的关联通道只能通过电话，导致整个餐饮业基本还是以堂食为主。似乎从大环境看，那时的互联网和餐饮业还没有产生关联。2006 年，已经 3 岁的大众点评获得红杉资本首轮 100 万美元的投资；2007 年，谷歌以 400 万美元注资大众点评。2008 年，团购行业在资本推动下突然爆发，在这一年，美团的王兴还做“饭否”网，滴滴的程维还在阿里的“中供铁军”上班。2009 年，饿了么成立；2010 年，美团成立。

之后，美团在千团大战胜出并成立了外卖事业部。2015 年 10 月 8 日，大众点评网与美团网联合发布声明，宣布达成战略合作并成立新公司——美团大众点评。饿了么的张旭豪彼时还在校园市场送外卖，他完全想不到自己将在短短数年后成长为百亿量级的独角兽企业家。

外卖将餐品外送这件事平台化了，餐饮 SaaS 系统借此风口搭了一程顺风车，在这样的行业背景下，餐饮业被打上了“新餐饮”“智慧餐饮”等概念。

这些技术的更新换代推动了整个行业的进步，也提高了企业的效率。具体而言，企业效率是指企业的营运效率和规模结构效率。营运效率是指企业的资金周转率；资金周转率越高，说明企业销售量越大，使用效率越高。规模结构效率指企业内部的管理和决策效率，包括企业在对内部员工、财务的管理，做出营销策略和市场决策的效率。对于餐饮企业来说，运营效率由其用户规模和价值决定，这点我们在第 3 节分析过；而规模结构效率则取决于企业在运营过程中管理水平、营销水平的高低和做出正确决策的能力。而互联网、信息化和大数据的技术给行业带来了便捷的工具，帮助企业在运营过程中更加方便和快捷地提高营运效率和规模结构效率。

3.4.2 如何提高企业效率

对于企业来说，要提高效率，就要做到精细化运营，要通过对数据的收集、管理、挖掘和分析，建立起自己的信息化系统。通过与云端平台的连通，商家可以查看企业的运转状况（如营收是否达到目标，原材料是否充足），财务报表更是可以一键出单。在企业选址方面，云端平台也可以根据收集到的大数据给出具体报告，帮助企业以最小的成本获得最大的收益。更重要的是，通过信息化系统，企业可以实现线上线下数据的互通，在对用户进行精确画像的同时，做到对每个用户的个性化营销，实现精准营销的策略，从而提高企业效率。在原材料供应链上，用大数据、互联网整合传统的物流、冷链，实现供应链效率的提升，从而降低成本、提高企业效率。

第3章

面对百年一遇的大风口，如何重塑外卖新业态下的业绩新增长

1. 构建企业的信息化系统

传统的 ERP 软件虽然能够帮助企业提高效率，但存在很多问题。首先，采购价格高，硬件加软件操作复杂，投入成本大，操作难度也比较高，企业一般需要花较长的时间来培训员工；其次，ERP 软件的更新速度比较慢，从购买到能正式使用的时间比较长；最后，ERP 软件一般是单机使用，不能跟其他连锁的分店进行协同作业、共享数据。而现在的 SaaS 系统克服了这些问题，投入成本小，操作简单、智能，且由于数据存储在云端，云端平台系统可以对数据进行智能化分析，可以辅助企业分析和解决运营中出现的各个模块不连通、形成的“信息孤岛”的问题，同时可以实现各家分店的数据共享和管理，使得企业在几乎整个经营上都可以做到可视化、智能化、数字化。

有数据显示，目前中国 SaaS 餐饮管理系统的市场占有率尚不足 10%，低于国外发达国家的比例。这也反映了国内餐饮管理系统还是一个有待开发的市场。美团点评在 2017 年专门组建了“餐饮生态业务部”，用来在线下销售其餐饮管理系统。这足以看出来餐饮管理系统在未来餐饮行业的重要性。尽早实现企业信息化系统的建设，以此为基础提高企业效率是当下餐饮商家需要着重考虑的问题。

1）人财体系的构建

合理地构建人财体系是企业提高人效和优化坪效、提高企业效率的必经之路。通过减少人力资源的使用，提高人员使用效率，对外卖和堂食分别核算，达到对企业运营的精确管理。

传统餐饮时代，餐厅的运作一般是服务员从顾客那里接单，再将单子写两份，一份给前台，另一份给后厨，厨房做完菜再上菜给顾客，生意好的时候，一个服务员还得同时服务很多桌，过程当中容易上错菜，后厨出餐不及时还得去后厨催单，这势必对服务员数量有要求，而人力成本在餐饮企业运营中属于“三高”之一。而在使用 SaaS 系统之后，顾客到了餐厅，直接扫码便可出餐，甚至在到达餐厅之前就可以提前下

单，到了直接享用，付账直接使用移动支付，这样所需要的服务员数量就大幅度减少，大大地减少了餐厅的人工成本。

案例：扫码点餐节省服务员 30%的工作量

在北京的大望路附近有一家探照哥烧烤店，它是由路边摊的烧烤店发展成正规经营的餐饮店的。做餐厅的过程很曲折，一开始老板经验不足走了很多弯路，但在使用了美团智能收银系统之后，餐厅的运营状况好转了许多；以前 40 个桌子全满的时候，3、4 个服务员根本不够使唤，现在使用了这套系统，不但节省了每个员工 30%的人力，还不容易出错。

东大门饼大人韩式米酒家也有类似的经历，通过使用美团收银系统，用户在手机上扫码下单之后，点餐内容直接传达到后厨的厨师，这样就省去了通过服务员作为媒介的环节，加快了出餐速度的同时，还减少了发生错误的情况。

从上面两个案例我们可以看出，美团收银系统在餐厅内省去了传统的由服务员用纸或者手持点菜机等点菜的步骤，直接由用户自助下单；在收银方面，也不用支付现金或者刷银行卡，只需要手机便可完成在线支付，在这个过程中，节省了用户大量的时间，提高了用户的体验满意度。根据艾瑞咨询（2018）的调查数据，85.2%的用户在外出就餐时，排队时间不愿意超过 30 分钟，而且更愿意通过手机排队，若服务员忙不过来，被顾客召唤两次以上无法得到响应，则会有一半的顾客选择离开。而美团收银系统则能完美解决这个问题。通过这种方式，餐厅效率也得到了提高，商家可以雇用更少的服务员，提高了人效；增加了翻台率，提高了坪效。而在后厨端，美团收银系统将点菜信息及时传递到厨房，缩减了等待服务员传递菜单的时间，提高了出菜的效率和速度。

有人可能会质疑这样的点餐方式会不会太激进，使得用户无法接受呢？人人湘的案例会告诉我们，这一点也不激进。

人人湘是一家成立于 2014 年的湖南米线餐厅，其创立之初就致力于通过使用 SaaS 系统来提高企业效率，其不同之处在于做到了“三无”——无服务员，无收银员，无厨师。也就是说，人人湘走得更远，连厨师都不要了。在智能点餐系统开始使用之后，一周之内就有 57%的用户完全使用点餐系统，而在半年之后，达到了 99%，也就是说，人人湘几乎做到了不要服务员。那出餐怎么办呢？人人湘采用了传送带，将做好的菜品直接由传送带传送到餐桌上，顾客自助拿餐，也不需要排队，因为手机上就可以排队，到了就可以坐到餐桌上。人人湘的日营业额在开业 4 个月就达到了 1.2 万，日翻台率达到 7 次。

人人湘做到了零服务员和零厨师，只保留了 1～2 个指引员指导不熟悉手机点餐的顾客用手机点。人人湘在餐饮供应链保证了原材料的标准化、营业量提升的情况下，通过提高人效和坪效的方式，提高了企业效率。

通过使用 SaaS 系统，连锁餐饮企业在人事成本方面也受益颇多。以往，在没有部署 SaaS 系统的时候，各分店的传统 ERP 系统没有联网打通，总店无法准确了解分店的营业状况，更新各家分店的菜单和价格也是一个大问题，所以每隔一段时间就会派巡查员在各个分店进行审核统计，听取分店汇报，这样花费了大量的人力成本和差旅费。而通过部署 SaaS 系统，总店在云端平台上就可以看见各个分店的运作状况，不需要专门派人经常性地往返于各个分店进行巡查，节省了人力成本，提高了人效。

掌门土豆是一家在成都设有 8 家分店的连锁企业，由于企业的市场策略，菜单需要较为频繁地更新变动，以前在没有使用美团收银系统之前，更新菜单和价格需要在总店设置好，再逐一通知下面的分店，各家分店再在分店系统里设置。在掌门土豆向美团收银系统求助后，美团运营团队派成员专门指导，利用美团收银系统实现了将总店的菜单价格设置直接更新到分店的系统，节省了企业的人力成本，极大地提高了管理运营效率。

餐饮管理系统和外卖系统的对接，也能提高企业的外卖效率。花少爷的粥表示，以前人工接单容易出错，送餐员数量也很紧张，遇到了用餐高峰期的时间段根本不敢接外卖订单，而在使用美团收银系统以后，外卖订单可以有效地出餐，提高了顾客的体验度，外卖在餐饮收入中的占比也从 20%增长到 50%。

外卖的飞速崛起带动了 SaaS 系统在线下商家的应用，而 SaaS 的使用也助力了外卖产业的发展。如在菜品上新方面，以前企业在更新线上菜单的时候，需要手动输入，菜品不多的商家可能影响不大，要是菜品多，就得花上大半天的时间，周期性的菜单更新更是费时费力。而 SaaS 系统在系统技术升级的过程中，就发现了这个问题并且提出了解决方案。美团收银系统推出了一个手机拍照录入菜单的功能，商家的用户端通过对餐厅的菜单进行拍照，云端系统对照片进行识别，并且结合系统内已有的菜单数据库，进行对比和修正，并对菜品自动分类。

SaaS 系统对餐饮企业的助力还体现在财务管理方面。通过 SaaS 系统，商家可以很方便地查看餐厅的运营状况，包括翻台率、营收状况及财务报表。而在传统餐饮业中，商家只能手动计算财务状况，不仅不够准确，还不够灵活。此外，随着外卖业务的迅猛发展，其运营模式和渠道与堂食都有所不同，越来越多的企业的外卖业务可以反超堂食，因此对堂食和外卖业务分别进行核算，以此来分析企业的整体效率也势在必行，而 SaaS 系统可以轻松做到这点。

金百万就是一个成功的案例。金百万的外卖业务销量是堂食营业量的两倍。在堂食收入下滑的情况下，金百万成功地拉动了整体业务的提高；在分析财务状况的时候，金百万将堂食业务和外卖业务分别进行核算，其结果如图 3-1 所示。

2）运用大数据选址

SaaS 系统能够通过对整体系统的大数据进行分析和整理，给出更加准确的参考信息。美团收银系统打通美团、大众点评、收银等方面的数据后，可以通过热力图精准定位出品牌方的顾客群体，包括顾客口味偏好、经常去哪些商圈等，这些信息在商家进行选址的时候可以极大地提高效率，避免主观判断上的偏差。

成本结构对比

金百万正餐的成本结构

原材料成本	35%
房租成本	13%
人力成本	25%
能源杂费	5%
税费	5%
固定资产折旧	8%
¥净利润	9%

外卖的成本结构

原材料成本	35%
包材	10%
人工	6%
平台抽佣	15%
能源杂费	2%
税费	5%
房租	0.5%
平台促销费用	12%
¥净利润	14.5%

图 3-1 金百万正餐与外卖的成本结构对比

过去品牌方在选址上多数用“感觉选址”，企业得派人花数天的时间去做市场调查，统计商圈人口和实地考察，一般方法是人工记录门店在不同天气、不同场景和不同日期下的人流情况，这种方式较为传统而且不够准确。如假设品牌方的用户画像为 25 岁的女性白领，但在新商圈的选址测试中，由于没有用户关联，品牌方难以判断对方是否为精准用户。且人工记录难以真正统计一些更细分的数据，如在商圈内 25 岁的年轻人占多大比例。而平台云端则可以基于电信运营商，在地图服务商和平台自有数据库中对商圈进行分类，对客流量进行分析，对竞争对手的位置和产品给出具体报告，最后给出最佳位置的建议。商家再根据自己的判断做出最佳决策。花少爷的粥在选址时就用美团热力图的分析报告找到了自己的精准用户群，通过用户群消费习惯的提炼，花少爷的粥找到了用户群的喜好，借此推出了排骨粥、瑶柱粥等营养丰富、口味清淡的产品。

对不少企业来说，外卖已经超过了堂食的份额，并且利润率也远超堂食，那我们不禁会问，能不能专门针对外卖部分开设门店呢？答案是肯定的，共享厨房的概念就是这样形成的，运营商为餐饮商家统一提供场地、厨房设施和相关供应链服务，包括办理相关证件、帮助其进行市场推广。这些商家没有堂食业务，全职负责外卖订单，这些共享厨房的位置一般位于繁华的商圈和 CBD，面向城市商圈白领用户。在租金昂贵的商场写字楼里，已经有不少餐饮商家选择开设仅有几桌的微型门店，他们更多依靠外卖业务。一样拥有人口优势的广大社区会不会也有这样的机会呢？事实上，不少连锁品牌已经开始尝试了。2017 年，星巴克中国首家社区体验店在广州番禺锦绣香江社区开业，麦当劳也提出了开设社区店的目标，金百万也在筹划社区店。

微型门店和社区店会成为下一个风口吗？

微型门店在组织框架上做到了“小而美”。首先，在场地上要求减少堂食部分的使用面积，保留有限堂食面积的同时，增加了坪效，由于堂食用户减少，服务水平也更容易得到提高；其次，由于外卖业务的拓展，分担了一大批堂食用户的到店用餐需求，也在客观上更容易增加新用户。瑞幸咖啡和 Kao 铺就是这种门店的典型代表，在保持良好体验的同时，还在持续稳定地增加新用户。

对社区店来说，从数据上来看，外卖点餐的性别比例为 4（男）：6（女），女性多于男性，女性的客单价始终高于男性。这些女性有潜力成为社区中的外卖主力军。在年龄方面，年轻人虽然是点餐的主要人群，但社区中的老年人数量也很高，是待挖掘的一批潜在用户。从效率上来说，社区店因为有距离优势，送餐效率显然要高于社区外的店铺。外卖市场主要的消费人群还是单身或者尚未组建家庭的人群，家庭的渗透率还很低，这也是社区店可行的一个重要因素。因此，未来外卖选址极有可能由原来的“最后一公里”的争夺转为“最后一百米”的争夺。

3）精准营销

如何营销，如何精准营销并有所得，这一直是多数餐饮企业的痛点。

由于地域限制和客群限制，餐饮品牌基本不会去大媒体投放广告，过往最常用的营销方式无外乎发传单、门店打折等，但这种方式属于撒网打鱼式，一网下去能不能精准捕获客源是个问题，对带动营收增长的贡献也有限。导致这一情况的原因有很多，一是顾客从门店离开后就不知道去向；二是没有客源存档，无法建立沟通渠道；三是没有信息存档，商家基本不知道顾客到底喜欢什么。

SaaS 系统的使用可以解决这些痛点，让商家做到精准营销，顾客的每一次消费都以数据的形式被记录，而精准营销则是通过 SaaS 系统进行数据分析，形成商圈用户画像，进而为商家的堂食和外卖的精准营销提供有力支持。

美团收银系统打通用户信息障碍并建立连接通道，将营销行为可控化，通过平台积累的海量数据分析出潜在顾客，并帮助商家和潜在顾客建立联系。

一旦产生消费，后续就可以拿用户消费习惯进行定制化推送。花少爷的粥就是根据平台的精准营销功能，筛选用户发优惠券，实现了精准发券，目标用户转换成实际消费用户的比例大幅度上升，实现了精准营销。

但精准营销不等于滥用营销，对于想要通过滥用用户数据来进行营销推广的行为，美团点评绝不姑息。美团点评在帮助商家端的同时，也要保护消费者的隐私。早在 2017 年，美团外卖平台就已经上线了“隐私保护”功能。平台隐藏了用户的真实号码，号码对商家和骑手均不可见，双方通过美团外卖提供的“虚拟隐私号码”相互联系，这有效地降低了用户被骚扰的风险，保护了个人隐私。上述功能只是美团外卖在保护用户隐私方面已开展措施的冰山一角，美团外卖已经从技术上建立了全方位的纵深防御体系，从网络隔离、访问控制、入侵检测、病毒防护、漏洞检测、应用安全等方面抵御外界各种威胁，对产品和数据进行保护；并采用号码保护、数据加密、数据脱敏等多种隐私保护技术为用户的信息安全提供全方位保障。

4）整合供应链

“前端决定生死，后端决定强弱”，后端指的就是供应链的管理。传统餐饮没有精细化、标准化管理原材料的习惯，举一个小小的例子，中餐在烹饪的时候用盐量经常是使用“盐少许”。西方餐饮中的物料管理则更加精确，用盐量往往可以精确到几克。正是由于这种精细化、标准化的成本管理模式，西方国家餐饮业的供应链可以做大做强，如美国的供应链产业巨头 Sysco 公司年营业近 500 亿美元，占据美国供应链市场约 20%的份额。

另外，中国餐饮供应链落后的原因也在于其产业结构还很传统，数字信息化程度很低。由于上游农产品企业和下游餐饮商家的信息不对称，市场不能够完整地发挥其对资源的优化配置作用，但是互联网和大数据技术的引入，正在改变着供应链产业。

对于消费者来说，从线上线下点餐系统到移动支付平台，餐饮需求侧的数字化已经完成，而商家供给侧的数字化之路还很漫长。在餐厅 SaaS 系统的普及率只有 10%的背景下，供应链的数字化程度可想而知会更低。餐饮企业的供应链 O2O 已成为各大平台运营商追逐的一个红海市场。饿了么针对中小餐饮商家的供应链推出了“有菜”，供应生鲜食材；美团点评推出的快驴进货，是继美团收银系统之后对餐饮商家推动数字化的又一大举措，通过快驴进货，商家可以减少采购成本、提高企业效率。

对于餐饮企业来说，通过引入互联网、大数据，整合供应链，构建自己的中央厨房模式，降低企业成本，建立供应链信息化系统，实现供应链的数字化，既能增强对原材料食品安全的监控能力，又能减少企业的原材料库存和损耗，是提高企业效率的重要途径。

（1）打造中央厨房模式

传统的餐饮行业属于劳动密集型产业，人工多，效率低，成本高，难以规模化，供应链也是如此。对于连锁企业而言，各家分店的后厨都要准备一些专门的洗菜工、切菜工，各个分店一起算下来光这些员工的工资就是一笔巨大的开销，而采用中央厨房模式，不管是自建还是利用第三方资源，将采购的原材料统一加工成半成品，再由冷链物流运输到各家分店，可以极大地压缩人员配置，降低人力成本，提高人效。国内外的很多品牌都已经使用了第三方中央厨房的模式，包括肯德基、麦当劳和赛百味等；而海底捞、真功夫则凭借自己庞大的需求量，在集团旗下设立子公司，自建中央厨房，同时还将平台开放给中小企业，实现在自给自足的同时，通过体系外的业务降低自建中央厨房的边际成本。标准化、成本控制，是中央厨房的核心。

KAO 铺采用中央厨房降低供应链成本就是一个成功案例。KAO 铺在每个城市都有一个中央厨房，来负责原材料的采购和加工，将每一份快餐从原材料加工到制作的每一个环节做到标准化，并将生产好的快餐通过自有冷链保存运输，所有分店都通过中央厨房统一供给原材料、半成品，每个分店只需要对半成品做简单加工便可出炉，卖给顾客。中央厨房采用 SaaS 系统采集用户消费信息，对当天的物料进行精准计算，在保证每家分店都能有足够原材料供应的情况下，又不会有过多的损耗。通过这种方式，Kao 铺解决了所有分店的供应链从原材料采购、加工到配送的问题。

（2）建立供应链的信息化系统

传统餐饮企业对原材料的管理都是粗放式的静态管理，每天一次或者几天一次检查材料是否短缺，需不需要进货，进多少货。这样的方式容易在执行过程中不够规范，不精确，难以精细化运营。要改变这种状况，企业的供应链也需要像前端餐厅一样建立信息化系统，对材料进行动态管理，在材料不够之前就能做出判断，发出预警，避免材料不足或者挤压的状况。

如新旺集团对企业所需的原料进行分类，挑选两千多种原材料和一百多家供应商建立起自己的信息化系统，通过对这些材料的实时监控，了解其消耗状况，并且将这些材料跟对应的供应商相对接，做到及时响应，提高了供应链的管理质量和使用效率，降低了企业成本。

（3）供应链的可溯源化

根据中国物流与采购联合会（2019）发布的数据报告，在餐饮企业选择供应商的重视程度和选择标准上，食品安全排在了首位。随着人们生活水平的提高，对餐饮的要求也越来越高，其中最重要的就是食品安全，这个也反映在了商家在对供应商的选择上。原材料的可溯源化是保持餐饮业良性发展的关键之举，而互联网的进步让可溯源化变得更加简单。

绍兴饭店就是一个成功的案例，其供应链系统实现了从生产地到餐桌的透明食物链建设，并与上海市食品安全流通追溯体系完成了实时对接，实现了从供应链到“餐桌”的最后一公里食材追溯。通过绍兴饭店的 SaaS 点餐系统可以追溯饭店内的 56 个经典菜肴的“来源”，包括原材料产地、供应商、菜肴信息等内容，此外，还包括了原材料种养殖、检测、品质、生长环境等信息。

3.5 凭借外卖，挖掘利润的“第二曲线”增长拐点

一块围棋至少要有两个真眼才能存活，围棋模拟的是战场，商场也如战场，不能孤注一掷。

和围棋不同的是，在个人、企业乃至国家的发展中，要找的不是一个点，而是截然不同的第二条发展曲线。第二曲线与第一曲线是不相连的，也不是加法的关系，只有完全换轨道才不会被时代的车轮碾压。要居安思危，在现有增长模式尚未走到绝境时，就要未雨绸缪，寻找未来革命性的增长点，自己优先竞争对手先下手，革自己的新，从而得以基业长青。

3.5.1　第二曲线是唯一正确的选择

个体再努力，不与时俱进，也无济于事。看一家企业及其所在行业发展的生命周期，第一曲线经过了巅峰无法避免会下滑，而如果适时跳转到方兴未艾的第二曲线，就可能有指数级的增长。

然而在企业发展正春风得意、处于巅峰阶段时，最难估计到将来可能的持续下滑。这种情况很常见，许多巨头企业的高级管理层也做不到以更长远的眼光谋篇布局，他们往往沉迷于过去的荣光，骄傲自大，否认存在的风险，到后来徒劳地病急乱投医，最后企业衰落。

就像几世纪前一个擅长制作马车的工匠，无论再怎么精益求精地改善技艺，马车制造业都会没落。即使你把一百驾马车加起来，也换不来一辆火车，因为这不是简单地做加法，而是更高维度的挑战。在一条逐渐没落的道路上继续前行，个体再尽力，也不能力挽狂澜。所以，必须认清时代的发展趋势。

雅虎是全世界第一家搜索引擎公司，创办于 1994 年，服务于 5 亿人。新浪网创办时就是模仿雅虎的模式。2005 年雅虎中国被阿里巴巴收购，2016 年美国雅虎总公司核心资产被美国电信企业 Verizon 收购。2018 年初的世界 500 强中，雅虎跌到 322 名。雅虎随着门户网站的衰落而退出了历史舞台。

而它的模仿者新浪已不再以中国的门户网站来定义自己，新浪在把互联网相关业务都尝试过之后，发掘了微博这个足以支撑自己继续发展的第二曲线。做得更好的谷歌看清了智能手机和其他智能设备逐渐代替个人电脑的趋势，顺应了移动互联网的时代大潮，只一个安卓操作系统，就使它与约 4/5 的互联网使用者紧密联系。

曾经 IBM 是全世界最大的计算机公司，当时的微软就好像 IBM 这棵大树旁边的一只小蚂蚁。然而 IBM 太自得于已有发展空间的大型机业务，忽视了个人电脑的巨大机会，甚至不把先进的技术用在个人电脑上，因为怕个人电脑太好用了会损害大型机这个主营业务。在今天看来，这个决策是可笑的。然而身处其中，不识庐山真面目，要远离舒适区、转向截然不同的另一条路，并非易事。因为走旧路似乎有可靠的利润，似乎还不必担任何风险。

真的如此吗？一个普遍而可怕的思维误区，就是假设未来与现在一样，用过去的经验就可以预测未来。太阳明天照常从东方升起，然而事物的主、客观条件是不断变化的，在过去创造过辉煌的方法不一定在未来能获得的成功。在复杂的社会生态中，即使是经验最丰富的专家也不能精确遇见经济、技术、社会的发展方向。自信能够预测未来、放弃警觉比无知更危险。罗宾·霍格斯在他的书《经验害死人》中用丰富的实证研究对此给出了证明。

企业往往在利润、市场份额显著下降或面临被收购的绝境时，才破釜沉舟，壮士断腕。如当年的英特尔公司，主营业务是存储器，在公司发展陷入僵局时，毅然转向为个人计算机，设计微处理器，终于转危为安，后来几乎垄断了微处理器市场。然而，因为在电脑芯片上高奏凯歌，英特尔看不清智能手机比电脑更大的用户覆盖面和更广阔的发展空间，没有进入手机芯片领域，在移动芯片上市场份额不到 1%，导致现在全球有几万名员工被裁。

有多少曾经成为行业巨头的公司印证了中国那句古话，生于忧患，死于安乐。

时代会变，消费者会变，商业也会变，而所有的商业模式、企业、组织都有生命周期，所以查尔斯·汉迪才提出这个观点：企业基业长青的秘密就是，承认仍有利润空间的第一曲线，极大可能会在未来某个节点迎来急剧的下滑，而企业要在这样不可避免的趋势中留存下来，就得在第一曲线衰落前开辟出第二条新的曲线。

开辟第二曲线已经够难，但还有不少企业家在占领先机的情形下，将第二曲线拱手相让。

1994 年，通讯领域是传呼机、对讲机、模拟手机的时代，特别是在亚洲和美国，摩托罗拉曾占据了超过 60%的市场份额。1996 年 1 月，摩托罗拉推出了 StarTAC 模拟技术手机，这款新的手机经过了两年的研发，研发经费高达数百万美元，所谓的 StarTAC 技术手机就是数字手机的原身。摩托罗拉虽然很有潜质成为全球第一家研发出数字手机的公司，但是其仍然选择将重心放在旧的模拟手机市场上。由于担心数字手机会侵害自身最赚钱的模拟手机业务，摩托罗拉在 2000 年前始终对数字技术非常冷淡。与此同时，诺基亚、爱立信顺应新的时代趋势，靠着自身研发的数字手机成功逆袭。当年，摩托罗拉在数字手机市场的份额从之前的 60%跌落到 20%。

2007 年，同样的事情也发生在曾经的逆袭者诺基亚身上，不同的是，摩托罗拉败在雪藏了未来的核心技术，而诺基亚是后知后觉且误判了趋势。在模拟手机到数字手机的节点上，诺基亚崛起了，从数字手机升级到后来的功能机，诺基亚也创造了一个时代的现象级神话，但在从功能机过渡到智能机的新节点上，诺基亚掉队了。诺基亚没有看清智能手机必将完全替代功能机，原本在第二曲线智能机领域占到 50%的市场份额，却为了保护原有的功能手机的市场份额，没有完全转向智能手机，被苹果和三星全面颠覆了。

3.5.2 如何判定并抓住先机

根据英特尔的 CEO 安迪·格鲁夫的 “战略拐点”，当影响企业的某一个因素短时间内发生十倍速的变化时，第二曲线就出现了。而找到第二曲线以后，应该不留余力地投入最有价值的经济要素，同时放弃那些不代表未来趋势的其他要素。很多企业缺乏的不是新创意，而是果决的行动。

汉迪认为，新曲线都会经历一个探索挣扎的过程，在这个过程中，新业务基本是不盈利的，它要真正长成所谓的第二曲线。在带来盈利前，培育这条第二曲线需要一定的时间、资源和动力。很多企业家以为自己经历过第一曲线痛苦探索的阶段，就能懂商业、懂增长，就能避开一段艰难的投入期。而实际上，任何一家企业，在新的时代趋势下，在开辟接下来的新曲线时，依然需要探索、试错和坚持，因为所有新曲线的成长逻辑都异于过去原有的增长逻辑。

奈飞在 2018 年 5 月超过迪士尼成为全世界最大的媒体公司，用户量超过了美国有线电视的用户总数，而且近十年来奈飞股票的投资回报率也名列全美第一。奈飞总裁哈根廷斯说："不要成为一家死守本业而错过大趋势的公司，必须更加进取，进取到让自己毛骨悚然的程度。"奈飞 20 年来的高速增长，源自以用户为中心、牺牲短期利润换取长期增长的发展逻辑。奈飞抓住先机，敢于全力投入，最终成为非连续性创新的行业标杆。2007 年，奈飞在之前主营的 DVD 租赁业务还蓬勃发展时，就投入 4 000 万美元转型流媒体。2013 年起，奈飞又投入巨资开始制作优质的原创内容，仅 2018 年就投入了 80 亿美元。面对变化莫测的未来，应该像奈飞公司一样，能积极地用更快的速度应对变化。

亚马逊的贝索斯说过：所有只能产生短期利润的项目都不重要，无论现在赚多少钱；只有能产生长期现金流的项目才最重要，无论这个项目现在亏多少钱。为了第二曲线的发展，亚马逊创立的前 20 年，贝索斯几乎把账上所有收入全部投入到新的业务中来。

早期的亚马逊是一家卖实体书的电商企业，最大的收入来源于线上图书销售。2004 年亚马逊高管大会上，贝索斯提出了自主研发电子书阅读器的新战略方向。如果熟知当时的商业环境，我们就能发现，贝索斯在这个新战略方向几乎面临一片绝境：亚马逊本身缺乏硬件研发经验，此前科技巨头索尼、谷歌都做了电子书阅读器，又相继放弃了电子书阅读器这个市场。再加上亚马逊的图书销售刚实现盈利，股东们怎么可能会认可贝索斯这个既烧钱、赢面又不大的新战略？

而贝索斯认为，所有大企业灭亡的根本原因，是不敢且不愿意涉及新的市场需求。所以即使在所有高管和股东都一致反对的情况下，贝索斯还是力排众议，迅速启动了 Kindle 部门，并把原本负责图书销售的高管凯赛尔调到 Kindle 部门做负责人。面对凯赛尔的疑惑，贝索斯说："你的工作就是干掉你过去的生意，你的目标就是让所有卖纸质书的人都失业。"经过了三年多的研发，2007 年 11 月 Kindle 正式面世，成为亚马逊继图书销售之后的一条新的增长曲线。

为什么要在线上图书销售最赚钱的时候，自主研发电子书阅读器呢？贝索斯的想法很简单，他认为在互联网日渐成熟的未来，实体书店能被图书电商颠覆，那么线下读书也必然会被线上读书颠覆。虽然说新技术还不成熟，但也正因如此，亚马逊才该抓住稍纵即逝的宝贵机会。一旦新的趋势发展壮大成熟，后来者想要入局就非常困难了。所以即使在手机也能阅读图书的当下，Kindle 的业务依然蓬勃发展。因为只要消费者专心读书的需求还没消失，电子书阅读器就永远不会被淘汰，因为手机丰富的功能让使用者很难做到专心读书。亚马逊的电子书阅读器 Kindle 2013 年进入中国，不到四年，就拥有了百万销量。

亚马逊从第一曲线的图书销售，跨越到第二曲线的电子书阅读器，难道不是革自己的命吗？其实创新，往往需要革自己过去成功产品的命。放弃来自过去辉煌的荣光，才能跨越第一和第二曲线不相接的区域，实现更长久更高速的发展，让企业保有生命力。

苹果就是一家跨越了数次非连续性曲线的公司，产品从个人电脑，到音乐播放器，到智能手机，到平板电脑。阿里巴巴也同样是创新标杆公司，主要业务从 2B 到 2C，再到金融。

正如查尔斯·汉迪书上写的那样，时间、资源和动力都是第二曲线成长所必备的养分。也正如《物种起源》中描述的，所有物种最大的竞争并不是来自外界，而是来自内部。第二曲线落地的必然价值，就是吸取第一曲线的养分，然后成长为企业新的增长曲线。

美团在千团大战的时候就拥有了大量的商家和消费者，它的增长逻辑是有了大量的消费者，就可以接入新的商家服务做功能叠加。在现有或类似的功能上升级，能提高消费者的满意度，这是一个双向驱动的商业模式。换句话说，美团并不是凭空做了外卖和酒旅等业务，这些业务是从原生业务长出来的新服务。

而只要新的业务长出来了，企业就有了多个增长引擎，多一个增长引擎比多开数十家分公司带来的收益还要大，会带来十倍、甚至指数级的增长。

3.5.3 外卖作为新的第一曲线

2009 年饿了么本地生活落地上海，2011 年麦乐送网上订餐系统上线，2013 年美团外卖上线，2014 年外卖大战开始。此后，为了培养商家端的线上需求，外卖平台帮商家解决了配送和曝光量服务；为了培养消费端的需求，外卖平台帮消费者解决了低价和便利吃饭的需求。

外卖平台化以来，为消费者和商家带来了种种便利。

一是打破消费距离障碍，过去 1 公里外不愿意到店的顾客都可以通过外卖来连接商家。

二是提供广告曝光，新店开业放鞭炮做活动最多辐射周边 200 米，而在外卖平台加上流量曝光，新店的辐射面积可有效扩大到 3 公里以上。

三是反哺线下，比起实体店消费，消费者更容易接受线上消费，一旦线上获得好评，消费者也更愿意到实体店消费。

四是无边界获客，新的外卖消费方式可以打破距离、陌生感，甚至还能利用补贴降低消费门槛。

五是竞争对手比较，过往商家要知道同一特定的商圈内有哪些同品类竞争对手，他往往有很大的盲区，一旦商圈内几乎所有商家都入驻外卖平台后，获取竞争对手的信息就容易多了。

六是数据分析，消费者画像、偏好、频率、分布等都非常直观。

外卖的量爆发后，有些店家获得了原来 2 倍的销售额，相当于不需要额外租金、人力，凭空新开了一家店。

外卖占餐饮业销售额的比例高速增长，2012 年，外卖占 1.8%，2016 年占 5.2%，2018 年占 10%，因为餐饮业也在增长，这组数据就更能显出外卖的重要性。外卖从 2012 年的 400 多亿元迅速发展为 2018 年的 4 400 多亿元，成为餐饮业蓬勃发展的新的第二曲线。

而品牌餐饮企业面对激烈的竞争，还需居安思危，借助外卖平台，寻找营收增长的新渠道。

3.5.4 全时段、全品类、多消费场景的新零售

过去外卖给餐饮业带来了大量的流量红利，而现在外卖更主要的是在数据和服务方面为餐饮业赋能，而且广泛地与其他本地生活服务场景深度融合。行业进入了数字化红利时代。外卖平台可以帮助餐饮企业融入本地生活服务生态圈，依靠数据打通不同消费场景，整合资源并优化配置，做到全生态系统的业务协同。

外卖平台成熟而强大的数字营销和即时配送能力，作为核心基础设施，让餐饮企业顺利进入电商新零售领域，24 小时全时段，正餐、零食、蔬果生鲜全品类，覆盖从儿童、年轻人、中年、老年全年龄段用户，一二线、三四线城市全地域覆盖。

以 2018 年 7 月美团上线的重要业务“闪购”为例。只要打开美团外卖 App，点击“闪购频道”，即可进入美团闪购页面，寻找自己心仪的商品，美团骑手 30 分钟即可把商品送到用户手中。目前美团闪购已覆盖全国多个市县，24 小时无间断提供配送。

闪购填补了一个非常重要的市场空白。中国消费者早已养成线上购物的习惯，引起消费者不满的主要有两点，一是小商家的虚假广告，货不对板；二是快递太慢，给消费者不可控的无奈感。电商平台上的差评大多来自于此。

消费者一直以来希望能够更快速便捷地获取所需，然而大多数快递公司无法满足速度的要求。而美团等外卖平台强大的即时配送能力，终于可以彻底解决这一痛点。

为此美团点评推出闪购平台，采用快零售的业务模式，为用户搭建

了一个30分钟到货的生活卖场。同时，对于加入美团闪购平台的传统零售商，美团点评还将在营销、配送、科技3个方面进行助力，帮助其实现业态升级，更好地服务消费者。美团闪购可帮助零售商家覆盖更多消费人群，触达美团点评生态的海量用户。同时通过数据分析，美团点评还针对每个商家的用户特点、商圈特点、商品特点为其推荐专业的运营方案，帮助商家提升营销转化率。

配送方面，美团点评拥有数10万活跃骑手和技术领先的智能调度系统，形成了成熟的分级配送体系和完善的拣货方案。

此外，美团点评拥有基于LBS的生活消费全景数据，可以为商家的精细化运营提供支持，同时新一代零售系统可以低成本、高效率支撑业务升级，帮忙零售商家实现门店服务自动化、门店管理智能化、门店作业自动化。

美团闪购，成功解救“急、忙、宅”的广大客户。忙碌是现代城市人共同的生活状态，下班路上用美团闪购下单，刚到家订购的零食也就到了，简单又方便。没时间买菜，从美团闪购买上一尾海鱼，配上杂粮饭，再选几种爱吃的蔬菜，刚到家菜也送上门了。

中国正快速向老龄化社会发展，而自20世纪80年代起的独生子女政策，使得中国人口结构呈现倒金字塔型。80后、90后正是年富力强的工作阶段，也常常加班，很多人还上有老下有小，更加难以分身照顾四位老人。不能常回家看看，怎么帮双方长辈们买米面粮油等老人搬不动的生活必需品呢？全都交给美团闪购，30分钟上门送达，省力又省心。

美团闪购更能在各种场景下“江湖救急”，结婚纪念日忘了买鲜花，嗓子疼需要西瓜霜含片……美团闪购都能帮顾客搞定。

从3天忐忑不安的等待，到半小时送达，广大消费者自然会迅速转向后者的怀抱，因此包括餐饮商家内的企业们，要意识到外卖平台对新零售的赋能。2018年美团点评的交易用户数超4亿，美团闪购将为消费者提供从餐品到超市便利、生鲜果蔬、鲜花绿植的全品类配送服务，充分满足用户一站式消费需求。

下面我们来看已经做出新零售探索的餐饮商家。

“吃个汤”是一个广式炖汤品牌，在外卖平台上，吃个汤除销售原有饮食产品外，还将外卖平台当成了广告会场，比如说用“吃汤指南”来告知消费者如何更好地喝汤，通过平台发布店铺的图片来让顾客对品牌产生感情等；在产品端，吃个汤还曾经卖过椰子、玩偶、汤杯等。

在“云海肴”外卖平台上，消费者也能看到与云南和优质食材有关的零售衍生品，如鲜花饼、油辣椒、蜂蜜、蒙自石榴等产品。

“五芳斋”本来以粽子出名，目前借助外卖平台，开始发展高端大米零售和连锁快餐“优米一家”，并且迎合年轻人喜好，采取新的互联网社会化传播，拍摄了广告神片《一粒糯米的朝圣》，让品牌在不失去传统文化魅力的同时向年轻化发展。

“眉州东坡”前瞻性地布局了从食品公司、中央厨房到物流的供应链，使得供应链本身成为企业增长的第二曲线。原生态有机蔬果和众多具有鲜明品牌特色的调味料、半成品不但供应中国和美国的餐饮门店，还能让消费者方便地购买到，在家一展厨艺。

外卖平台帮助餐饮企业触达消费者在家做饭这个重要场景，是又一个新增长点所在。消费者在堂食、餐饮外卖之余，可以通过外卖平台，方便快捷地购买到健康的食材、心爱品牌独特的调味料和半成品，想吃时 10 分钟就可以做好，有新鲜热腾腾的不变美味，又稍微享受了 DIY 的乐趣，还可以和更多亲友分享。

除了食品，餐饮品牌还可以通过外卖平台发布品牌价值延伸的餐具、炊具、装饰品等，在顾客生活中占据更重要的地位，巩固消费者黏性，提升用户的忠诚度。同时在高附加值的创意设计领域，分一杯羹。

3.5.5 颠覆式创新

新外卖模式将涵盖所有线上的一切可能，餐饮业卖的不再只是食品等有形产品，而是更重要的体验，一切以产品为壁垒的认知将被打破。

餐饮品牌可以通过外卖平台延伸出第二曲线之外更多新的增长通道。餐饮商家无须自己投入巨额资金做数据系统研发，而是借助外卖平台的大数据，向更多以前难以想象的领域扩张。

外卖平台可以作为初创企业或者成熟品牌的子品牌切入市场的重要助力。

在此笔者不揣鄙陋，略以发散性思维设想新的细分市场、蓝海机会，为餐饮企业的管理者们抛砖引玉。

第一，一线城市的餐饮业竞争最为激烈，门店密度趋近饱和。随着中国消费升级，二、三、四线城市的购买力会逐步增强，是低成本扩张的理想区域。

第二，整个国家消费升级，然而还存在广大低端消费群体，随着他们成为互联网居民，这是非常大的一块蛋糕，也是少有成熟正规商家竞争的蓝海。而且中国幅员辽阔，人口数量巨大，消费者需求越来越多样化，等待商家专注的细分市场如即将燎原的星火。发掘消费者的隐藏需求，在蓝海、利基市场上壮大自己，才是更精明的战略。拼多多的成功是因为它填补了重要的市场空白，餐饮企业可以从中得到启示。

第三，事物是有一体两面的，一些已经发展了二三十年的老餐饮品牌，面对年轻人求新求变、不喜欢消费和长辈同样的餐饮品牌时，难免会有英雄迟暮的无奈。然而，长期积累而来的口碑和温暖的回忆，带给消费者可信赖感，完全可以更好地服务于年轻人以外的社群，虽然中年人、老年人很多愿意在家自己做饭，但在医院、养老院等场所，如果成熟的连锁品牌进驻、合作，就可以更容易地占领这些市场。类似的，还有父母为学童安排的“小饭桌”市场。这些特定的人群占的比例不小，又非常重要，非常欢迎大的餐饮品牌为市场树立规范。

第四，体验式消费。以小象生鲜为例，作为集生鲜食品、餐饮、电商和即时配送的线上线下一体化生鲜超市，其依托于美团点评的餐饮大数据体系，会根据门店所在的区域和当地消费者的口味偏好，推出不同的半成品“快手菜”，为不同的消费者提供不同的消费体验。从供给来看，通过销售数据分析，各个门店还可以根据自身情况，实现精准选品、智能补货及精准营销，提升运营效率。同时，小象生鲜通过美团点评平台海量的精准流量，从线上进行流量导入，在履约环节，消费者可以通过线下到店自取和外卖配送的方式，获取商品，使线上线下消费形成闭环。而且从消费体验来看，由于顾客眼见为实，对生鲜产品的信赖，使得他们更愿意在餐厅体验，在餐厅的良好体验又进一步增强了对生鲜产品品质的肯定，达成了完美的良性循环。

如果我们再发散一点，外卖平台有望覆盖各年龄段人群，那么需要餐饮服务的只是人吗？随着商品经济的发展，各国社会阶层之间差异必然越来越大。伴随少子化、丁克、单身、不婚等人群的增长，猫狗等宠物成为非常重要的家庭成员，甚至主人往往更愿意在给予自己温暖陪伴、心灵慰藉的宠物，而非自己、而非已成年的子女身上花费更多财物等资源。那么宠物的外卖餐饮服务，就可以成为新的机会。人消费升级，也许会给宠物比自己更快的消费升级。伴随着宠物地位的提升，家庭资源也会向宠物有更多的倾斜，以往的宠物食品将不再令人百分之百满意，这也是一个利基市场。当然一定有更多的消费场景、消费主体等待被发掘被覆盖。

企业的管理者需要新的心智模式，借助外卖平台，深挖用户数据和运营数据，精准地定位品牌的客群和品类，精细运营，进行数字化转型，提升人效、坪效，整合供应链体系，拓展越来越多新的高速增长通道，方能使品牌企业树大根深，基业长青。

第4章

新外卖时代下企业的社会责任

4.1 自戴“紧箍”：杜绝食品安全隐患背后的探索

“民以食为天，食以安为先”。食物是人类赖以生存的物质基础，食品安全是每个人健康生存的底线，更是餐饮行业必须严格把关的一环。随着网上订餐业务的快速兴起和餐饮 O2O 平台的迅猛发展，网络外卖食品与大众生活的联系也愈发紧密。因此，网络外卖食品的安全问题不仅关系到人民的身体健康，更关系到社会的和谐稳定。

国家领导和政府相关部门都高度重视人民的健康安全，在不同场合多次强调保障食品安全的重要性。2016 年 12 月 21 日，习近平总书记在中央财经领导小组第十四次会议上的讲话强调：“加强食品安全监管，关系全国 13 亿多人“舌尖上的安全”，关系广大人民群众身体健康和生命安全。要严字当头，严谨标准、严格监管、严厉处罚、严肃问责，各级党委和政府要作为一项重大政治任务来抓。要坚持源头严防、过程严管、风险严控，完善食品药品安全监管体制，加强统一性、权威性。要从满足普遍需求出发，促进餐饮业提高安全质量。”

食品安全事故所激发的愤怒可以轻易摧毁人们对一个商家、一个品牌甚至一个行业的信任。例如，2008 年爆发的奶制品污染事件，不仅伤害了许多婴幼儿，且由于国内多家奶粉厂商的产品检测出三聚氰胺，重创了中国乳制品制造行业的信誉。除了追究责任和要求赔偿，消费者们“用脚投票”，导致国内的乳制品销量锐减，曾经辉煌一时的三鹿奶粉品牌也消失在公众的视野中。根据 2011 年中国中央电视台《每周质量报告》的调查，仍有 7 成中国民众不敢买国产奶粉。可以这样说，社会对于食品安全的问题容忍度极低，一旦爆发相关事故，所引发的后果难以估计。

第 4 章

新外卖时代下企业的社会责任

一个品牌知名度越广、发展速度越快、美誉度越高，品牌方遭受相关食品安全事故的负面影响越大，如果品牌方对事故不够重视或对危机处理不当，很有可能对品牌造成难以估量的损失。许多案例一再证明，无论是“网红”餐厅、明星酒楼还是老字号品牌，只要触及食品安全“雷区”，商家前期经营积累的信任、美誉、品牌等优势将荡然无存。我们需要正视食品安全问题可能给餐饮商家带来的颠覆性影响，这关系着商家的生死存亡。

网络外卖食品方式作为 O2O（Online to Offline）商务模式规模发展最快的项目之一，其便捷的信息沟通方式有效地对接了消费发生的需求方和供给方，拓宽了餐饮业务渠道并降低了经营销售成本，有力地推动了餐饮行业的发展。然而，网络餐饮行业缺乏配套的标准、各方监管机制存在滞后的现状，导致一些食品卫生安全问题危害到了人民群众的身体健康和生命安全。在网购餐饮食品的流程中，商家、消费者、网上订餐平台及监管者之间仅凭网络交流联络，增加了网购餐饮食品卫生安全的不确定性与风险性；加之食品从食材到加工最终送上消费者餐桌，所经历的环境复杂多样，难以管控各种因素对食品带来的污染与危害。

为了降低网购餐饮的食品安全风险，也为了商家和网络订餐平台的长远发展，我们现在能做的是在网购餐饮食品链条和流程的每个环节，自带“紧箍”，坚守住每个公民良心和道德的底线，以食品安全为先，杜绝食品安全隐患，做到防患于未然。

4.1.1 根源问题：食品安全在餐饮人心中重视度不足

为什么做餐饮需要投入最大的人力、物力、财力和精力？如果拿这个问题去咨询一些餐饮商高管或者老板，可能会得到五花八门的答案。

出现频率较高的答案有以下几种。

（1）餐品是商家在餐饮业安身立命的根本。只有高质、美味、独特的餐品，才会让顾客产生记忆点。

（2）食材是餐饮产品质量和味道的保证。例如，一些高端餐饮品牌依仗的主要是一些高端食材，毕竟绿色、健康的食材不但满足了一些高端消费者的消费偏好，食材的话题性也可以成为餐饮商家宣传和营销的热点。

（3）人是餐饮经营中最宝贵的财富。餐饮经营者、厨师、服务员、食客等角色都以人为主体，而食客的用餐体验除餐品的味道和质量之外，其余角色为食客带来的人文关怀会大大提升餐品的附加值和用餐体验的好感度，也在餐饮市场产品同质化的趋势中树立了差异化的服务。

（4）除此之外，餐饮实体店位置的选择、装潢的设计、氛围的营造、餐具的搭配、主题的打造、菜单和定价的考量、菜肴的制作、口味的变化、服务的质量、营销的宣传、客户的管理、品牌的推广及经营策略的取舍等，都可以提高餐饮经营商长远的竞争力。也有餐饮人认为商家所提供的产品和服务是餐饮业行走的“两条腿”，例如，人是餐饮业核心财富的想法，就是连接、融汇产品和服务的解决方案；再如，品牌决定餐饮经营寿命的理论，消费者对品牌的感知最终也会回到产品和服务上来。

其实这些回答是很多餐饮人的经验总结，但是很难对餐饮经营做出适合自身情况的策略取舍及系统布局。例如，虽然餐品好吃且有特色，但业内也不乏餐品美誉度高的品牌倒闭的案例；也出现过一度品牌辉煌、往来如织的门店却日渐式微；更有用心经营客户、狠抓服务的小店却难以阻止客源的流失；还有一些品牌商家，重金投资食品供应链，却始终难以有效地控制成本、增加餐品吸引力，等等。即使具备了单个环节或散点环节的优势，但受“木桶理论”和“墨菲定律”的影响，经营的成败取决于最薄弱的环节。环节多，每个环节都很重要，餐饮经营商往往会把人力、物力、财力和精力都放在那些直观的、展现在顾客面前的、可以创造利润、降低成本的环节，而这些环节往往不包括食品安全。

对食品安全的投入，从短期发展来看，除了增加成本和工作量，没有直接为餐饮商带来什么利益。换言之，一个可怕的现状摆在了社会面前，大家都在反复强调食品安全的重要性，但在很多餐饮老板经营管理的心智中几乎没有食品安全的位置。

4.1.2 注重体验的餐饮业，食品安全的位置在哪里?

消费者和监管者声嘶力竭地为食品安全呐喊，而餐饮人的时间、精力、头脑和心智却被产品、服务、营销、品牌建设和宣传等工作挤占。食品安全的地位到底如何？它在消费者和餐饮经营者的关系中到底扮演的是一个什么样的角色？

在如今养生热、健身热的潮流下，人们已经总结出了一条经验，那就是活得健康才最经济实惠。人们开玩笑说“病不起、死不起”，当然有调侃和夸张的成分，但是无论在产品、服务、营销上做得多优秀，消费者有多好的用餐体验，遇到食品安全这只“拦路虎”，所有的优势几乎都全军覆没。换言之，无论餐饮人在门店管理端如何精益求精，一旦食品安全隐患暴露，前端建立起来的品牌形象就会轰然倒塌。

对于食品安全的地位及重要性而言，“木桶原理”中所述的桶板最短的那块决定了一个木桶的装水量；而“桶底效应”则揭示了木桶底板的结实、密封、完整程度，桶底直接决定了这个木桶能否用来盛水。在餐饮行业及其他行业，安全问题就是木桶的“桶底”。

由此可见，在餐饮经营谋篇布局和实际操作的过程中，都应该把食品安全作为首屈一指、重中之重的环节来考量。

4.1.3 食品安全问题的事件

食品安全涉及的问题众多，如原料过期、食材掺假、后厨卫生环境不达标等，历年的 3 • 15 晚会上都揭露过相关问题。

2014 年的 3·15 晚会上，杭州广琪贸易公司被爆销售大量过期食品原料，面粉中有虫子，黄油上有霉菌等，通过撕标签、换包装等方式加工后，“一路绿灯”进入杭州市众多面包房。相关负责人也因销售伪劣产品罪被判刑入狱。

2016 年的 3·15 晚会上爆出，央视某记者为调查食品安全问题应聘外卖小哥一职，接单时记者看到商家在外卖平台上传的照片可见明亮的厨房和整洁干净的厨具，在取餐时却发现地点与原有信息不符，实体店的厨房昏暗狭小，整个后厨环境到处是黑乎乎、脏兮兮的油渍，与图片相比，竟是天壤之别。更要命的是，这样的厨房环境在外卖平台上一天能送出数十至数百的订单。

2017 年 3·15 当天，“明星级爱马仕餐厅”俏江南被爆出多个食品事故，厨房墙面和地面长期积累油污和脏水，厨师先是用拖把清洗了地面后，又用拖把来洗锅，对此情况，厨师一脸不耐烦，“这里本来就是如此！”在菜品方面，活鱼调包死鱼导致顾客差评，该门店依然不知悔改。

2018 年 3·15 又曝光了山寨饮品涌入农村市场的事件。山东省枣庄市多家企业大量生产山寨核桃露、核桃花生饮料、杏仁露等市面上流行的饮品，有的甚至连包装设计也一并模仿。一些生产厂家负责人称，这些产品一般销往三四线城市和农村市场。除了在产品类型上跟风模仿，有的公司在外包装上也是煞费苦心，如“6 个纯核桃”“6 斤核桃”“6 禾核桃”等，外装设计、构图也是它们模仿的对象，让人难以分辨。

食品安全屡禁不止，因此更需要格外注意。从近几年 3·15 晚会曝光的企业名录来看，餐饮行业一直是其关注的重点，各餐饮企业切不可存在侥幸心理，应该坚持不懈地保证自身产品和服务质量。食品安全一直都是 3·15 晚会关注的重中之重，这也是政府及公众十分关心的问题。

站在国家角度来看，食品安全状况可以衡量一个国家的经济发展水平、人民生活质量，关系到社会健康稳定。站在消费者的角度来看，公民享有在国家完善监管体系下得到安全保证食品的基本权利。站在食材供应商及餐饮经营者的角度来看，唯利是图、以次充好、以假乱真及添加有毒有害的添加剂，在食品卫生方面敷衍了事甚至明知故犯，固然能在短期内以较低的成本获取较大的利润，但是，在长期的发展中终究是要付出高昂的代价的。并且针对食品安全的犯罪（如生产、销售有毒有害食品罪，生产、销售不符合卫生标准的食品罪，生产、销售伪劣产品罪，以危险方法危害公共安全罪，非法经营罪等），食材供应商及餐饮经营者也要承担相应的刑事责任。

也就是说，作为餐饮人，在经营过程中，其余环节的薄弱或疏漏可能导致餐饮商铺、品牌的倒闭；但是食品安全环节的问题事故不仅让商铺、品牌有倒闭之忧，更有让经营者倾家荡产、身陷囹圄的可能，值得餐饮人思之再三、慎之又慎。

4.1.4 食品安全问题曝光后的自救与危机公关：转“危”为“安”

央视一年一度的 3·15 晚会曝光了一批又一批违法违规经营的企业，可以说让许多企业经营者及相关监管机构心惊肉跳。而这其中被曝光的餐饮企业，多年辛苦累积的品牌、口碑在一瞬间化为乌有，与之相关的餐饮店铺如连锁店、加盟店等，也受到了消费者们愤怒的抵制。

当食品安全问题暴露在阳光之下时，几乎挑动了所有人的神经。在这个有着千丝万缕关系的社会中，大家扮演的角色有父母、妻儿、亲朋好友，食品安全问题或是事故造成的无差别伤害，极易让人感同身受。有良知和责任感的消费者、供应商、餐饮商员工、服务员和经营者等，随时会站出来检举揭发；媒体也会通过调查、暗访、卧底等手段，来监督餐饮企业的食品安全问题。“要想人不知，除非己莫为”，有食品安全问题却企图靠着侥幸一路生存发展的餐饮企业，在信息媒体网络如发达的今天可以说是没有未来可言的。在互联网时代，餐饮企业一旦发生食品安全危机，其破坏性能量就会被迅速释放。如果不能及时、正确地应对和化解危机，它就会迅速蔓延发酵，甚至可以发展成为席卷行业的风暴，后果极难控制。

食品安全问题曝光后，企业该如何应对？如何进行自救与危机公关，尽量使损失和负面影响降到最小？如何迅速恢复公众对于品牌的信任？对于这些问题的思考，应该是每家餐饮企业的必修课。

回顾近年来餐饮行业曝光的食品安全问题，有的企业一蹶不振，有的企业快速平息了事端全身而退，有的企业甚至逆势生长，利用危机进行了自身的调整转型，改进后反而受到了更多消费者的青睐。

同样是面对食品安全危机，不同企业的结局却相差如此之大，这其中，尽管危机自身的严重程度及造成的恶劣影响不同，但是餐饮企业为自救进行的危机公关也起到了相当重要的作用。

处理社会关系和舆论，归根结底讲的是道德、法律的正道和大道，而不是靠一时小聪明或是阴谋诡计所带来的扬汤止沸。危机公关作为处理社会关系和舆论的典型，绝不是一成不变的。但是无论如何，危机公关首先要从理念、伦理上对危机和事件有真正透彻的认识，再结合策略与方法，针对不同的危机类型、发酵程度、严重影响等做出相应的反应。对于食品安全这类公众容忍度极低议题，话题传播性极高，事件的发展速度和结果很难预料和控制，危机公关更不是万能灵药。以双汇“瘦肉精”事件为例，通过实证分析结果表明，相较于男性消费者，危机公关对于女性消费者有着显著影响，女性消费者更容易产生负面的看法。消费者对于食品餐饮企业的危机公关认同度普遍较低。同时此类危机公关需要餐饮企业付出极大的经济和管理代价，需要对自身进行改进和升级，而且通过长时间的努力才能有所成效。

总之，危机公关很难靠一招一式或是一朝一夕来解决问题，也没有固定方案或是行之即成的安心保障，但是，我们列出了一些处理要点，希望能起到积极的指导作用。

1. 未雨绸缪、防微杜渐才不会临阵慌乱

虽然现在太平无事，如果餐饮企业一旦遇到食品安全问题的危机，应该怎么办？这应该是每个餐饮或是食品经营者在经营之初就应该慎重思考的问题。问题的答案不仅关系到今后日常经营中各项投入的分配、岗位职责的划分，同时也在企业面对危机的紧要关头，为企业赢得自救的时间和空间。那么，我们应该在平时做好哪些准备呢？

（1）梳理经营流程，做好人员和岗位的职责分工，明确操作细节和规制，确保食材采购、生产加工、烹调装盘、出餐上菜等各个环节的食品安全。力保做到有责任主体、有监督复核。

（2）做好各环节的“留痕”工作，同时也要加强供应商、员工、食材等的档案管理，一旦出现危机，能够做到各环节有痕可查，有据可依，有责可追。

（3）购买食品安全责任保险等类似险种，以降低未来可能发生的食品安全事件对企业造成的巨大经济影响。

（4）建立并经营餐饮企业与社会、媒体沟通的渠道，在日常的经营活动中可以用来进行企业或商家的推广宣传、交流互动，面对危机时，还可以以此作为公关和发声的平台。

（5）针对不同的危机种类和严重程度，制定符合自身能力的危机应对预案。定期分析不断出现的食品安全公关案例，对比自身做好改进和更新。

（6）防微杜渐，时时自省，对于已经发现的食品安全隐患要及时改进和解决。

2. 面对危机，反应越快，越能抢占先机、赢得主动

餐饮企业食品安全危机往往具有突发性，通过网络的传播发酵，短时间内就会成为舆论热点，这会对企业品牌形象形成巨大的冲击。消极被动或是无视回避的方式来应对食品安全危机，无异于自杀行为。面对迅速传播扩散的负面影响，涉事企业首先要做的就是在第一时间展开应对，迅速厘清事件的前因后果和关联关系，查明并锁定问题环节，提供解决问题的诚意方案并做好媒体网络的舆论公关。往往这种时刻，时间也就是企业的生命。

为什么快速反应对于危机公关如此重要呢？

首先，快速回应本身就给消费者树立了一种解决问题、有责任、有担当的企业形象。在危机公关中，营造负责任的企业形象是非常关键的。更为重要的是，快速反应可以帮助企业抢占主导权，对于控制事态发展、阐明事实真相具有积极作用。中国有句俗话叫“墙倒众人推”，若一旦失去了主动权，民众对于涉事企业的“心理审判”及一些谣言猜测、以讹传讹可能成为压垮企业的“最后一根稻草”。

2012 年，央视 3·15 晚会曝光了麦当劳北京三里屯店销售过期食品并随意更改食品保质期等行为。在曝光约一个半小时后，麦当劳中国迅速通过微博向公众道歉，并采取了一系列解决措施。据统计，麦当劳是当时被曝光企业中首先给予回应的。

麦当劳的快速回应为自身赢得了主动权，也最快地争取了消费者和民众的理解。反观那些出现问题后一味拖延、回避的企业，不仅丧失了树立企业负责任形象的宝贵时间窗口，纵容事态发展的直接后果，就是让企业公信力在舆论的猜测和怀疑中不断消耗。在这场保卫企业品牌的战役中，它们一开始就输了。

想要能够对危机做出快速反应，餐饮企业就要在平时安排专人做好舆情监测。每天定时几次通过微博、百度等网络工具搜索企业的相

关消息，一旦出现负面新闻，应当第一时间通知相关部门，尽快介入。另外，企业应组建专业的公关团队，针对各种突发情况，准备好各种危机公关预案。只有这样，当危机发生时，企业才能有条不紊，及时科学地应对危机。

3. 随时可能被戳破的谎言往往比真相更丑陋，选择权威渠道、实话实说才是最高明的公关

食品安全危机事件中，由于消费者对真实情况、影响后果、解决方法和补救措施等信息处于认知不完全、不对称的状态，所以极易产生恐慌心理。

而在网络信息、资料收集如此便捷的今天，如果企图在危机公关时耍耍小聪明，模糊视线、回避要点甚至通过谎言来安抚舆论、瞒天过海，这种行为无异于饮鸩止渴。即使在极短的时间内获得了一夕安寝，但是被戳破后的谎言则会显得更加狰狞丑陋，从而引发公众更大的愤怒。而且一个谎言往往需要其他更多的谎言来圆，与其提心吊胆、殚精竭虑地圆谎，实话实说才是最高明的公关。涉事企业要确保正规、权威媒体传播渠道的畅通，本着及时、真诚、透明、负责的原则发布信息报道、调查结果、应对方案、处理意见等，这有助于帮助公众了解真相、消除恐慌；同时，可以有效地控制事态发展，主动引导舆论走向。

4. 认错是一种态度，真诚道歉才不会越描越黑

危机公关的目的是维护和重建公众对于企业的信任，而想要做到这一点，满足公众心理预期十分重要。

近年来，食品安全问题屡见不鲜，被曝光后，很多企业第一反应就是矢口否认或是极力掩饰隐瞒。然而在听到某餐饮企业被曝光出食品安全问题时，消费者往往有着“宁可信其有，不可信其无”的心理判定，认为涉事企业“解释就是掩饰，掩饰就是事实”。

真诚地承认错误是一种负责任的态度，更是一种解决问题的态度。食品安全问题曝光后，企业最需要做的并不是解释自己没有问题或者问题没有报道的那么严重，而是不论问题大小，先承认错误并真诚地道歉。即使是被百分百的谣言中伤，企业也要在公布充足证据的同时，态度诚恳地请求公众监督。

比起推诿责任，消费者相对更容易原谅那些积极认错的企业。

2011 年海底捞被曝出骨汤勾兑、产品不称重、偷吃等一系列食品安全问题，引起了社会的轩然大波。随后，海底捞掌门人张勇在微博中不仅诚恳地承认了错误，还进一步承认“从未真正杜绝这些现象”。类似地，2017 年海底捞又被曝出老鼠爬进食品柜、员工用火锅漏勺掏下水道等严重的食品安全问题，海底捞的处理方式仍是认错，并向公众坦白，公司存在类似的食品安全事件，但公司已采取积极手段进行处理。

海底捞两次危机公关的处理手段如出一辙：先认错，再主动坦白错误，同时公司拿出积极的手段处理问题。这种以进为退的策略，不仅承认了错误，还主动暴露了企业问题，让大众了解到企业食品安全的真实水平和解决问题的态度方案，一定程度上防止了新的谣言和事端的产生。

5. 承担责任、解决问题才是危机公关的真正核心

企业高层领导带头承担责任，不但体现了企业负责担当的一面，更有助于稳定危机中的企业员工的心。

2011 年海底捞爆出负面新闻后，掌门人张勇声称：“责任在管理，不在青岛店，我不会因此次危机发生后追查责任，我已派心理辅导师到青岛以防该店员工压力太大，”以及，“责任一定该我承担。”2017 年海底捞食品安全问题再次被曝光后，公司公告中写着“涉事停业的两家门店的干部和职工无须恐慌，你们只需按照制度要求进行整改并承担相应责任”“更多是公司深层次管理问题”。同时海底捞在具体环

节上也开展多项措施，如加入“明厨亮灶”，让顾客可以对后厨活动进行实时监督。

不将问题与责任推卸给临时工，不拿基层员工当挡箭牌，更多地反省管理层的责任，让公众感觉到海底捞是一家有人情味儿的公司；“这锅我背、这错我改、员工我养”的标签更是帮助海底捞在危机中逆势吸粉。对于企业的危机公关来说，这是很聪明的举措。通过展示对涉事员工的温情，博得公众的情，并且引导公众转移了关注点。高层承担责任比单纯开除几个员工了事要高明很多。因为在公众看来，开除权限很小的基层员工，并不能保证问题不再发生，相反容易让人觉得企业是在找替罪羊，而高层出来认错和承担责任，则更容易让公众感受到企业的诚意。人们更容易相信高层的重视才能带来餐饮企业整体上的改进。

危机公关是一种商业行为，是一种应急措施，美好的说辞并不等同于实际的行动。良好的姿态容易做出，高层道歉也不是太难，但这终究只是缓兵之计。企业只有拿出实际行动来弥补过失、解决问题，才最终能够重建信任和品牌。

在一些成功危机公关的案例中，核心关键就是要真正解决媒体曝光出来的食品安全问题。

2016 年呷哺呷哺在被 3·15 晚会曝光后，随即通知近 500 家门店停售鸭血，并于 3 月 16 日一早将产品运回呷哺呷哺总部封存检测。呷哺呷哺在相关部门的检测和检查中，主动配合，用实际行动打消了公众疑虑。

2015 年 8 月，黄记煌门店被记者拍到后厨苍蝇横飞，大米发霉，黄记煌立刻发布声明称，紧急成立专项调查小组，主动配合政府相关部门对涉事门店进行深入调查整改。并且要求全国各门店开展食品安全的专项自查自检活动。

面对危机，企业积极主动进行自我排查并配合政府检查，同时通过各种媒体渠道让公众了解企业正在采取的行动，才是承担责任、解决问题基本的态度。如果企业自身没有问题，那么清者自清，相关部门的检查报告正好为企业正名；如果问题属实，则更要开诚布公，公布调查结果和解决措施。当公众对于食品安全危机的关注热度下降后，企业应做好自身产品和服务，加强正面宣传，修复企业形象。

进行危机公关只是一种无奈之举，高昂的成本和巨大的风险也未必可以得到预期中的效果。食品、餐饮行业的发展史中，由于食品安全导致的惨痛教训举不胜举。即使企业在食品安全事件中得以幸存，往往也会元气大伤。如何不在食品安全的问题上栽跟头，这比如何进行危机公关更为重要。

4.1.5 把解决食品安全问题的工作做在前面，防患于未然

《黄帝内经》有云："圣人不治已病治未病，不治已乱治未乱。"其实说的就是要预防，要在矛盾尚处于萌芽状态的时候就解决问题，而不是等事情闹大后再用更大的代价来平息矛盾。与其面对未知结果的危机公关，不如把保障食品安全的工作做在前面，防患于未然。

通过对产业链条和餐饮环节的梳理，餐饮企业最容易在清洁卫生方面发生食品安全问题。如何在各个环节落实清洁卫生，才是保障食品安全亟须研究的课题。

1. 操作规范，权责分明，明确食品安全责任人

经济学中有一个著名的"公共地悲剧"理论，大意是说当所有的牧民都可以在一片公共的草原上放羊时，每个牧民都设法多养羊在草原吃草，而没有牧民去维护作为公共地的草原生态，最后的结果是草被羊吃光后变成一片寸草不生的荒漠。同理，维护食品安全是每个餐饮人的责任，但是由于事件的责任人并不明确，人们的侥幸心理和"法不责众"的认知，导致食品安全的无为。

第 4 章

新外卖时代下企业的社会责任

《红楼梦》中王熙凤料理宁国府秦可卿的丧事时，展现了高超的现代管理手段。她通过明确分工、界定权责，解决了有事无人管、有人在偷懒的问题；通过对不相容岗位的分离和内部员工的“连坐”和监督，有效防止了监守自盗、偷奸耍滑的现象；通过流程梳理，大大提高了大家的工作效率。权责分明正是解决“公共地悲剧”的有效手段。这也让我们不得不佩服古人的智慧及管理的艺术。

以菜品中的毛发为例，餐饮企业不可能要求厨师、服务员等接触菜品的人全部剃光毛发，所以，要求佩戴帽子来降低菜品出现毛发的概率。其实责任到人是尽可能杜绝问题的方法之一。例如，某餐厅规定，如果发现菜品中有异物且无法界定责任，则相关业务员工都要负连带责任，包括厨师、服务员、切配菜员等，按照各自的职位和责任、按比例承担处罚和损失。于员工而言，权责分明且结果对其收入有直接影响，那么员工就更有一种免罚动机去监督食品安全。

像麦当劳、肯德基这样的国际一流餐饮品牌，对于食品安全问题的预防在操作规范的要求方面显得更加细化，例如，餐饮接触人员要定时洗手，并规范如何洗手等细节；给顾客递餐具的时候手指不可以碰到杯口或碗口；上餐时不可以讲话，避免口水喷溅等。有些餐厅也将后厨所有的制作环节透明化，并直播给消费者观看，明厨亮灶，全过程接受消费者的监督。这些通过制度规范和监控设备来反向推动员工对于食品安全的注重，也是一种防患于未然的手段。

现实情况是，即使操作规范、权责分明、明确食品安全责任人，还是无法杜绝食品安全的所有隐患。正如海底捞在港交所递交上市申请的招股说明书中书写的：“质量控制体系任何重大失误或缺陷会对我们的财务状况及经营业绩产生重大不利影响。”也就是说，强大如海底捞，面对安全卫生和食品安全仍有压力和无奈。假如企业和员工对食品安全问题的处理不彻底，是否还有别的方式进行弥补？

细心的读者可能发现，在食品安全问题发生后，海底捞发出的第二个通报中的第一条整改措施就引入了除海底捞自身、政府监管部门之外其他的角色——第三方公司。食品安全问题曝光后，海底捞仅凭自己推动调查整改已经很难再获得公众信任，而这时第三方机构的介入就是解决危机的方案之一。

2. 术业有专攻，联合独立第三方专业机构为解决食品安全问题提供了思路

韩愈曾在《师说》一文中提到："闻道有先后，术业有专攻，如是而已。"既然清洁卫生和食品安全如此重要，而自身能力和方法又有限，不妨把专业的事交给专业的人去做。用人所长，不但可以降低风险、提高效率，在一定程度上也能使得餐饮经营者将更多的时间和精力放在其他方面，释放为解决食品安全问题而付出的机会成本。

1）餐饮企业专业清洁消杀服务公司

亚当•斯密的经典著作《国富论》中一个非常重要的观点提出：社会的分工和协作大大提高了整个社会的生产力。所以，行业的细分状况从侧面也反映出社会生产力的发展水平。在许多发达国家，清洁服务行业已经发展成为一个相对成熟的行业，并且针对不同的服务对象形成了更加专业化、精细化的分工，例如，有很多针对餐饮企业进行专业清洁服务的公司。选择可靠、专业的清洁消杀公司对餐饮企业来说是减少和分担食品安全风险的选择。

(1)消杀公司是什么？餐饮企业门店内部操作相对规范的是针对餐具、炊具的消毒杀菌，常用的方式包括蒸汽消毒、酒精消毒、臭氧消毒、紫外线消毒、导热管消毒等。但对有害生物的消杀，商家出于成本和便捷性考虑，相关工作大多由餐厅自己操作完成，采用的是比较初级的措施，如用蟑螂药、鼠药、灭蝇灯等。曾有媒体报道，某家餐厅使用敌敌畏杀虫，导致后厨工作人员中毒的案例。错用药、不规范用药、无效消杀、次生污染等问题仍旧困扰着餐饮管理人员。

在一些重视消杀清洁卫生工作的餐饮企业，已经开始选择把相关工作交给专业的第三方公司操作，以达到更高质、高效的要求。

（2）餐饮清洁消杀有哪些经验？食品卫生安全管控涉及的产业链条很长，门店后厨是风险较高的一环。很多大型餐饮公司往往将食品的前期加工前置到中央厨房，尽量减少门店后厨的操作环节，以此来降低后厨的食品安全风险。人员素质和专业能力也是食品安全管控的薄弱环节，像“正确地洗手”，食品安全监测就列举了超过十种行为规范要点，包括“每个食品操作人员，在直接接触食物的过程中，每两小时必须洗一次手”“戴手套或更换手套前要洗手”“搓洗手腕以下的所有手表面”等。对于餐饮公司来说，量化规范、操作标准的培训也可以引入第三方公司进行参与，以提高人员素质和专业能力。

随着连锁化、集团化餐饮企业对食品安全问题解决方案的刚需性和迫切性，第三方供应商帮助餐饮企业解决后厨卫生安全隐患的业务很可能实现爆发性增长，也会出现一些标志性品牌。而这些清洁消杀企业，为餐饮企业量身打造综合性整体清洁消杀解决方案才能更加安全地解决问题，进一步扩大市场。

第三方公司系统的清洁方案主要应针对餐饮行业各个高风险环节打出的一套“组合拳”。相关整套经验方案基本需要涵盖几个方面：餐具清洁、后厨清洁、用餐区域清洁和卫生间清洁解决方案。

餐具清洁一般包括餐具的清洗和干燥。第三方公司可以提供专业的餐具催干剂来缩短干燥餐具的时间以提高餐具的周转效率；出售或租赁洗碗机设备、化学品及维修服务，在清洁方面节水省力、降低能源成本，实现较好的清洁效果。

后厨清洁主要是将食品交叉感染的风险降到最低，通过后厨操作流程动线的设计、食材工具区域的划分、标准流程规范的制定和专业清洁消毒产品的使用，营造干净、卫生、高效的后厨环境。

用餐区域清洁的核心是要提升顾客用餐体验的满意度，通过使用不同类型的专业清洁消毒产品，除去地面及其他硬表面、玻璃、空气等的油渍、酒渍等污垢及食物味、烟味等异味，带给顾客清新愉悦的用餐环境。

卫生间清洁要求卫生间马桶、隔板、洗手池、洗手台、镜子、窗户与地面等实体光亮、清洁、无异味。清洁后快干、无残留，用空气清新产品消除卫生间的异味，手部清洁产品温和高效，增加顾客对餐厅清洁卫生的信心。

还有其他专业的有害生物解决方案，如专业消杀公司的“食品保护方案”中有一个由外而内的“LFP 苍蝇防治方案”：首先通过诱蝇站最大限度降低苍蝇的入侵，由专业人员现场勘查，对室内进行定点处理和 LED 捕蝇灯布控，迅速消除侵入室内的苍蝇。

2）第三方公司可以提供的其他服务

（1）第三方检测公司。虽然部分餐企采用了洗碗机、洗菜机等清洁消毒设备，但有时操作不当也有可能引发食品安全问题，所以，就有了第三方检测公司存在的价值。他们为餐企提供食品卫生监控服务、食品安全管理技术服务、热加工验证服务、食品安全快速检测服务等，除了检测，还提供一定的解决方案。

（2）食品安全保险服务。问题容易导致事故，事故需要预防。部分第三方平台从保险需求端出发，为食品生产者、经营者、消费者提供定制保险、预防风险、应对事故等服务。

4.1.6 全方位守护食品安全，美团一直在行动

美团外卖借由平台优势，从用户下载 App 开始，针对下单、配送、取餐、评价整个流程进行了安全风险管理，不断发掘外卖链条上可提升的安全空间，着力研发、推行有效的安全管理措施，全方位守护食品安全，让消费者吃得安全。

1. 在订餐环节为消费者筛选合格商家

为落实平台主体责任，美团外卖通过入网前资质核查、入网后定期核验等措施对平台商户实行严格审核，对于清查中发现资质证照存在问题、卫生条件不过关的商户，美团外卖严格实行下线处理。

按照《食品安全法》《网络食品交易违法行为查处办法》的要求，美团外卖开发建设了“天网”系统，通过“入网审核、在网登记、退网追踪”三大环节，对入网餐饮商户进行全生命周期管理。目前已经与北京、上海、厦门、深圳、金华、宁波等地的食药监部门开展了数据共享对接，实现商户信息的“登记”与“验真”。日常工作中依托“天网系统”严防增量问题，严管存量问题，严控问题反复；同时倡导行业建立违法失信商户黑名单制度，加入北京市“网络订餐平台行业自律共建联盟”，将违法经营商户信息共享给其他平台，实现“同清同查”，保证线上餐饮市场的规范，所有入网商户建立电子档案，将商家的餐饮服务许可证、营业执照等档案全部电子化，并进行及时跟踪比对，确保平台商户信息的真实有效。同时，在用户端增加设置隐私号码，上线消费者“号码保护”功能。用户下单时可以选择用隐私号下单，而用户、骑手、商家通过美团外卖提供的“虚拟隐私号码”进行联系，用户的真实手机号码对商家和骑手隐藏，避免用户隐私泄露和被骚扰的风险。

2. 行业领先的美团外卖，在配送环节付出了哪些努力

自 2017 年年底开始，美团外卖陆续在全国推广外卖封签。截至 2018 年年末，已在 1 500 多个地区投放 7 000 余万张“放心签”。如图 4-1 所示，餐饮商家先使用封签对餐品外包装进行加封，美团小哥取餐时将检查确认封签的完整性，并在配送中保持餐品食品安全封签的完整性。“放心签”有效保障了外卖餐品在配送过程中的完整、安全，降低了外卖送餐过程中食品受到污染的概率。

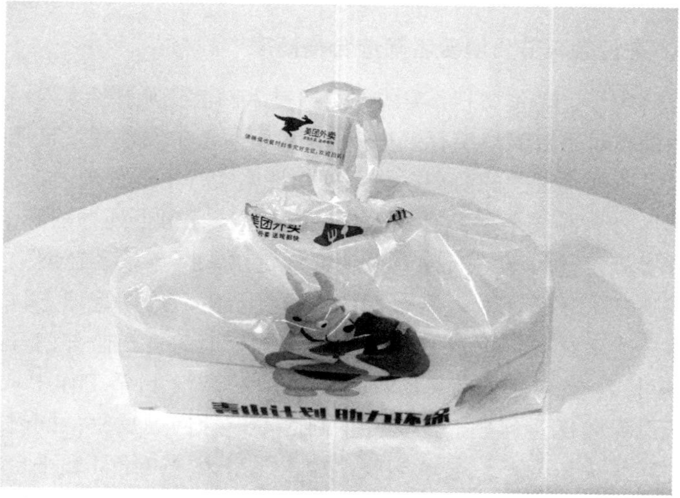

图 4-1　美团外卖封签效果

为进一步规避外卖配送中的财产、人身安全风险，美团外卖率先与公安机关对接建立“淘沙”系统，提前发现、拦截、消除隐患因素，保障配送团队中的每一个人都是安全、稳定的。同时，美团外卖借助平台大数据，利用算法实现安全高效的系统订单推送和数据追踪，确保最终用户取餐过程安全放心。为验证配送员信息真实可靠及在配送过程中确保系统信息与实际配送人员保持一致，美团外卖从配送员注册、开工、跑单环节进行全方位的关键风险防控。配送员注册环节，通过身份证信息验真、动静态人脸识别等方式确保配送员身份真实可靠；开工和跑单环节，通过动静态人脸识别、装备检测等方式，并适时增加“声纹识别”功能，杜绝冒名顶替行为的发生。

美团着力打造的“天行”系统也是为了保障餐饮配送过程中的食品安全，确保在送餐过程中食物不被污染。通过抓住“保证温度、保证速度、保证小哥健康”等配送环节的三个关键点，美团外卖构建起送餐过程食品安全保护体系，如开发“实时配送智能调度系统”，优化配送线路，确保按时送达；设计双层冷热隔离保温的新型送餐箱，确保配送中食物温度；推行严格的清洁消毒规范，以保证餐箱和送餐员手部清洁。目前新版餐箱和清洁消毒操作规范等已在上海、深圳、北京等地区使用，下一步将在全国更大范围推广。

为提高用户、骑手、商家的沟通效率，平台率先开发 IM 功能，布局即时通信。用户、骑手、商家可以在线上相互发消息，并预设常用消息模板，可一键发送，提高效率。

此外，针对外卖配送的交通安全，美团方与各地警企合作，展开配送员的交通、消防安全培训，加强配送员遵纪守法、安全行驶的意识。同时开展了配送员交通违章扣分管理，对骑手设定安全分值，对“触碰”安全分值的骑手进行强制培训，增加骑手的违规成本，保障配送员与公众的共同安全。截至目前，配送员交通违章扣分管理已在上海等城市实施。

最后，为了解决外卖配送“最后一百米”的困境，美团外卖组建专业技术产品团队着手研发“小区守卫”小程序，该小程序具有“身份核实”“出入管理”“轨迹追踪”三大功能。小区保安只要通过简单的操作就可以登录使用。当外卖骑手进入小区时，保安打开“小区守卫”小程序或通过微信“扫一扫”扫描美团骑手端二维码，就可以一秒验证骑手身份和订单情况，并且对外卖骑手进入小区后的位置进行实时追踪，随时掌控小区内骑手数量、所处位置、进入时长等信息。

3. 消费者用餐环节的体验，是食品安全的终极考验

美团外卖建立政企联动食品安全问题处理绿色通道，确保用户提出的投诉得到及时处理。不断完善用户投诉举报处理机制，建立投诉热线的“绿色通道”；针对食品安全类投诉，实行“快速赔付、限期结案”制度，对用户可能遇到的菜品质量问题，进行详细的分类并规范了赔付方式，目前平均结案时间为 3 小时左右，结案满意度非常高，达 90%以上。通过高效解决消费者的食品安全投诉，切实保障了消费者的权益。此外，美团外卖于 2019 年 3 月在全平台开通了食品安全险，通过线上

化理赔机制高效解决用户的食品安全投诉，切实保障了用户的权益，完善平台售后服务。

2017 年年底开始，美团点评集团依托平台上数以亿计的消费者评价大数据，对有关食品安全的数据进行结构化、可视化统计分析，在与上海市食药监部门合作开发的“天眼”系统 1.0 版、2.0 版基础上，又开发了 3.0 全国版，客观反映了全国各地老百姓对餐饮业质量安全的评价情况，为监管部门了解整体态势、开展线下监管等提供参考。与国家食药总局合作，运用“天眼”系统分析首批食品安全示范城市的餐饮业质量安全状况，形成大数据报告；与上海、北京、厦门、广东等地的食药监部门进行“天眼”数据应用合作；与上海市食药监局合作推出“天眼”系统手机 App 版；将“天眼”系统应用于厦门市食品药品监测预警中心等，充分运用大数据服务政府食品安全监管工作。

此外，美团外卖也在骑手端延时显示用户评价，同时对骑手和配送站点隐藏用户评价详情，保障用户进行真实评价的权利，营造和谐配送氛围。

4. 社会共治，开展政企合作，为食品安全保驾护航

美团外卖在食品安全和相关的消费者安全的问题上，明确落实各个环节责任主体，逐一进行风险管理。同时，也发力政企合作，开展社会共治，为食品安全保驾护航。例如，发挥平台优势，树立食品安全优秀商铺典型，对优秀案例的经验和食品安全的知识进行宣传、推广、培训；发挥外卖小哥“双入户”的宣传优势，通过外卖小哥对消费者进行食品安全方面的宣传科普；2017 年 7 月 1 日，美团点评集团与中国食品科学技术学会共同签署《中国食品科学技术学会与美团点评集团合作协议》，也与国家食药总局高级研究院合作参与食品安全研究工作；通过与主流媒体的合作，加大食品安全的宣传力度；通过与第三方专业服务行业的合作，在食品安全的科普培训中，为餐饮企业及商家门店提供解决问题的思路和方案。

其实，食品安全问题的重要性、紧迫性已经成为整个餐饮行业的共识。政府监管机构、消费者、平台、餐饮企业所形成的四方利益共同体在整个行业共识的指引下，在有法可依、有法必依、执法必严的法治环境中，通力合作、加强监管、协力打造一个人人放心的食品安全环境。

4.2 拒绝成为环保焦点：餐饮外卖对环保的重视上新台阶

改革开放以来，我国的经济发展取得了世界瞩目的骄人成绩，但快速发展产生的资源逐渐枯竭、环境污染严重等问题也日益暴露。空气、土壤、饮水资源的污染一步一步侵蚀着人类的生存空间。环境污染除了直接对人类的健康造成危害，污染对食品造成的影响也进一步加剧了食品安全的危机。在外卖高速发展的同时也产生了大量的废弃餐盒垃圾，这在一定程度上对环境造成了影响，环保已经成为外卖新业态中必须重视的一环。

根据艾媒咨询《2017—2018 年中国在线餐饮外卖市场研究报告》，2017 年中国在线餐饮外卖用户规模较 2016 年增长 19.1%，突破 3 亿人。外卖市场如此飞速增长，自然也需要面对环境问题，根据清华大学环境学院温宗国教授的介绍，生活垃圾中的废旧塑料里仅有 4%来自外卖垃圾。虽然外卖塑料垃圾绝对量总体占比较小，但随着行业的迅速发展需引起关注。

4.2.1 环境保护是大势所趋

中国政府曾以观察员身份出席了 1972 年联合国在斯德哥尔摩召开的“人类环境会议”，之后便开始了任务艰巨而又卓有成效的环境保护和管理工作。1983 年第二次全国环境保护会议提出了环境保护是现代化建设中的一项战略任务，是一项基本国策，由此确立了环境保护在经济和社会发展中的地位。

2008年中国政府颁布了“限塑令”，在全国范围内禁止生产、销售、使用一次性的小于0.025毫米的塑料购物袋。国家发改委的数据显示，至2016年，超市、商场、集贸市场的塑料袋使用量减少了66%，累计减少塑料袋总量达870亿个，但调研发现，相比超市，农贸市场和路边摊的塑料袋使用更为普遍，塑料袋大多是免费提供的，有偿使用的规定并未有效执行。近年来，随着“互联网+”的兴起，快递、外卖等行业逐渐火爆，一次性塑料制品使用量不断上升。

2002年上海成为首个倡议“取消一次性用品”的城市，此后杭州市规定住宿、旅游、餐饮经营者不得在经营活动中免费提供一次性用品。2017年8月，广州市人大审议了《广州市城乡生活垃圾分类管理规定（草案）》，规定“餐饮、娱乐、宾馆等服务性经营单位不得免费向消费者提供一次性餐具、一次性卫浴用具等一次性消费用品”。2019年1月，上海市人大审议通过了《上海市生活垃圾管理条例》，将于2019年7月1日实施，其中规定：餐饮服务提供者和餐饮配送服务提供者不得主动向消费者提供一次性筷子、调羹等餐具。2019年2月，中共海南省委办公厅、海南省人民政府办公厅联合印发《海南省全面禁止生产、销售和使用一次性不可降解塑料制品实施方案》，目标是在2020年年底前，全省全面禁止生产、销售和使用一次性不可降解塑料袋、塑料餐具，2025年年底前，全省全面禁止生产、销售和使用列入《海南省禁止生产销售使用一次性不可降解塑料制品名录(试行)》的塑料制品。

可以看出，针对日益严重的一次性塑料用品行业，一系列配套法律法规的出台是大势所趋。

党的十八大将生态文明纳入“五位一体”的总布局，以解决生态环境领域的突出问题为导向，强调经济与环境统一及“绿水青山就是金山银山”。党的十九大坚持节约优先、保护优先、自然恢复为主的方针，加强环境保护，促进生态文明的建设。2015年1月1日“史上最严”

环保法出台，环境司法专业化。2016 年 12 月 25 日，全国人大常委会通过的《中华人民共和国环境保护税法》。2017 年 4 月 10 日，环保部发布《国家环境保护标准“十三五”发展规划》。国家层面政策推进为各部门对环境保护的重视和相关机构的政策落实明确了方向，制定了政策约束。一系列举措都说明了中国政府对于环境治理的决心。

环保无小事，外卖新业态的发展不应该以牺牲环境为代价，为响应政府对于环境治理的号召，为推动解决外卖行业环境保护问题，作为中国领先的生活服务电子商务平台，美团外卖发起“青山计划”，这也是业内首个关注环境保护的行动计划，推动了外卖环保化的进程。

4.2.2 携手美团，共同守护绿水青山

习总书记在十九大报告明确提出，我国社会的主要矛盾已经转化为人民日益增长的美好生活需要和不平衡不充分的发展之间的矛盾。社会主要矛盾的新变化，是关系全局的历史性变化，也对外卖平台的环境保护工作提出了新的要求。

享受便利和保护环境真的是一对不可调和的矛盾吗？如何破解外卖成为环保关注焦点的困局？就在多数人认为所谓的青山计划和餐饮业环境保护只是体现在一次性餐具端时，美团外卖青山计划的行动就给出了不一样的解读。

2017 年 8 月 31 日，美团外卖宣布启动“青山计划”，致力于推动外卖行业环境保护问题的解决，这也是业内首个关注环境保护的行动计划。该计划从环保理念倡导、环保路径研究、科学闭环探索、环保公益推动 4 个方面推动外卖行业环保化进程。

经过一年的探索发现，外卖行业环保问题涉及全产业链、多主体，要想根本解决，需要联合专家学者、社会机构、商家、上下游企业等多方伙伴的力量共同努力。2018 年 8 月 30 日，美团外卖借青山计划 1 周年之际进行全方位升级，宣布启动“青山合作伙伴计划”，提出三大环

境保护目标：到2020年，希望携手100家以上外卖包装合作伙伴，寻求新的包装解决方案，尽可能地减少塑料外卖餐盒的废弃；联合100家以上循环经济合作伙伴，开展100家以上垃圾回收与循环利用试点，探寻行业可持续发展之路；会聚超过10万家青山公益商家，通过青山基金和美团公益平台支持社会公益组织，发展环保公益。

1. 倡导环保理念，共建绿色家园

1）设立美团外卖环保日，贯彻环保理念

从2017年9月开始，美团外卖将每月最后一天设立为“美团外卖环保日”，通过美团外卖 App、微博、微信等宣传资源，面向消费者进行环保宣传，并联合各类环保机构宣传环保理念及公益行动，提升公众环保意识。截至2019年4月，已经上线了20期环保日，合作伙伴包括中华环境保护基金会、UNEP、世界自然基金会等，引导公众减少使用一次性餐具，保护水资源，拒绝过度包装，低碳饮食，垃圾分类等。

美团外卖制订了“青山计划”商家侧线上运营方案，在商家后台上线了一系列环保活动。包括在商家后台设立青山计划展示位（Banner），并在袋鼠学院栏目首页配套上线了“青山计划”相关文章、“谈谈环保那些事”互动活动，得到了众多商家的积极参与；目前美团外卖订阅号开通了青山计划专区，同时在商家后台宣传油烟污染防治措施。美团外卖一直持续宣传环保理念，为落地绿色举措和建设环保和谐的社会环境而共同努力。

2）借势重要节点，响应政策举办环保活动

地球是人类赖以生存的家园。我国生态环境部将2018年6•5环境日主题确立为“美丽中国，我是行动者”，号召社会各界和公众积极参与生态文明建设，携手行动，共建天蓝、地绿、水清的美丽中国。随着外卖产业链的愈加成熟及环保技术的发展，网络订餐平台也在积极寻求企业与社会、生态环境的可持续发展之道。

2018 年 6 • 5 环境日，美团外卖青山计划发起“下环保订单，领翻倍红包”活动。同时联合中华环境保护基金会，携手演员江疏影、邓伦、沈月发起环保号召，倡导大家从现在起关注环境保护，践行环保责任。

此外，青山计划已设置公共邮箱 huanbao@meituan.com，接受大众建议、群众监督，也欢迎更多同行共同参与“青山计划”。并计划通过定期邀请相关机构举办外卖环保研讨会、商家沙龙等方式集思广益，共同施策，提升相关群体的环保意识。

2. 研究环保路径，加强顶层设计

1）开展课题研究，探索发展路径

在整个环保路线和制定科学治理外卖垃圾的路线上，美团外卖青山计划与清华大学环境学院展开题为《美团外卖环境影响评估与行业绿色发展建议》的科学研究并发布了研究报告，美团外卖深度参与此次研究的全流程环节，为研究提供业务数据等支撑。该研究旨在通过对外卖环保工作的定量研究及定性分析产出客观科学的工作标准及路径，为长期持续的外卖环保工作厘清底线和高线，制订行动纲领和重点问题的解决方案。

该报告是外卖行业首个全产业链环境影响评估报告，系统科学地论述了外卖全生命周期的环境影响。研究显示，从全生命周期角度看，外卖行业的环境影响是贯穿全过程的，包括产品生产、运输、使用和废弃等各个环节，环保责任应该由全产业链各主体共同承担。

2）外卖包装升级，参与外卖送餐盒团体标准的制定

为缓解城市环境压力，促进绿色环保，上海市市质量技监局组织有关部门，指导行业协会联合美团外卖、饿了么、百度送餐平台及相关供应商共同制定上海外卖送餐盒团体标准。

上海市餐饮服务（网络）外卖（外带）送餐盒系列团体标准出台之后，外卖平台在上海鼓励适用商家使用环保餐盒，并对平台商家环保餐

盒的使用情况进行监督管理。平台在上海市长宁区、浦东新区进行团标餐盒的试点推广工作，平台出资免费提供部分环保餐盒供商家试用，2018 年在上海持续投放 100 万个环保餐盒。

3）成立专家顾问团，为环保进程护航把脉

2019 年 3 月 21 日，美团外卖联合中华环境保护基金会共同发起成立青山计划环保专家顾问团，来自相关部门、行业协会、新闻媒体、科研机构、公益组织及高校等单位的专家学者成为首批顾问。顾问们将在中华环境保护基金会“美团外卖青山计划专项基金”的支持下，从政策研究、包装材料、食品安全、绿色消费、循环经济、公益扶贫等领域探讨外卖行业的可持续发展之道。

3. 建立科学的闭环，探索外卖全生命周期环境管理

为切实落实平台责任，并与政府部门、科研机构、公益组织、环保企业、餐饮行业协会等携手，从推动外卖垃圾源头减量、促进产业协同发展、加强集中回收、优化后端处理等方面建立科学的产业闭环，探索多方共治的新模式。

1）引导平台用户进行环保选择

2017 年 8 月 30 日在 App 选择用餐数量中上线了“不需要餐具”选项，并不断优化产品提高用户对选项的关注度。如图 4-2 所示。

2018 年 10 月 25 日，为了促进“不需要餐具”订单落实，实施无需餐具商户规则，倡导用户下环保订单并参与环保小调查，与平台一起监督商家环保订单的执行情况。

美团外卖通过线上运营活动引导消费者选择“不需要餐具”，在活动期间，每周完成 1～2 次环保订单可获得 2 元红包；完成 3～5 次环保订单则红包翻倍，周结算时可获得 4 元红包；完成 6 次以上订单则红包再次翻倍，周结算时可获得 8 元红包。此外，美团外卖还为每周前 1 000 名完成 6 次环保订单的用户准备了定制版限量环保餐筷作为奖励。

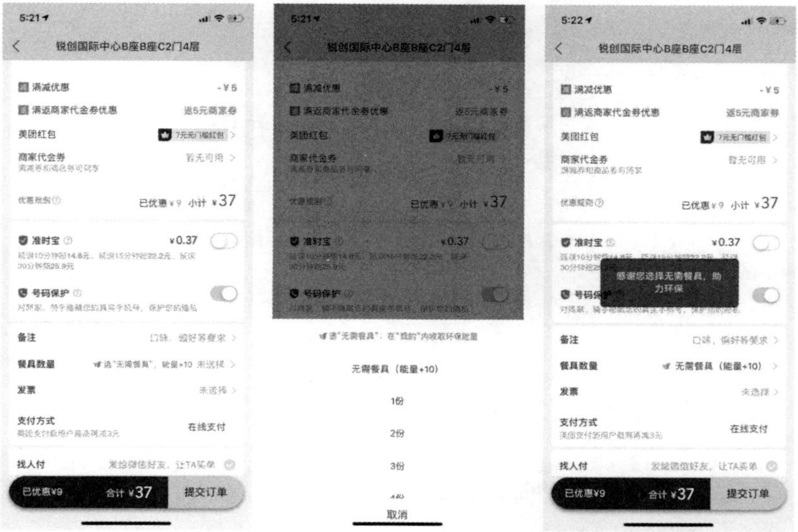

图 4-2　美团外卖 App 增加 “不需要餐具” 选项

对于外卖平台刮起的“环保风”，绝大多数的消费者都表示此举有益于改善现状，应给予支持并愿意为保护环境贡献自己的力量。目前“无需餐具”选项主要针对的是一次性餐具，想要真正减少塑料制品的使用，还是一项长远工程，但外卖平台推出环保选项，可以使更多的人重视环境问题，增强用户及商户对外卖环保问题的重视程度，减少不必要的浪费和环境污染。

2）引导外卖商家落实环保举措

外卖平台为鼓励商家积极响应和落实环保举措，对于采取环保措施的商家点亮其环保标签。这样的方式，不但对于环保人士客户有很强的吸引作用，同时也显著强化了商家的环保意识和行为。

2017 年 9 月 19 日，商家后台上线了《美团外卖商家环保倡议书》，如图 4-3 所示，向商家倡导绿色外卖需要平台、商家、行业协会、餐饮上下游产业链的协同努力。

美团外卖商家环保倡议书

亲爱的商家：

美团点评十分重视绿色环保，积极倡导绿色消费。美团外卖、中国烹饪协会、中华环境保护基金会与百家餐饮外卖品牌共同发起成立绿色外卖联盟，并发起外卖“绿色十条”：

1. 食材安心，优先选择绿色生态产品；
2. 烹制规范，不乱添加；
3. 明厨亮灶，保证清洁卫生；
4. 工作人员定期体检确保健康；
5. 推动使用绿色餐具；
6. 每餐一封条，注明食用时间；
7. 设置外卖专用取餐口，准时送；
8. 配送餐箱清洁，配送过程远离污染源；
9. 鼓励消费者绿色消费，少浪费；
10. 消费者投诉及时处理，主动接受社会监督。

绿色十条”倡议是为了推进餐饮、外卖行业加强环保意识，推动商户重视绿色发展问题，通过餐饮商户、网络餐饮平台、行业机构等多方力量联合协作，逐步解决餐饮行业中存在的环境污染问题以及食品安全问题，这也是餐饮外卖行业首个绿色发展公约。

因此向全平台商家发出环保绿色倡议：

1. 食材采购规范、安心，优先选择绿色生态产品。
2. 烹制更加规范，不乱添加。
3. 保证整齐清洁，保证干净卫生。
4. 工作人员定期体检，确保健康上岗。
5. 推动使用绿色餐具，减少一次性塑料餐具和一次性木筷子的使用，改用更环保的竹筷。
6. 鼓励消费者绿色消费，少浪费。

图 4-3　美团外卖商家后台上线《美团外卖商家环保倡议书》

3）平台为商家提供塑料包装替代材料信息及购买渠道

现在的外卖餐盒大多数采用的是聚丙烯、聚苯乙烯等材料制造而成的，这些材料的密封性好、耐热性强、硬度高，具有很好的食品安全性能，而且成本较低，深受商家和消费者青睐。如果换成其他的纸质、可降解等材料，成本往往比现在用的塑料餐盒高，不同品类使用性能也会打折扣。商家苦于对真正环保餐具的材质选择和购买渠道信息不足，同时也希望保障自身的利润空间，保障食品安全。

引入多样化环保包装供应商，解决商户环保选购需求，美团外卖平台已接触各类环保包装解决方案供应商，尝试为商户提供更符合外卖需求，更健康环保的餐盒与包装材料供应商。2017 年 12 月在商户后台开通环保购物频道，通过平台集中需求降低商户成本的方式，为商户提供一站式包装解决方案。

4）环保物料试点投放活动

美团外卖积极接触各类环保包装解决方案供应商，尝试为商户提供更符合外卖需求、更健康环保的餐盒与包材供应商。目前在北京、上海、广州、深圳、海口、三亚、成都、郑州等地累计投放可降解塑料袋、团标餐盒、环保纸袋、环保筷等物料超过 400 万份。未来将结合国家法规和当地政策继续扩大试点范围。

在环保餐盒方面，2017 年 11 月 20 日，美团外卖联合上海市长宁区市场监督管理局，在上海市长宁区龙之梦购物中心召开“青山计划——‘纸’为环保生活”发布会。长宁区市场监督管理局局长庄自胜、长宁区市场监督管理局副局长赖树生，以及美团外卖社会责任委员会秘书长杨碧聪、龙之梦购物中心的商户代表、消费者代表等共同出席。活动正式宣布推出“青山计划——‘纸’为环保生活”项目，如图 4-4 所示。先期由美团外卖免费为商家提供环保纸袋，鼓励商户用环保纸袋代替塑料袋的外卖包装，以减轻环境压力。

5）无塑吸管，打开环保潮流新风尚

巴黎迪士尼乐园宣布将禁用一次性塑料吸管，鼓励儿童爱护环境；2018 年 7 月初，星巴克宣布，为响应环保意识，全球所有店面将在 2020 年前淘汰一次性塑料吸管；麦当劳、万豪国际等多家餐饮企业和酒店也对塑料吸管下达了“驱逐令”。

图 4-4　环保物料试点投放

为引导消费者树立环保意识，在不使用塑料吸管的情况下创新喝饮品的方式，美团外卖青山计划联合中华环境保护基金会和美团公益，在“世界地球日”发起“无塑吸管挑战”活动，借助网络订餐平台优势，引导用户下“无需餐具”订单，减少使用塑料吸管，践行绿色消费。“无塑吸管挑战”倡议大使、青年演员尹正和孔垂楠在抖音和微博平台以视频的形式直观地给出了他们的答案。视频中，尹正在喝下午茶时准备了一根金属制吸管，表示以后可以霸气地对塑料吸管说不。而孔垂楠面对自己最喜欢的冰美式，除了自备玻璃吸管外，还教给粉丝一种更爽快的方法——打开杯盖直接喝。原来，除了订外卖、外出就餐能自带餐具外，喝下午茶也可以自备循环吸管，减少塑料垃圾的产生。

此外，美团外卖青山计划还充分利用自身网络订餐平台优势，联合肯德基、汉堡王、喜茶、连咖啡、奈雪の茶等 21 个知名餐饮商家，将“无塑吸管挑战”延伸到线下进行试点。2019 年 4 月 19 日至 5 月 19 日，用户在参与“无塑吸管挑战”活动的 21 个品牌商家下单选择“无需餐具”，商家将不再配送塑料吸管。据美团外卖统计，21 个品牌商家在全国范围内参与活动的门店总量超过 8 000 个。活动结束后，在指定商家下“无需餐具”订单总量排名前 10 位的用户将获得青山计划提供的 1 000 元下午茶基金，作为用户参与“无塑吸管挑战”、践行绿色消费行为的奖励。同时，北京用户在指定的 7 家门店下“无需餐具”订单，还有机会获得美团外卖限量版循环吸管套装。值得一提的是，该吸管套装外包装由两个回收塑料瓶制成，可谓将环保进行到底。

塑料吸管虽然事小，但积沙成塔，集腋成裘。绿色消费方式，从一根小小的吸管开始减少塑料使用，保护地球。

6）加强外卖垃圾分类回收，探索未来智能处理方案

如图 4-5 所示，2018 年 5 月，在美团总部投放了结合物联网技术设计外卖智能垃圾桶，收集用户反馈，探索外卖后端回收方法及未来社区铺设的可能性。

图 4-5　志愿者指导大家使用试点智能垃圾桶

7）实践外卖餐盒再利用技术，变废为宝，探究行业可持续发展道路

经调查，目前外卖商家 80%以上使用的为 PP、PE 等塑料材质的餐盒，其中大多数可进行回收利用，但由于没有集中收集散落在生活垃圾中，且外卖餐盒都较多油渍难以清洗，所以无法得以循环利用。

在青山计划 1 周年暨青山合作伙伴计划发布会上，美团单车可持续发展高级专家秦浩在美团发布会现场展示了外卖塑料餐盒循环利用制成的单车挡泥板。此次将外卖餐盒回收 PP 料经改性后制造摩拜单车挡泥板，是美团业务生态体系中循环再生的一个实践范本。

2018 年 10 月，青山计划联合果壳推出特别版《物种日历》，将餐

盒回料再生制作成日历外壳，进一步探索外卖餐盒的再生价值。同时，在果壳有意思博物馆活动上，青山计划现场展示塑料餐盒的再生过程，现场将餐盒制作成陀螺、钥匙扣、胸章等，让广大公众亲身体验、感知外卖餐盒的循环利用价值。

2019 年 1 月，美团外卖青山计划联合腾讯志愿者协会，在上海腾讯大厦开展“盒聚变”外卖餐盒回收活动。为期一个月的活动超过 2 000 人次参与，所收集到的外卖餐盒被循环再造成为美团单车的挡泥板，并在上海进行投放。活动分为回收和再造两个环节，回收环节的主要方式为在上海腾讯大厦放置分类回收箱，参与回收的白领还可通过持续“打卡”攒积分的方式获得奖励，如由“美团外卖青山计划”提供的物种日历。餐盒被送往回收公司，经过清洗、粉碎、造粒等一系列工艺，再造成塑料制品，延长其使用周期。其中大部分被制成美团单车的挡泥板，可供 2 000 辆左右美团单车使用，这也是外卖餐盒回料制品首次成规模应用在共享单车上。如图 4-6 所示，还有部分回料被制成行李牌，送给参与活动的腾讯员工留作纪念。

“盒聚变”及同美团单车的合作只是美团探索循环利用资源的开始，未来平台将开发更多由餐盒循环再造的产品，不断拓宽其使用场景和途径，进一步完善餐盒回收循环链路。同时，美团外卖也将继续携手更多合作伙伴，共同关注和解决外卖行业所面临的环境保护问题，探寻行业的可持续发展之道。

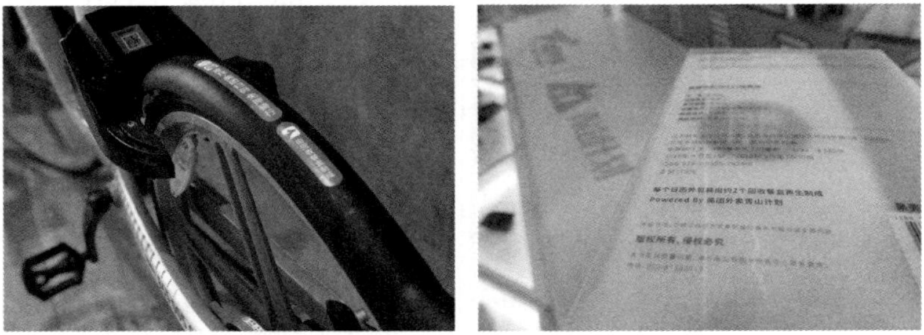

图 4-6　外卖餐盒被循环再用

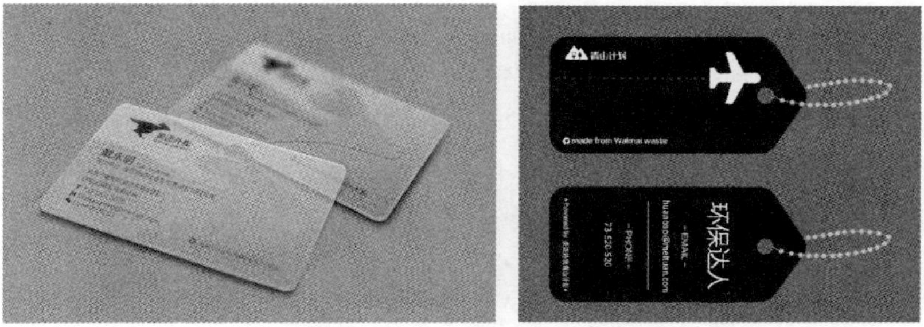

图 4-6 外卖餐盒被循环再用（续）

4. 汇聚平台力量，助推环保公益

1）建立餐饮外卖行业首个环保公益专项基金

2017 年 9 月 25 日，美团外卖携手中华环境保护基金会宣布设立“青山基金”，这是餐饮外卖行业首个环保公益专项基金，美团外卖先期投入 300 万元资金，用于环保领域的路径研究及配套解决方案案，保证项目实施有所依托，如图 4-7 所示。同时青山基金将着重关注环保生态扶

图 4-7 美团外卖携手中华环境保护基金会宣布设立“青山基金”

贫项目及环保理念的传播。一方面，美团外卖会通过一些线上运营活动和线下宣传活动去向公众、商家宣导餐具减量化、消费环保化等环保理念；另一方面，也会选择在我国生态脆弱的贫困地区，通过组织农民发展生态果园的种植方式，希望在保护生态环境、提高农民技能的同时，又能带动农民增收和促进农业供给侧改革，助力乡村振兴。

2）青山公益行动

2018 年植树节前夕，为了让更多商家和用户共同参与环保行动，美团外卖联合中华环境保护基金会正式启动“青山公益行动”，青山公益商家活动自 2018 年 2 月 26 日试点上线一周后，已有西贝莜面村、台资味、Uneed 轻食等连锁品牌的超过 16 000 家门店自愿参与。

打开美团外卖 App，可以看到所有参与“青山公益行动”的商家均被点亮“青山公益商家”标识。每当用户在该商家下完成一笔订单，商家会捐赠小额善款转入“青山基金”账户，用于青山基金环保项目，而商家捐款情况和青山基金使用情况，也会定期在中华环境保护基金会网站上披露。

截至目前，已有近 3 万商家加入了青山公益商家计划。

3）生态扶贫

“青山基金”在全国范围精选项目设计完善、实施效果明显的环保公益项目进行扶持和资助。目前“青山基金”已与中华环境保护基金会启动了“生态扶贫示范林”项目，共同确定项目开展思路，在生态恶化的贫困地区，通过资助改进农业生产方式、减少农药化肥使用量、减少面源污染、减轻水土流失、提高单位面积产出等方式达到保护生态环境和扶助贫困人口脱贫的目的。

美团外卖与中华环境保护基金会携手，助力贫困地区通过种植苹果、梨、柑橘、柠檬等经济果木，替代当地的低效益农作物，以此减少化肥和农药的施用量，涵养水源、减少水土流失。值得一提的是，当这类果树进入盛果期后，预计亩均经济收入是传统农作物的 3 倍以上，将极大地提高农民收入。

生态扶贫的项目参与度很高，平台可最大限度地与商家、用户、公司内部员工及产业上下游全链条联动，让环保公益理念进入外卖行业各个环节。

经典案例："互联网+生态扶贫"沃柑产业基地案例

美团外卖青山计划公益林启动仪式在云南省文山壮族苗族自治州广南县板蚌乡麻栗村举行。美团外卖青山计划将联合中华环境保护基金会在板蚌乡社会扶贫村集体经济沃柑产业基地种植并经营管理110亩的沃柑，通过环保公益的形式助力生态扶贫。这也是美团外卖成立"青山基金"发起"青山公益行动"以来种下的首片公益林。产业基地采取"村集体经济+合作社+基地+农户"的模式进行经营管理。110亩沃柑产业示范基地建设资金由美团外卖"青山基金"全额帮扶，作为村集体经济发展资金，广南县板蚌乡金丰园种植农民专业合作社负责承建。

产业基地的收入将作为村集体经济收入，用于当地贫困户帮扶及村级公益事业建设等方面。

美团将携手社会各方一起努力、共同建设，实现美丽中国的图景，为美好生活打下良好的生态环境基础；同时，平台也将积极承担更多的社会责任，通过更多形式的环保公益助力生态扶贫。

5. 携手美团，一起成为"青山合作伙伴"

实施"青山计划"、设立"青山基金"、开展"青山公益行动"只是美团外卖在加强全面发展环境保护工作的开始。要解决餐饮外卖带来的环境问题，面临大量政策、资金、技术等各方面的障碍，不可能一蹴而就，需要从全产业链角度看待行业环境保护问题。

美团外卖希望能够携手商家、消费者及各相关方结合自身实际，从环保理念倡导、环保路径研究、科学闭环探索、环保公益推动等角度，一起成为"青山合作伙伴"。

良好的生态环境是我们美好生活的基础保障。平台的使命是“帮大家吃得更好，生活更好”，美团外卖将努力实现行业与生态环境的和谐发展，促进外卖行业的可持续化。美团外卖希望联合社会各界共同寻求创新的解决方案，让我们从“每一餐”开始，保护生态环境，携手共创美好生活。

6. 践行环保理念，推动外卖新业态可持续发展

通过美团外卖对青山计划的解读，消费者和商家对餐饮行业的环境保护也许有了新的认知和思路。重视环境保护也绝不能只是一句空话，除了上述美团青山计划提及的各方内容，整个餐饮外卖业也在方方面面努力践行着环保的理念。

1）宣传推广，让环保走进每一个人的生活

在生活和工作的点点滴滴，我们都能找到在环保方面有所作为的细节。在环境保护这件事情上，政府监管机构、平台、商家及消费者都应该有着共同的目标和愿景。环境保护意识的养成是生态文明建设的关键所在，也是推进生态文明建设的重要途径和基本保证。保护绿水青山、共建美好家园需要我们每个人都贡献出自己的力量。每个环节、每个个体对于环保理念的树立，都是对环保事业的贡献。

2）堂食同样注重健康环保、绿色消费

餐厅是商家的第一门面，除了加强外卖行业环境保护管理，商家在堂食的健康环保和绿色消费上也有很多努力空间。

（1）健康环保操作：对于一些重油的菜品，如油炸的小吃或菜品，出于健康饮食和环境保护的考虑，有些餐厅通过学用粤菜的烹饪手法来减少油量，保证餐饮排烟系统合规。

（2）选择节能环保的设备、产品：在店铺装潢和后厨设计方面，采用节能环保型的灯具、厨具等水电设施；堂食中使用的餐具也应该尽量避免一次性用品。

（3）理念宣贯：培训员工在工作和操作中注意环保，向顾客宣贯环保理念。

总之，环境保护不是一日之功、一时之事，更非一家之责。它需要我们的每一个单位和个人持之以恒、久久为功。正如 2016 年 3 月 10 日习近平总书记在参加青海代表团审议时强调的："生态环境没有替代品，用之不觉，失之难存。在生态环境保护建设上，一定要树立大局观、长远观、整体观，坚持保护优先，坚持节约资源和保护环境的基本国策，像保护眼睛一样保护生态环境，像对待生命一样对待生态环境，推动形成绿色发展方式和生活方式。"

外卖作为近年来飞速崛起的产业，绝不能走过去粗放的破坏环境换取经济增长的老路，随着外卖新业态的不断发展，环保是必须面对的重要一环，倘若置之不理，必然对环境，对整个外卖新业态造成影响。作为外卖新业态中的一员，美团外卖用自己的实际行动在整个行业内首倡环保理念，发起"青山计划"一系列行动将环保落实到外卖新业态的方方面面，相信将来会有越来越多的伙伴与美团外卖一起为环保尽心尽力。

4.3 外卖就业新思路：通过外卖配送业务增加就业机会，为从业者提供关怀举措

随着我国产业结构升级和经济转型的不断深入，第三产业进入了高速发展阶段。根据国家统计局《国民经济和社会发展统计公报》的数据：2013 年，我国第三产业增加值占 GDP 的比重已达 46.1%，首次超过第二产业；2015 年，第三产业在 GDP 中的占比首次超过 50%；2018 年上半年，第三产业在 GDP 中的占比已经达到了 54.3%，第三产业对我国 GDP 增长的贡献率达到 60.5%，成为推动中国经济增长的主要产业动力。也有不少学者认为，第三产业的飞速发展标志着中国的国民经济进

入了“服务经济”时代。

在新经济形势下飞速发展的外卖新业态，也有着服务经济的成分，早期外卖相比传统堂食，一个重要的区别就在于外卖多了送货上门这一项服务，在早期外卖中配送这个环节往往由餐厅老板或店员兼任。

经过多年的发展，外卖早已由开始的“小作坊”发展至如今的新业态，具体到每一位店家则是外卖订单量成倍增加，同时外卖配送范围也由原来周围的小区扩散到半径 3 千米内的人。早期外卖由餐厅老板和服务员兼职配送的模式显然不能长久，在外卖新业态下，需要一支更加职业更加高效的专业团队来完成配送环节，于是孵化出一个全新的职业——外卖配送员。

随着外卖产业规模的不断扩大，在配送环节上需要越来越多的人力投入，越来越多的人加入外卖配送员的大家庭。根据美团点评在 2019 年美团外卖产业大会上公布的数据，2018 年外卖骑手在美团外卖平台上获得的收入合计超过 300 亿元。同时，根据美团点评研究院发布的《城市新青年：外卖骑手就业报告》，2018 年美团外卖有单骑手 270 多万人，意味着有 270 多万骑手在美团外卖获得收入，比 2017 年的 220 多万人增加近 50 万人，有效带动了社会就业。据中国人民大学劳动人事学院课题组的研究，美团带动就业机会 1 960 万个，其中包括 270 万个配送就业机会。

随着外卖的不断发展，对配送环节上的业务要求有了更高的要求，整体配送环节要求更加高效、准时，外卖骑手在平凡的工作岗位上缔造着不平凡的服务，他们每天风雨无阻、使命必达。

4.3.1 骑手网络，谁在为谁服务

一个有趣的问题是，平台给骑手提供一份工作机会后，为什么还必须研究骑手这个群体？为什么还得为这个群体服务？答案很清楚，骑手是平台连接消费者的商业闭环中非常关键的因素。即使未来以 AI 为先

导的配送方式，即使未来各类黑科技整合且赋能骑手，但在相当长的一段时间里，骑手将是配送平台最大的变数，也是消费者对商家对平台最直接的体验点。

无论是外卖还是传统的餐饮，想要做好服务从而提高消费者的满意度，首先应该做的是关怀服务人员，如果服务人员与餐厅毫无感情认同，那就无法与顾客产生同理心；缺乏关怀，更不可能将更好的服务带给消费者，更不用谈完美的消费体验。

根据美团发布的《城市新青年：外卖骑手就业报告》，在人员分布上，骑手群体以 80 后、90 后居多，近年来这群年轻人越来越受到社会的关注，一方面，对配送过程有了更加系统化的要求以保障骑手和消费者的权益；另一方面，在生活上也更加关心骑手群体，对于骑手工作上是否遇到问题、生活上是否需要帮助等格外重视。在工作上他们是服务于消费者的配送员，在生活中他们是一群多姿多彩的年轻人。

美团外卖认为，在城市化迅速推进的过程中，外卖骑手的队伍日益壮大，当前已成为受到广泛关注的重要社会群体。骑手是宝贵的商业资源，通过为骑手群体创造就业机会，提供良好的工作环境、健全的职业发展路径、更具人文关怀的骑手关爱举措、打造有温度的骑手管理体系，是美团外卖社会责任工作的重要课题。

4.3.2 骑手与平台的关系

截至 2018 年年底，美团外卖在全国有活跃配送骑手 60 多万人，其中 92%为男性。77%的骑手来自农村，25%的骑手来自贫困县，覆盖了全国 94%的贫困县。值得一提的是，拥有大学文凭的骑手比例高达 15%。我国 2020 年全面建成小康社会目标临近，美团外卖通过创造新的市场需求转移就业，推进扶贫事业，释放了人才的潜能。

过去的 5 年中，以美团外卖为代表的网络订餐行业培育出了服务消费的新业态。相应地也创造了众多新兴的就业岗位，如从事送餐服务的外卖小哥就是其中之一。创造新就业岗位的同时，美团外卖仍在不懈探索如何为这个群体提供更多的保障和服务。

1. 优化配送员工作环境，让工作更有保障

（1）优化智能调度。升级智能调度系统，增设变量，对骑手的接单量进行合理控制和优化，避免骑手接单过多，压力过大，导致违反交规、超速行驶。

（2）改进考核指标。禁止配送加盟商按每单延迟处罚骑手，而应依据骑手的着装规范、服务规范、安全合规、配送体验等综合指标进行考核。

（3）建立申诉机制。遇到恶劣天气、用户联系不到、送餐车出现故障等送餐困难情况下，骑手小哥可以第一时间向平台快速反馈，平台动用资源解决，从而减轻骑手心理压力，将更多注意力集中在路况和安全配送上。

（4）升级骑手装备。着力落实安全装备的配备，强调头盔的正确佩戴，提高晚间反光配送服及配送箱的普及率，突出“被看见才安全”，并在北京、哈尔滨、满洲里、酒泉、德令哈、博乐、新巴尔虎右旗等多个寒冷地区为骑手配备高科技加热马甲，关爱骑手健康。

2. 全方位提升配送员生活保障

在骑手社会保障方面，美团外卖为骑手提供保险保障，还设立了区域安全管理经理组为事故处理保驾护航。此外，平台还与中国人民大学劳动人事学院课题组协同开展骑手劳动关系研究，进一步分析骑手群体的社会人口特征，思考社会责任、社会保障等问题，让骑手更好地融入平台及社会。

3. 开展体系化职业培训，让配送更安全

骑手作为外卖配送环节的重要角色，在上游连接商家、下游连接消费者，能够从直观层面展示企业形象。美团外卖建立了一整套科学的骑

手培训体系，通过丰富的课程内容及多样的学习形式开展职业教育，帮助骑手规范工作流程，提升服务质量。

1）日常安全培训体系

根据骑手的工作经验、加入时间及配送状况，美团外卖有针对性地提出以下 3 大日常安全培训。

（1）跑单培训。针对新加入的骑手，通过骑手 App 自学交通安全新人课程并通过考试才可接单。培训内容包括日常骑行和着装规范、送/取餐礼仪和文明用语、交通标志和交通标线、恶劣天气和夜间骑行规范、平台安全制度、安全骑行盲区、遭遇交通事故及交警执勤的应对方法、平台服务高压线解读、保险须知。

（2）强化培训及高阶培训。根据骑手加入的时间及接单量进行阶梯性指导，进一步加强暴力冲突及群体性事件应对方法，以及重大案例详解、消防知识详解、电动车安全隐患等方面的培训。

（3）针对性培训。对交通违法 3 次及以上的骑手开展线下合作商统一培训及考试，只有考试通过者才可恢复在平台接单。

2）交通安全培训

美团构建集责任主体保障（People）、流程机制保障（Process）、组织机构保障（Organization）、产品技术保障（Technology）、应急处置保障（Emergency）于一体的“五维安全管理体系”，创新安全保障机制，严守安全底线，提升安全生产管理水平。

特别是在 2017 年 8 月，美团外卖设置了“配送交通安全中心”，全面负责外卖配送安全管理工作，统筹推进，综合施策。该中心由 30 名具有多个公安警种工作经历、外卖业务运营经历的优秀员工组成，通过他们的持续努力和守护，交通安全知识成了外卖小哥的必修课，交通安全技能成为美团外卖小哥的必备职业技能。据统计，2017 年美团骑手百万千米事故率相比上一年度降低了 50%。在此基础上，截至 2018 年 10 月，百万千米事故率同比再次降低 49.5%。

平台策划制作了线上视频和线下课程供骑手进行学习。线下课程包括《安全培训之常见违规骑行》《安全培训之肇事逃逸》《安全培训之群体性事件骑手篇》《安全培训之群体性事件站长篇》《配送员日常穿着规范》《遭遇交通事故的应对方法》。

总体而言，美团外卖通过阶段性集中培训、交通安全视频学习及组织开展专送加盟商管理论坛，全面加强了骑手交通安全意识和日常骑行规范。

3）消防安全培训

由于任何一种火灾险情造成的人员伤亡和财产损失都是巨大且惨重的，其中因电动车引发的火灾事故为数不少。为此，平台安全管理中心收集整理因电动车引起火灾的主要案例并分析原因和对策，于 2017 年 12 月 15 日向全国合作商及其配送员下发《加强电动车消防安全工作的温馨提示》。

此外，平台还积极加强各站点消防安全培训及演练，对合作商站点线路要求、电动车防火管理、突发情况处治办法进行现场演练。加强合作商站长和骑手的安全意识，预防安全事故，推进安全预防工作。

4. 推进社会安全共治

随着外卖业务体量的不断增长，骑手数量逐年攀升，也因此带来了一定的社会问题，如交通安全、配送安全、社会治安等。为此，平台联合公安交警、消防部门等政府机构，并与高校智库开展合作研究，共同发力解决新兴行业背景下衍生的新问题，促进社会和谐发展。

1）设计专项计划，工具化解决安全问题

“安心计划”是由美团外卖启动的配送安全系列项目，旨在通过与政府机构、小区物业等建立紧密合作，和谐共建良好的配送生态环境。项目包括“安全百城行”系列主题活动、“小区守卫”线上小程序（见图 4-8）、“智能语音助手”，实现不再只低头做事，达到“做专业的事，践行和谐社会主义责任”的目标。

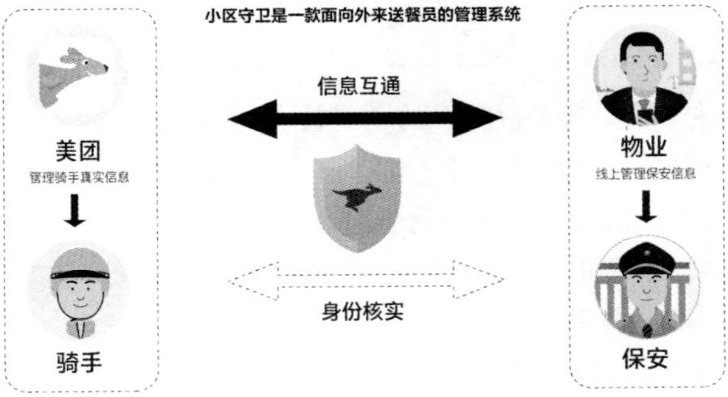

图 4-8 “小区守卫”介绍

每年 12 月 2 日是“全国交通安全日”，2017 年的“全国交通安全日”，美团参与由公安部、中央网信办等部门联合组织开展的第 6 个 12·2“全国交通安全日”活动。截至 2018 年，美团已经举办“安全百城行”—2017、“百万骑士安全行”—2018 两个全国范围交通安全系列主题宣传活动。

在 2017 年覆盖 23 个重点城市基础上，2018 年美团覆盖城市的数量达 60 城，同时在平台骑手覆盖量上也达到了百万量级。通过两年以来对平台骑手进行的安全培训、宣导等，在 2018 年“全国交通安全日”期间迅速掀起了全员学习交通安全知识、遵守交通法规的热潮，“细节关乎生命、安全文明出行”的理念得到了平台骑手的深刻认同。

两年以来，交通安全系列主题宣传活动吸引了包括新华网、人民网、人民日报客户端、央广网、广州日报、解放日报等 50 余家媒体进行宣传报道，微博、微信、抖音等平台的相关内容也引发了社会公众的关注热潮。

“安全百城行”和“百万骑士安全行”主题活动是美团外卖“安心计划”的重要组成部分，在协助公安部门落实宣传任务、与公安交管部门维护良好关系的同时，美团外卖重视配送员安全问题，积极承担保护配送员安全的责任。

2）研发专属装备，全方位提升配送安全

为了进一步提升平台骑手的送餐效率、保障平台骑手送餐安全，美团外卖此次还推出了全新的智能装备系统：智能电动车、智能安全头盔、智能餐箱、智能语音助手和室内定位基站。5 款新装备通过骑手 App 联动和智能语音助手的交互控制，形成 IoT 立体协同效应，以“人机耦合”的方式全面赋能骑手。

如配备全套智能装备系统，骑手在送餐全过程中，可简化近 80%的手机操作，订单派发后接单速度提升 50%。

美团智能电动车以“新国标”为基准，针对外卖骑手的痛点和超高频使用场景，通过与行业领先企业展开深度合作，帮助骑手提升骑行体验。如与爱玛集团旗下小玛科技联合打造的智能配送车 U2，将骑手 App 与车载运动传感器和智能控制模块进行系统化集成，在业内开创性提出电动车“智能骑行模式”的概念。在骑行模式下，骑手可将手机屏幕直接变身为车辆仪表盘，骑行时即可实时获取导航、订单、电量等关键信息，同时通过智能语音助手和车辆按键进行快速操作，无须边骑车边操作手机，从而提升驾驶安全。

此外，智能电动车还加入了自动解锁/锁车、远程防盗、车辆故障报警、电池安全监测、车辆行驶安全监测等功能。

智能语音助手基于丰富的大数据和 AI 技术，可自动识别场景并主动发起一系列的播报、提醒、引导类对话，使得骑手可脱离手机完成接受派单、取餐上报、拨打电话、送达上报、订单改派等操作，实现安全的全方位护航。配套蓝牙耳机专为骑手工作场景订制，采用多麦降噪技术阻隔噪声干扰，户外性能和续航时间均超越同类型消费电子产品。

智能配送餐箱采用温控环保、安全辅助、创新交互 3 大设计理念，餐箱内置紫外线消毒灯，非高峰时段自动开启消毒功能；搭载的智能温控模块可对箱内温度进行自主控制，或自动保持 60℃恒温；顶部太阳能电池板可辅助供电。同时，智能配送餐箱还加入了安全警示灯，夜间在地面投射“安全距离线”，提升骑手驾驶安全性；语音控制餐箱开启，让骑手装箱和取货变得更加便捷。

智能安全头盔在安全头盔的基础上，加入语音控制头灯、安全尾灯及戴盔监测功能。戴盔检测功能会自动识别骑手是否佩戴头盔，并及时对骑手进行戴盔提醒；安全尾灯能够智能识别骑手刹车动作，并自动开启频闪，对后车进行提示；语音头灯通过语音口令快速开关，解决小区、楼道等暗光场景的照明问题。

室内定位基站采用蓝牙技术，自动识别骑手是否已到达指定商户取餐并完成上报，解决室内环境下很难获取准确的 GPS 定位信号问题，同时简化骑手操作步骤，提高到店环节效率。

即时物流的特征在于即时性和离散性，订单、运力、供给实时变化，平台要满足用户提出的“快速”要求，又要兼顾动态分布的诸多因素，从技术的角度而言，这是前所未有的复杂性。目前美团外卖日订单量已突破 2 500 万单，日活跃骑手 60 万，成为全球最大的即时配送平台之一，要保证每一笔订单按时交付，必然且必须以 AI 的方式承载。未来美团外卖会持续探索 AI+IoT 方向下的人机协同，服务好用户的同时，也让骑手在追求美好生活的道路上走得更加从容。

3）携手中国公安大学科学处理安全问题

外卖骑手是近几年出现的新型社会群体，作为一个日益庞大的群体，相关的安全管理问题需要系统地解决。为全面了解骑手交通安全现状，提升管理策略，平台与中国公安大学开展项目合作，从配送员交通安全现状分析、企业安全管理制度科学制定、配送员征信机制建立、对外沟通机制建立 4 个模块对美团外卖骑手交通安全现状及管理进行分析研究，寻找切实有效的管理对策，构建成熟的管理机制。

在本次项目合作中，美团外卖提供配送员的基本状态和轨迹，交管单位针对典型事件提供公共交通监管数据，加上公安大学研究能力，通过三方共同努力，一方面保证了骑手的交通安全，另一方面为企业安全制度制定和决策提供有力的依据。

5. 职业发展关怀，服务于骑手，提升骑手自身能力

互联网外卖平台是近年来在城市化进程中基于互联网应用而催生的新兴行业，这一新兴行业吸引了大量从农村迁入城市的年轻外来人口，带动了规模庞大的“城市新移民”。他们的命运和生活因此得到改变，同时也面临着新环境的融入、阶层流动等问题，这些问题也是社会和行业需要共同面对和解决的问题。

2017 年 4 月，美团点评与清华大学建立合作关系，希望通过产学结合，在技术创新合作、“互联网+”人才培养、产业伦理研究 3 大方向形成合作，共同推动“互联网+生活服务”模式的持续健康发展。

2018 年 3 月，美团点评与清华大学联合启动“城市新青年”计划，帮助骑手提升再就业本领。

1）开展骑手自强学堂

“骑手自强学堂”基于清华大学团委已有的“水木自强学堂”活动，对特定站点或平台推荐骑手开展专项培训，解决骑手在城市中的生活、学习和个人发展问题，提升群体适应性和素养，帮助骑手更快地融入城市生活，塑造新环境下的再就业技能。

当前课程设置内容涵盖“安全知识”“应急救护”“个人成长”“外卖英语”“身心提升”“科普知识”6 大方向，其中包括基础必修课程和进阶选修课程。进而帮助整个外卖行业骑手在不断提高业务技能的同时，在个人职业规划、语言应用、身心健康等多方面也有所提高，成为城市的新青年，为社会发展、国家进步做出更多的贡献。

2）设立骑手心理热线

由于外卖行业工作峰谷切换迅速，高峰期骑手的心理压力巨大，通

常表现为暴躁、不安。因此，美团外卖与清华大学建立合作，依托清华大学心理咨询中心,设立“外卖骑手心理热线”，并以美团外卖的名义申请开通 400 专线，用以帮助了解和舒缓外卖骑手这一特定人群在心理健康上的困惑和问题。

在舒缓外卖骑手心里过程中，美团外卖针对骑手行业的特殊性，分别制定了有针对性的疏导话术，从而有针对性地对骑手进行心理疏导。协助骑手建立坚强的心理基石，使其在今后的生活、工作当中能够从心出发、传递快乐、表达感情、富有意义，又不断地为社会进步做出贡献。

针对心理热线实施过程前中后，美团外卖与清华大学系统性地制作了分级处理策略、数据分析、问题汇总与管理优化的管理动作，联动公司的业务团队、分析团队针对骑手的心理问题进行分类处理，找到影响骑手心理的真实原因，并进行闭环处理。骑手心理热线不仅是美团外卖在配送骑手管理上新思路与新模式的探索，还能站在整个行业高度进行数据分析处理，提炼出针对外卖配送“骑手”职业的心理疏导方向及策略，使“骑手”这个职业更加健康向上。

3）骑手不仅仅是送一份外卖，更是社会的守卫者

美团外卖的社会责任不仅体现在平台对骑手个人发展的关心帮助及解决行业发展带来的社会问题上，更重要的是依托骑手的群体力量，积极投身回报社会的志愿活动及公益实践中。通过骑手和社区的广泛紧密联系、共享治安信息，加强治安监控及时通报，补充协警力量，为社会安全长期提供线索；鼓励骑手见义勇为，力行正道，勇于担当，积极参与救危与扶弱；通过骑手灵活机动调配，配合地震、洪水等自然灾害的救援工作。外卖小哥弃单救人、勇擒小偷、冒雨为救护车疏导交通……我们身边类似的事例不胜枚举。骑手作为一种职业，正在用实际行动践行社会责任。

美团点评的使命是“帮大家吃得更好，生活更好”。进入“社会企业”发展阶段的美团点评将主动践行社会责任，传递企业正能量，更好

地服务于社会。

骑手不仅是送一份饭而已，他们是餐饮门店与消费者的连接渠道，更是平台与消费者的连接渠道。点外卖的消费者可能没去过点单的门店，如果送餐的时候，消费者问骑手，“这家餐厅好不好？”骑手的回答至关重要。2017 年后，多数商家为了取悦消费者，各种“小脑斧”“佩奇”等奇画纷纷成了商家与消费者之间沟通的新玩法，但实际上，骑手才是最终触及消费者的一个群体。对于平台和商家来说，前端做了那么多，红包、满减、各种算法，唯一不可控的就只有骑手了。由此看来，平台为骑手赋能，最终解决的绝不单单是一个就业问题，而是如何通过平台的力量，使得庞大的骑手网络对接商家的供给和消费者的需求，最终为消费者提供一份有温度的满意体验。

庞大复杂的体系运转背后，不变的是服务业的初心。有心，有温度，这也许是服务业是劳动密集型产业较为浪漫的注解。以人为本，为人服务，正如消费者是商业的核心，骑手也是整个平台、整个外卖新业态下不可缺失的一部分。

第5章

标杆商家的外卖经——深度剖析标杆案例

5.1 匠心传承美味：眉州东坡的商业版图

5.1.1 前瞻性的自主供应链

眉州东坡于 1996 年在北京创立，23 年来，其愿景从“为全世界人民做饭”，到“地道川菜、健康好味道”，再到 2016 年的“美味传递爱、共享一个家”，依次展示了眉州东坡宣传的重点从决心、价值到了情怀。

自成立以来眉州东坡获得了广大消费者的认可。眉州东坡成为 2008 年北京奥运会奥运村（残奥村）运行团队餐饮服务商，并且在奥运结束后开设了一家以奥运为主题的餐厅，获得“中国味道，奥运标准”的特别荣誉；2013 年，开始在美国洛杉矶拓展，相继开出 5 家店；2015 年，代表川菜为泰国诗琳通公主 60 大寿做了 300 人的寿宴；2016 年，成为芭莎明星慈善夜指定餐饮合作方。

工欲善其事，必先利其器。眉州东坡初创不久，就抓住了品牌长远发展的重点，开始筹建完整的餐饮产业链，下大功夫打造了自己的农业公司、食品公司和供应链公司，打通了第一、第二、第三产业的链条。

东坡味道农业公司，旨在寻找最优质的特色食材，与农户建立紧密的供销关系，保证第一时间获取当季的新鲜农产品。眉州东坡将其称为“订单农业”。眉州东坡的食材来自四川等 21 个市州，从源头上统一采购，从根本上解决了食材品质和价格不稳定的问题。近 3 年还开始以食材为主题做季节活动，如春笋节、豌豆尖节等，一年四季推出有特色的新产品，并且直接与农民签约。产品都会经过农残的检验，包括种植、养殖环境的检测分析，确保都在标准范围之内。

王家渡食品公司的使命如下：餐饮企业的中央厨房，模拟手工，国标生产。系列产品有：特色肉类风干系列、百搭底料系列、招牌菜系列、西式肉制品系列、餐饮酱料、主食伴侣、企业订制类产品，并且为自主研发创新，完全拥有自己的知识产权。王家渡食品公司的车间以全封闭恒温控制，通过了 QS、ISO 9001 质量体系认证和 HACCP 食品安全认证，符合出口标准。目前出口国家有美国、加拿大、英国等。不仅服务于眉州东坡的各家餐厅，同时为行业提供优质的服务。

眉州东坡物流供应链公司是为餐厅提供后端服务的，主要功能包括中央厨房、采购、物料仓储、净菜加工、配送服务，占地 12 000 平方米。中央厨房的定位如下：提供 72 小时保质期内的产品，保持餐饮的传统手工艺，手工老面包子就是招牌产品。从最初的 5 种菜品发展到如今的 172 种菜品，保证了菜品在门店的最佳品质和口感。中央厨房正是执行了董事长王刚“大饭店，小厨师”的理念，由中央厨房掌握核心配方，门店师傅只需要按照流程操作，这让餐品的标准和门店运营的稳定性都大大提升了。

物流中心每天出库量 80 吨，全年配送额达 5 亿元，每天将新鲜的食材、稳定的产品以最快的速度送达门店。

完整的产业链助力眉州东坡各业态发展。眉州东坡、眉州小吃、王家渡火锅依靠集约化的供应链系统，最大化地节约了人力、物力、财力，实现有序扩张。在供应链基础上的多品牌的协同发展，让眉州东坡迅速提升了品牌的影响力，成为川菜的代表。

5.1.2 门店空间模式创新与数据持续助力运营

眉州东坡强劲的生命力来自不断学习、与时俱进、完善自身，这也是眉州东坡董事长王刚多年来的理念。

眉州东坡从第一家 300 平方米的小店开始，之后走入社区，满足不同场景的顾客需求。

随着平均家庭规模的缩小和消费习惯的改变，眉州东坡分析发现，目前绝大多数一起用餐的消费者人数在 4 人以内，小型门店的坪效也就是每平方米营业额要高于大型门店，于是据此调整了发展战略，以“百变空间”模式探索小店经营策略，根据不同时间段内客流量和消费人群特性的不同，通过对有限空间的随意组合，达到不同时段客流量最大化的效果。例如，王家渡火锅金宝街店，通过灵活的布局和组合，400 平方米的面积座位数达到了 1 200 平方米店面的效果，大大提高了空间的利用率和盈利能力。随着餐饮“四高”问题出现，眉州东坡也在不断探索新的门店模型。现在的消费理念更注重朋友小聚、家人团聚的消费理念，眉州东坡希望在门店有更多的独立包间供客人选择。

眉州东坡和甲骨文软件公司合作，上线了完备的数据系统，逐步引入了数据责任人体系、数据标准、数据管理规范、数据检查工具及数据管理流程。眉州东坡在全国的 100 多家门店，会在当天营业结束后，将当天的数据经过数据库处理，整理成多种报表。这些报表会汇总经营收入、当日不同集团不同业态收入，以及各个门店的增长情况排名等，能准确地实时抓取营业数据，用以分析顾客的消费习惯、消费频次、门店的坪效等信息。

5.1.3 新式的外卖

2017 年眉州东坡的外卖占据流水的 16%，达到 3 亿多元。2018 年外卖占流水的比例达到 25%，成交额高达 4.5 亿元，眉州东坡凭借突出的成绩成为外卖业务中的标杆餐饮企业。

让我们回顾一下眉州东坡外卖业务的历程，看它是怎样从自配送转为依靠第三方平台运力的。

眉州东坡在 1996 年开业的第一家店就有外卖业务，而且做得还不错。当时门店毗邻中日友好医院、环球化学、北京服装学院等几个大型企事业机构，对外卖的需求量很大。尤其是中日友好医院，中午大夫一般都没有时间出来吃饭，很多都会通过电话订餐。当时眉州东坡针对性地推出 10～20 元的午餐快餐，市场反应很好，门店从 10 点开始一直到 11 点半都在接订餐电话，一到中午，采购员、库管等人员一齐上阵，全部出动到附近送外卖。

那时就已经形成了早期的外卖服务，眉州东坡随后开通了 400 电话，自建配送团队“眉州 527”，还有自己的 App“眉州东坡”，实现线上点单、搜索门店等功能，还组建了自己的 IT 信息中心，包括呼叫中心、订餐网站、微信点餐、微博微信营销等，方便顾客订餐，同时还推出了外烩服务，把“外卖”做到了客户的家里。

2015 年，外卖平台的大幅补贴和流量红利吸引了很多餐饮品牌，眉州东坡也不例外。眉州东坡意识到自己的平台用户有限，自己的外卖模式已经不能完全满足顾客需求后，全面使用第三方平台上的外卖服务。

经过几年的磨合，眉州东坡已经能够从人、财、物的层面去拥抱外卖、拥抱外卖平台，全面提升传统餐饮的活力和生命力。作为传统家宴型餐饮，对于外卖的理解，眉州东坡基于自身的业务也有了更新的认识：外卖终究会回到品质，未来有竞争力的外卖，需要做到的不仅仅是能够快速果腹的一餐，更是要有温度的一顿好饭，解决的是顾客有品质一餐的需求，而要做到这些，务必要在运营和管理上层层把关。

5.1.4 好品质家常菜提升复购率

目前，眉州东坡所有门店都已上线外卖业务，SKU 有 60～70 个品种，虽然不能把全部菜单搬上，但上线的都是经过挑选、打磨后适合外卖的品种。中餐制作流程繁复，讲究锅气，现做比较好吃，在外卖的场景下又对出餐速度要求很高，综合因素下，就需要菜品出菜快，同时不易变形、不易变味变色。经过实践，眉州东坡发现各种烧菜、蒸菜比较适合外卖平台，如眉州东坡香肠、笋烧牛肉、东坡肘子等；很多家常菜也适合外卖，如麻婆豆腐、醋熘白菜等、干锅类菜肴、西红柿炒蛋、豆角茄子等，这些品种具有很高的点单率。

眉州东坡外卖团队针对外卖市场进行研发，如推出的“东坡食盒”就是客人们很喜欢的一款产品。主食搭配粗粮、荤素科学搭配，营养更加全面。眉州东坡的门店很大一部分客源都是周边的固定人群，消费者的日常饮食都以大众家常菜为主，家常菜的特点是品种丰富、选择度高，同时经常吃也不会腻，消费频次高，外卖部分将家常菜做好，复购率就能保持。

所以，眉州东坡在家常菜上下了很多功夫来适应外卖场景，让外卖顾客更加满意，如点单率非常高的宫保鸡丁。宫保鸡丁在外卖平台上很受欢迎，但时不时也会遭到投诉，其中一点就在于菜里的花生米不像堂食那样酥脆。眉州东坡反复尝试，试过后放花生米、把花生米撒在上面，单独包装一包等方法，现在基本掌握了烹调的时机，并将持续优化。中餐菜品难免有汤汤水水，导致外卖的品控比西餐的难度要大，眉州东坡也在不断调整餐盒，避免撒漏。包装上加入一些温馨提示的贴纸、字条，有带骨头菜时会放手套，以贴心的服务让顾客体验温暖，总之，想方设法，力求提高顾客的满意度。

此外，线上外卖的评价投诉可以被当成重要的工具，这是眉州东坡做外卖的一个重要认知。由于评价一定是消费过的客人才可以提交的，所以更加精确。同时眉州东坡采取的是客人不满意无条件退货的做法，这样虽然会有一定的餐损，但长期来看是有价值的——客人已经不满意了，去反复解释对方还是不满意，商家首先要做的不是辩解，而是获得客人的谅解，之后再找到补救措施，争取下次做得更好。

5.1.5 扩充外卖服务之年夜饭

眉州东坡的“酒楼”属性，也让其成为消费者在宴请聚餐时会选择的知名品牌。眉州东坡每年都会推出年夜饭预订服务，在春节期间为顾客烹制大餐，这个特色同样也体现在了外卖业务上。年夜饭是中国人最注重的一顿饭，也是消费要求较高的一顿饭，但各大品牌餐饮店往往抢订困难，有很多顾客在过年期间订不上堂食年夜饭；而有些家庭没有充裕的时间买菜、准备，或者没有较高的烹饪水平来自己制作一桌丰盛美味的年夜饭，却又非常注重美食体验和回家团圆的传统理念。所以，价格亲民，品质高，又适合自己家人口味的年夜饭外卖套餐就成了首选。

据调查，七成消费者选择在家吃年夜饭。对于这样的市场诉求，眉州东坡就推出多款年夜饭套餐，均为在店内烹制好的成品菜肴，根据家庭用餐人数设定从 4 人、6 人、8 人到 10 人套餐，内含 6～12 个菜品不等，顾客可以提前一天或者提前 2～3 个小时预订。由于每个订单都是多个菜品，针对配送环节，眉州东坡也会在流程上进行特别处理，菜品原材料提前准备，制作与装盒内部紧密衔接，先装什么菜，后装什么菜都规划好，来保证菜肴的口味和色泽处在更佳水平。

5.1.6　持续优化管理细节

眉州东坡在运营和管理上层层把关，主要体现在以下几个方面：

首先是要具备客户思维，以客人的满意度为优化管理细节的目标。在外卖层面，以顾客的评价和投诉为起点，从流程上找原因，尽可能避免差错，不断循环去解决新的问题，而不是拖到最后。

其次是提升管理效率，通过流程优化、效能提升来降低人力成本。例如，眉州东坡制作菜肴的某些工序如剁肉馅、碾江米，就可以选择适合的小型设备制作，一天的工作一个小时做完，能够大大节省人力。通过不断的流程改善，在细节上提高出餐效率，如眉州东坡很多大店会设置专用厨房专门处理外卖订单，避免用餐高峰期堂食和外卖相互打架；小店则采用多备货多准备的方式，外卖订单一来就制作，并提前预测基础食材，如肉丝、鸡丁、蔬菜，不打无准备之仗。眉州东坡还设有内部品控督导。这样长期在细节上的优化，反映在盈利模型上，就能做到外卖给门店多增加几万元营收，同时能做到堂食流水也不下降，最终能够抵御各种成本上升。

眉州东坡还需要在内部营运流程上进行改善，比如，设置专门的外卖档口，考虑到外送的高峰期重叠部分的产值，安排一些专人、专锅、专灶来做，在外卖餐口时间段争分夺秒出餐，设计外卖动线让骑手尽可能少走路，骑手到店就能拿餐。种种方式的改进，最终都是让外卖用户能吃得更有品质。

5.1.7 与平台携手共赢

顾客越来越重视食品安全，在选择外卖品牌时，了解品牌餐厅及服务水平后才敢点。外卖和门店相辅相成，外卖业务上的竞争不再只求销量，而是在服务品质升级上进行较量。

拥抱平台，和第三方积极合作正是整体提效、优化管理的良方。自从加入了以美团外卖为首的平台，眉州东坡利用外卖业务的数据清楚地知道投诉最多的是哪道菜、投诉点在哪里、下单时间、问题出现在下单还是送货环节等。美团方面根据数据分析，还会指导商家后续应该怎么做改善，做得效果好的部分应该如何沉淀、如何拉新用户，店长怎么进行数据分析，等等。商家和平台都在细节上努力服务好顾客，生意相互依存的关系越来越紧密。

如今，外卖作为餐饮业的一个新的业务场景，越来越关注品质和食品安全，顾客吃得到、吃得饱是外卖体验的基础，而能够吃到一顿温暖可口的一餐，让顾客有更好的体验，将是更长期范围内的竞争比拼点。从眉州东坡的例子可以看到，用高科技来赋能传统餐饮行业，特别是外卖，能够产生巨大的效益。餐饮行业需要在做好产品、修炼内功的同时，借助平台，引入先进的技术、逻辑和经营理念，用效率和标准来指导、引领外卖发展。

5.2 西贝的精益变革和情感营销之路

西贝莜面村从默默无名的小吃店发展为年营收超 50 亿元的餐饮集团，是非常受消费者喜欢的餐厅。

西贝外卖营业额 2018 年较 2017 年增长了一倍，并且在持续增长。这源于西贝做外卖的理念：依托于堂食，以用户体验为重；做好才是追求，而不是做多。当然，市场也给予了积极回应，使得西贝的营业额不断攀升。

西贝的企业文化中有一种做法是“重要先行，投入最多”，做事全情投入，在外卖业务上同样如此，运营能力的投入、人力的投入、技术和数据管理上的投入等都十分可观。2018 年，西贝外卖订单量超过了 1 100 万单，在线上获得了更大的曝光量。外卖的高速发展，离不开如下 4 个发展方向上的重点发力。

5.2.1 美味的餐品、体贴的服务

西贝整个品牌在优异品质上的执着，化为品牌对顾客的影响力，也使外卖业务从中受益。西贝的首要原则是“好吃”，所有餐厅服务体验上的亮点，也都要回归“好吃”。装修、体验、服务、价格，这些是顾客第一次走进一家餐厅的理由，而口味是顾客重复选择一个品牌的最大因素，才是让顾客具有品牌忠诚度的根本。外卖也是同样道理，西贝在供应链上的实力，以及对门店加工质量的严格管理，保证外卖也能最大限度地保证口味。西贝在北京、上海和深圳设有三个大型中央厨房，这也是西贝开到上百家店还能保证口味统一的关键，也是外卖能够做到口味与堂食基本一致的原因。

外卖上线的产品基本上和堂食一致，从外卖的点单量来看，羊肉串、

肉夹馍、西贝面筋、莜面鱼鱼、羊排、烤鱼、牛肉土豆条、小锅牛肉，这些产品都是稳居热销榜单的，且在门店也卖得非常好。不过还是能看到顾客在选择外卖时不同的侧重点，外卖销量最好的产品可以划分为特色小食和经典大菜两个类型——白领午餐用户多会选择小食作为一餐，而以家庭、商务聚餐为目标的用户则首先想到西贝提供的美味的大菜。西贝也会体贴不同顾客的需求，积极主动地调整，如将烧烤、炒菜类产品使用保温性更好的锡纸包装，改善汤和面分离的包装技术，让外卖在交付给顾客时还能保持相对好的口感。西贝还推出爱心小餐包，里面除了设计新颖的餐盒、湿纸巾，还有桌布和牙线棒，为顾客提供种种便利。

5.2.2 优化出品流程，提升配送效率

外卖产品制作方面，西贝对店面的空间和设备进行改造，流程上形成一套预估销量报表，外卖高峰时间段，保障可以迅速出餐。西贝在北上广深等多个城市经过两年的磨合，厨房销售预判能力已经达到一定水平，销售和订单结构已经趋于稳定。

配送环节，西贝在门店管理上做了很多倾斜，如增加了专业的外卖岗。此外就是和外卖平台上每个门店的站长协调，将站长、骑手当作伙伴一样关怀，因为西贝认为，骑手替代了餐厅服务人员，成为触达用户这一关键环节的负责人。西贝也很明确一点：对骑手的终极关怀，是让他能够快速拿到餐，因为关心他们的生活远远不如让他们工作更加顺畅来得重要，所以核心痛点还是提升出餐效率、加快出餐节奏，以提高顾客的满意度。

5.2.3 增设场景营销，以顾客体验为核心

和所有服务性质的生意一样，餐饮无论是依托门店，还是打磨产品，最终都要经过最后的一关：顾客的检验。从经营数据上来看，西贝已经获得了顾客的认可，但是产品和服务质量的提升是没有止境的，企业仍

需要更清楚自己还能做什么。

在正式做外卖的阶段，西贝就做了大量的调研，从而对外卖业务有了清晰的认识：除了企业里的白领会点外卖作为工作餐，家庭用户也是外卖消费主力，在家里吃外卖已经成为一种生活方式。家庭、朋友聚餐时点外卖的比例也在逐渐增大，西贝设计了不同的套餐，满足顾客“随时随地、一顿好饭”的需求。

西贝发现，对于点餐人群，点过两次的顾客最容易流失。针对这一发现，西北做了客户关怀，触发了第 3 次购买，这很大程度就能够将易流失顾客转化为老顾客。所以，西贝对于外卖平台的数据功能也有更高的要求，除了能在设置活动后分析活动效果，看到活动的有效性，还能判断究竟对哪一部分顾客是有效的；知道自己线上的用户是谁，知道复购的次数；能够对在线消费者展开调研访谈，通过自己的用户数据邀约顾客等。

通过两年的外卖实战，西贝看到，外卖消费者在不断升级，早期的外卖消费者更多倾向于选择便宜的、活动力度比较大的品牌，而如今的消费者则越来越理性，对安全和品质的关注会超越对活动和满减力度的关注。所以，商家和平台都要跟上这种变化，满减已经没有那么容易拉动增长了，根据用户画像精准地做出营销才是更好的推力。而只有精准了解用户，才能做出正确的营销决策和判断。外卖平台可以通过技术能力完善用户画像，指引和协助品牌方做出更精准的营销动作，提高人、财、物协同的效率。

西贝对外卖业务进行调研，选择经常订外卖的一部分外卖消费者样本，并划分为年轻组和年长组。发现年轻组的样本更多会选择线上高销的外卖品牌，而消费力更强的年长组经常吃的外卖品牌，则是在当地知名的线下大品牌。线下大品牌餐厅具备的品质体验，会让外卖业务具有更旺的生命力。

西贝作为拥有 30 年历史的中式正餐，在产品上为了更好的品质持续做优化，这是用户体验的保障，在外卖大盘增长阶段，适应顾客需求的变化做出改变。同时，西贝的案例也说明，外卖被很多人认为是有着与传统餐饮不同的另外一套逻辑，但本质上仍是餐饮的一个“分支”。外卖的三个核心，产品、效率、体验，对应的正是调研、管理和组织、运营，最终的逻辑也离不开这些基点。特别是当外卖规模一旦扩大，就要面对品牌、组织力这些企业发展必须面对的深水区，这一点上，强势品牌就占有根基上的优势。传统线下门店要能意识到这些优势，同时积极去理解新的外卖市场需求，倾组织之力去发挥出这些优势，就可以在外卖上具备坚实的竞争力，而进入的早晚并不是问题。

5.2.4 安全放心

此外，食品安全这一外卖的最大“原罪”是消费者最担忧的问题，外卖同样能够在这个问题上因为门店而得益。西贝采用的是明档厨房，制作过程对食品安全的把控非常严格，而外卖从堂食门店而来，与堂食共有同样出品流程，所以能够受到消费者的监督和认可。

西贝外卖发展至今，离不开平台方的战略支持，更离不开广大消费者的热爱。西贝外卖也会在品质外卖的道路上坚持走下去。

5.3 吉野家的坚守与蜕变：重新起航的百年老店

5.3.1 吉野家的历史

吉野家始创于 1899 年，第一家店诞生于日本东京筑地鱼市场，其创始人松田荣吉设计的暖橙色商标上方是一只画着牛角的碗，牛角也形似英文名首字母“Y”，环绕牛角的圈代表日本相扑的冠军级别横纲，更外围的绳代表米饭，整体意为吉野家出产最好的牛肉饭。

吉野家在日本本土有超过 1 200 多家连锁店，自 1988 年起开始进军海外市场，在全球有 2 100 多家门店。在中国，1992 年，第一家吉野家餐厅在北京落户。

吉野家在中国发展迅猛，2015—2016 年，吉野家陆续接入了第三方外卖平台，开启了在线外卖时代。经过 3 年左右的实践，吉野家差不多有 70 个堂食产品可以在线上点餐，目前的外卖业务占比也达到了 30%。2018 年，吉野家在中国区的年营收超过 30 亿元人民币，也获得了中国快餐连锁市场消费者喜爱品牌、中国快餐行业十大质量放心品牌、中国餐饮连锁十大影响力品牌、中国餐饮行业消费者满意十佳品牌、中国餐饮百强企业等诸多荣誉称号。

5.3.2 餐品的本地化改进

吉野家来到中国的时间和麦当劳差不多，是伴随着改革开放第一批在华经营的海外快餐品牌，在当年曾代表了奢侈、时尚和高品质。但在头两年并未像代表美式生活方式的麦当劳一样门庭若市，甚至遭遇亏损。

日本的快餐连锁通常给人一种“小而精”的感觉，一方面，为消费者提供好吃的菜品是餐厅的生存之道，而小业态经营善于更加精细化打造单品，能够针对性地满足消费者的口味需求；另一方面，小业态经营意味着更少的菜品，更加统一的加工工序和更加短的制作时间，这有利于餐厅的标准化管理，提高餐厅门店的可复制性。

但值得注意的是，在中国本土市场，餐厅应该在小业态中注重菜品的丰富度，给顾客自由选择的权利。餐饮企业还必须迎合当地的文化和习惯，来调整口味和菜品搭配。例如，日本消费者青睐牛肉饭，而中国吉野家最好卖的是招牌牛肉饭，紧追其后的是鸡肉和猪肉系列。中国的调味也比日本要浓厚，于是吉野家把原本微甜的牛肉饭改成中国消费者喜欢的微咸口味。

真正能顺应当地特色、灵活改变商业模式的企业才称得上强大。吉野家积极探索本地化发展路径，结合本地市场调研，参考数据选址，分

析客户需求，进行产品改造，

吉野家的核心客户是 35 岁以下的年轻白领。大城市时间成本越来越高，顾客需要通过更便捷的方式获得美味餐品。2012 年左右，随着智能手机的普及和用户移动支付消费习惯的养成，吉野家面临着麦当劳、肯德基等美式快餐、永和大王、真功夫等中式快餐，以及同为日式快餐连锁的食其家的激烈竞争，吉野家开始推出线上外卖服务，以迎合年轻消费者们的需要，并覆盖更大区域范围的顾客群体。随后，外卖业务在吉野家销售额占比从 15%逐年上升，借力美团等外卖平台后，外卖的比例上升到 30%，相对于目前外卖业务占整个中国餐饮市场 10%销售额的比例，吉野家堪称是外卖业务成功的标杆企业。

5.3.3 外卖业务成功的秘诀

餐饮企业是否可以永葆长青？我们从仍然在全球扩张的百年老店吉野家上看到了答案。而吉野家的成功，绝非依赖一成不变的打法。

1. 餐品的线上化改进

吉野家对于外卖业务的管理运营目标一直以来都非常明确，即尽可能保证“味道好，温度合适，配送快”。从各个外卖平台上顾客对吉野家的评价也可以看出这些点。

吉野家在中国的外卖市场收获优异的成绩单，必然有其独特的理念和经验。无论是堂食还是外送，吉野家的服务都延续了日本餐饮业的管理特点：品质细致、低调高效。

吉野家以牛肉饭为主打产品，对产品的把控非常细致，一碗牛肉饭，该有多少肉和多少饭都是经过市场调查后，严格按比例进行分配的，让食客吃完最后一口肉，饭也刚好吃完；味道上更是精准稳定，这种特性延续到了其各个丼饭产品系列中，包括招牌牛肉饭、照烧煎鸡饭、双宝饭、东坡饭、咖喱牛肉饭等典型招牌菜。

每种餐品还会根据季节、温度、门店区域来调整口味。在这种精细化的调整中，消费者能感知到吉野家的有心、用心，满意度大大提升，企业的生命力得到了增强。

2. 合适的餐品温度

在堂食流程中，吉野家讲究的是刚刚制作好的饭就能让顾客吃到，因为这个时候温度适宜，所以味道和口感都是最好的。但外卖就难以做到刚做出来就被食用，因此，如何把握餐品的温度，就是吉野家做外卖业务首先考虑的问题。

相对于面条、饺子等面食及各种中式炒菜，盖浇饭的形式比较适合外卖，吉野家采用的改良优化集中在保温这个环节上。按吉野家的理解，温度不仅仅是保证餐品美味的关键，也是食品安全的关键，冷却到常温的食材容易变质。对于温度的把控，首先体现在制作环节。在一份饭食调理的过程中，需要精确计算米饭和肉的温度，以及浇汁的温度和时机，确保饭食调理完毕后可以达到一定的温度，这个温度经过装盒、打包并由外卖骑手运送到顾客手中时，还能够保持一个合适的温度。

比如，仅仅在调理餐品的环节，就要对员工进行反复培训演练，统一制作流程的每一个细节，以标准化流程追求美味的可靠度。

保温环节分为两个阶段，先是调理出餐，装入餐盒，然后是配送，各个环节环环相扣，保温的问题就是一个始终存在的课题，员工需要明确合格的品质和温度，理解并正确操作。店长则要经过教育培训，积极处理外卖平台上产生的各种问题，解决顾客通过平台下的订单，最终迎来和外卖平台双赢的局面。

虽然制作环节的保温经过严密测算和培训，基本上可控，但运输环节的保温就需要用其他方式来保证。2012 年，吉野家采用了双层餐盒的方式，因为米饭和配菜是分开装的，米饭在下面一层更容易凉，吉野家为此设计了一个夹层来装米饭，类似于保温桶的内胆，形成一层空气来保温，效果很明显。据测算，这样的双层餐盒能够保温两个小时以上，就餐温度普遍达到 40 度以上。同时，带汤汁的也设计了隔层，防止汤汁渗透到米饭中，浸泡时间长了就会结块，影响米饭口感；为了避免汤汁向外洒漏，也对餐盒的盒盖闭合方式进行特别设计。这种餐盒设计较为复杂且成本较高，但效果良好，一直以来都是吉野家外卖的标志特征，成为消费者对吉野家外卖品质认知的重要一点，这也能让顾客体会到更多价值感，从而提升了产品和品牌的附加价值。

3. 优化动线和人员分工

除了对具体操作的人的细致管理，吉野家也会对门店的流程、环境进行优化改良。例如，以往只是重视对餐厅外部、内部的装修装潢，外卖业务量越来越大后，也会更多去考虑店内设计的合理性。吉野家门店重新进行了动线设计，来兼顾外送的效率。

因为是快餐餐厅，在用餐高峰期，吉野家也会遇到因堂食和外卖的叠加带来的困扰，吉野家原先门店只有一个窗口，一个员工来盛饭，另一个人来包装；现在则改为两个窗口，配餐员也从一个变为两个，以便在订单量大的时候有足够的人手快速出餐、打包。人员的岗位、位置、数量都有改变，让每个员工在每个时间段产出最大化，在员工的动线设计上，没有一个多余的动作，没有一段多走的路程。处理外卖的时间也进行了调整，以前是从 12 点开始处理外卖，现在经过延长，提前从 11 点开始就着手准备，无论是食材，还是包装品数量，都会提前准备，并准确计算出温度把控的时间，在高峰期就可以保证效率。

4. 借助平台运力和大数据

2012 年左右，吉野家在京津冀、黑吉辽、内蒙古这些北方区域推出了“吉食送”，在上海推出了“吉时送”外送订餐业务，顾客可以通过 400 热线下单。然而，配送能力有限，配送范围只是部分店铺方圆 3 千米范围内，当时外卖业务营收占比最多只能达到 15%。在非一线城市，顾客经常会遇到订餐页面显示附近没有吉野家门店因而不能外送的窘境。

在 2015 年，吉野家曾表示，未来 5 年计划在中国逐步扩展至 1 200 家门店。就在这一年，餐饮外卖 O2O 开始呈现井喷式增长。随着肯德基、麦当劳、真功夫等连锁快餐品牌纷纷“牵手”外卖订餐平台，吉野家也接入了美团外卖。自从 2015 年起和外卖平台广泛合作，吉野家的业务范围大大扩展，营收占比达到 30%以上。

突破了地理限制，吉野家不必以大举开店来覆盖更多消费群，只需要加强外卖配送能力即可。普通吉野家门店投资额 100 万～150 万元，纯外卖店的投资额仅约 1/3，成本更低，这也让吉野家在一线城市更倾向于增设纯外卖门店。吉野家的相关负责人表示，要通过精耕细作而非快速扩张来发展，要更重视 150 平方米以下的小型门店，通过线上线下多元服务，提升运营效率。

吉野家的快餐属性、盖饭品类，以及长期积累的良好品牌形象，对于外卖，有着天然的适配性，因此吉野家也格外重视外卖业务。

在日本，更多餐厅会采用外带的模式。吉野家也会将简易的制作设备安装在制餐车里，在中午用餐期间开进写字楼区域，当场制作牛肉饭等饭食出售给白领顾客。这种形式也印证了吉野家一直以来信奉的原则：新鲜美味、价格合理、快速提供。

自 2017 年起，吉野家中国各区域陆续推出会员体系，在顾客每次支付后会赠送代金券以邀请顾客就服务、菜品等填写线上调查问卷，并给出详细评价。有了平台赋予的更清晰的用户画像和丰富的顾客消费数据，吉野家可以根据即时反馈不断改善优化产品和服务的质量。

通过与平台共享数据和情报，吉野家高效拓展门店的经营范围，快速提升营业额，实现品牌方和平台的双赢局面。可以想象，未来，品牌方与平台的合作还会在平台功能更加丰富的情况下愈加紧密。

5. 智能化的供应链

进入中国后，丰富优质食材的供应，解决了吉野家以往遏制发展的难题。吉野家更加严控质量、规范制作流程，以“良心品质、健康美食”为座右铭。吉野家设置了质量管理委员会，定期召开包括采购部、配送中心、品控部、店经理、店内员工参加的质量标准改进讨论会，完成和实施对吉野家整个营运过程全方位的质量管理。吉野家通过管理信息系统进行统一的采购、仓储、配送，通过中央厨房提供标准化的成品和半成品，既通过规模优势降低了管理成本，还提高了整体的运营效率。

在采购端，吉野家公司与农场签约，有力地把控原材料的安全和新鲜度，降低整体采购成本，使其终端菜品的价格具有更大的竞争力。吉野家严格挑选以天然谷物或牧草饲养的牛，选用最理想的胸腹肉部位，因其肥瘦兼有的黄金比例，肉质鲜嫩，口感丰腴，往往每头牛只能产出几公斤吉野家标准的牛肉。在中国选用高等级、高品质东北大米，配上吉野家的独家炊米工艺和专业烹制设备，制成的米饭晶莹洁白、稻香浓郁、糯软适口。吉野家还监管蔬菜的种植加工，进行严格的药残检验，使蔬菜符合绿色无污染的要求。吉野家利用规模优势与供应商达成稳定的合作关系，不仅取得了实惠的价格，而且赴各食材供应商处现场考察，不断提出改进意见，使供应商和吉野家得到共同发展。

吉野家以“人、健康、科技”为根本，通过中央厨房将选拣、洗净、切配、烹饪等加工要素实现工业化、标准化，利用最新的食品加工技术和设备，通过技术分解优化食品加工工艺规模化生产，提高产品质量的稳定性和出品效率。大大降低了门店的仓储和后厨的面积以提供给更多顾客用餐，降低门店人力成本和设备成本，降低食品安全风险，同时增加了对环境的保护力度。

吉野家用管理信息系统预测每日销量，既保证了食材的新鲜度，也减少了库存；还在中国多地建立了现代化的物流中心，仓库所有食品原料、半成品上皆标注生产日期及标示，严格执行分类码放；采用现代化的物流设备，要求配送分类分区、全程低温保鲜，从而保证食品在运输环节的安全。

6. 扩充品类、顾客群和消费场景

吉野家于 2009 年在部分市场推出养生粥、乌冬面、油条、煎饺、配菜和甜品的早餐菜单，推出适合下午茶享用的丰富甜点和冷热饮，拓展了消费场景；推出麻辣川味和传统日式等多种小火锅，丰富顾客正餐的选择；推出咕咕鸡萌饭和哞哞牛气饭等儿童餐，拓展了客户群体。从养生粥和风味十谷饮等热饮的搭配上，也能看出吉野家迎合了中国消费者食药同源的观念。

为了以顾客的心为心，为了迎合更加注重健康、喜欢探索未知的新人群的消费需求，吉野家以食材为重点，更加注重食材的新鲜、丰富性，并以极简的料理方式呈现最佳食材的原味，做出了不同于原有盖浇饭形式的诸多尝试。

而互联网原住民和渴求多样化的探索型消费者这两种特征结合的新人群成为消费主流，因应他们希望得到更健康的餐品和饮品的需求，以快餐起家的老店吉野家自 2016 年 6 月起向新轻食、慢食、健康、乐活等方式不断做出转型的尝试。

传统的肉类盖浇饭无法满足新兴起的素食主义，对以减脂塑身为目标的年轻女性来说，分量也略多。

吉野家于 2018 年 2 月在青岛推出健康乐活的新轻食主义菜谱，除了推出香煎三文鱼色拉等多种健康菜品外，顾客还可根据自己的需求，随心搭配多款精致美食和配菜、酱料，在菜品更多、营养更均衡的前提下，保证价格不变。色、香、味、质和国际化程度都远超以往，满满惊喜，迎合了顾客对美感和品质生活的追求。

目前吉野家还基于自身的特色，开发了多种健康食品，同样也可以在外卖平台上销售，如极选产品就包含了日本特色的米类、鱼肉、牛肉产品。而这些品类也都是充分突出日式料理的特色，和品牌相呼应，不

但满足了外卖顾客对健康食材的多样化需求，也从另一个角度证明吉野家食材供应链的品质。

在中国，轻食餐饮市场空间非常大，平均每 100 万人才拥有 1 家轻食店，市场还未达到饱和。而吉野家这样拥有强大供应链、能唤起温暖情怀的大品牌进入轻食市场，必将有后发先制的巨大优势。而这样的蜕变，其实正是坚守了百年来不断为顾客提供健康美味食物的初心。

7. 注重团餐业务

在外卖还没有像今天这样盛行的时候，吉野家的外卖就以美味且稳定的口感、适合的温度及品质的安全性得到了市场的认可，外卖的业务范围也不仅仅是一人食，而扩展到两人食、家庭用餐、商务用餐甚至是企事业团体用餐，吉野家已经成为高品质外卖的代表。

对于这些不同的用餐需求，吉野家也做出积极应对，开发了新的产品系列，如一些单人、双人餐、家庭套餐、商务套餐、团队套餐等，饮料也会根据人数来改用塑料瓶装。品种上则推出多种口味的双拼、三拼饭等。

此外，企业团体对吉野家外卖安全品质的认可度很高，而特别针对订单数越来越多的企业团体用餐，吉野家会安排专门的人员来负责，从预订到制作再到团队配送，都会进行专门的收集信息和操作指导，因为 10～20 人的出餐量较高，吉野家是新鲜食材为主，量越大，复杂性越高，品质下降的可能性越大，需要进行更加细致的管理，专人专职提供服务才可以最大程度保证客户的用餐品质，同时也希望企业客户能感受到品牌的重视，最终能变成吉野家的常规客户。

8. 人员培训

吉野家作为有着上百家连锁门店的餐饮企业对品质的要求，需要从机制上打通上传下达，保证标准要求不变形，因此，在人员培训上非常重视。

在餐品制作上，要求非常精细，例如，牛肉厚度误差控制在 0.1 毫米。例如，在部分区域的门店中，牛肉饭的量一般是饭 260 克、牛肉 85 克，米饭不能结块，要翻松分为两次盛好。只有操作熟练达到各类标准的员工才被允许上岗。

吉野家本部有专门的员工培训资料，本部企划部会定期对地区企划部进行教育培训，各个地区得到培训后，再借助资料对辖区分管的门店店长培训，店长再依照培训资料对员工进行培训，每一层培训都会受到上一层的不定期监督检查。吉野家每年还在中国区域面向店铺员工举办全国技能大赛，和众多促进员工理解吉野家思想理念的活动。此外，针对外卖业务，吉野家还会不定期邀请外卖平台围绕数据汇总分析，对门店进行细节运营方面的培训。

2019 年是吉野家品牌诞生 120 周年，吉野家进入中国市场也已经有 28 年，经过长时间摸索，吉野家形成了一整套严密的规则来管理门店，打磨产品，同时也铸就了独特的企业文化，不论是外卖还是门店，都力求为顾客提供安心、安全、美味的食物。而通过与以美团外卖为代表的外卖平台的合作，吉野家能够借助外卖平台强大的即时配送体系和大数据分析能力，采取针对性的方案来改善用户体验，让顾客更加满意，让历史悠久的餐饮企业焕发出蓬勃生机。

图 5-1 所示为吉野家外卖业务的成功秘诀。

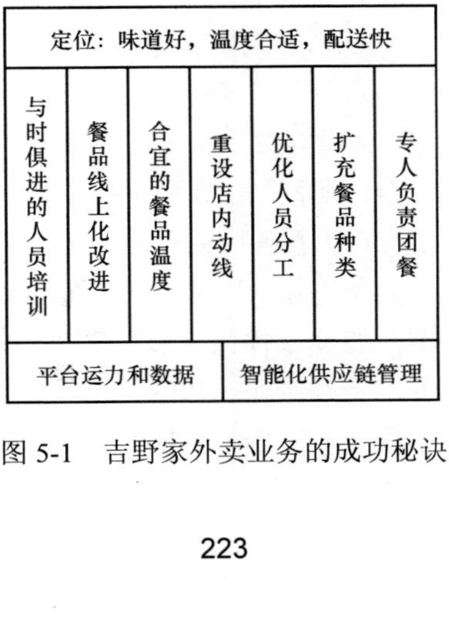

图 5-1　吉野家外卖业务的成功秘诀

5.4 永和大王的精细化运营

目前，永和大王已经在全国50多个城市拥有了300多家门店，每年服务的顾客超过1亿人次。2016年–2018年销售额持续上涨，稳居国内中式快餐前列。

永和大王提供源自中国台湾的超值美味，一方面传承了中华传统美食文化，另一方面吸收了西式快餐中消费者喜欢的元素，并且不断推陈出新，为消费者提供健康美味又实惠的餐品，因此一直在中式快餐领域遥遥领先，屹立不倒。

抚今追昔，永和大王在外卖业务上经历了4个阶段。

5.4.1 自有外送平台

在20世纪90年代末，永和大王就敏锐地发觉到中式快餐的客群对外卖的需求，以及自身做外卖的天然优势，开始推出外卖业务。不过当时外卖平台还尚未出现，永和大王通过设立统一外卖电话和搭建PC端的网站来接单，并自建了配送团队送餐。彼时，永和大王的“大王送”已经形成了一定的品牌效应，在全国多地的门店都开展了外送服务。

起初，永和大王的外卖业务是通过电话订餐，但是该订餐方式容易因为电话占线耽误生意，使顾客对永和大王的服务产生不满。于是1998年初，永和大王建立了自己的网站，成立了外卖呼叫中心，负责所有的网上和电话订餐，为了应对大量涌入的订单，永和大王开始自主开发外卖管理软件，为了让顾客使用起来更加便捷，在开发之余，永和大王还让员工亲身体验，并且反复修改优化。1999年5月，永和大王成为国内第一家实现网络订餐的连锁企业。1999年9月的那场仅凭互联网生存的“网络鲁滨逊”竞赛中，在当时国内尚欠发达的互联网背景下，永和大王成为当时唯一可以为参赛者送达网络订餐的企业，可以看出永和大王对于外卖行业的远见和雄心。

5.4.2 接入外卖平台配送

2015 年，各家外卖平台纷纷崛起，外卖用户高速增长，在线外卖时代迅速到来。彼时的永和大王虽然已经有了自营外卖的基础，但还是敏锐地意识到了平台流量的红利，开始积极拥抱外卖平台，在 2016 年下半年通过 API 对接方式正式接入美团，是当时与外卖平台全面深入合作比较早的大型连锁餐饮企业。2017 年，快餐行业外送整体增长 28%～30%。

永和大王外卖具有以下优势：第一是品类优势，快餐品类本身就针对的是一人食、两人食场景，适合做外卖；第二是产品优势，永和大王所坚持的现磨豆浆、卤肉饭，以及很多新鲜现做的产品，能够最大程度上保持口感，让外卖有着不输于堂食的口味，能够持续吸引顾客；第三是品牌优势，永和大王在线下深耕了 20 多年，在运营标准化、产品品质、食品安全、供应链等多个方面的基础都打得十分坚实，这是大多新兴的互联网餐饮企业短时间内难以达到的。

5.4.3 精细化运营阶段

与其他中式快餐品牌相比，永和大王开发外卖业务早、接入外卖平台早，积累了丰富的精细化运营经验，同时也因为品牌效应和产品优势，外卖业务已经成为其重要的营收组成。提升线上渗透，最直接有效的是精细运营初始期，实现产品的高线上化。仔细研究菜单就会发现，永和大王的堂食有 90 多种 SKU，而外卖菜单上就有 70～80 个 SKU，产品的线上化率非常高。外卖初期上线的产品，基本都来自堂食的菜单。因为像永和大王这样在线下经营多年的品牌商家，顾客不仅会对品牌有认知，更对核心产品有认知和认可，对某些产品的口味有记忆点，所以，在门店卖得比较好的，在线上同样也卖得好。例如，现磨豆浆和非矾油条、大王卤肉饭、酥嫩鸡腿排卤肉饭是永和大王的招牌产品，在门店是销量最高的，同样，在外卖平台也是点单率最高的。

为了更好地满足外送场景的消费需求，永和大王在产品口味、产品搭配、产品规格、包装等方面上持续优化。例如，在门店出售的大王卤肉饭是小份售卖的，而外卖菜单上会有大份卤肉饭的规格可选，因为外卖顾客更多会希望一份饭就可以解决一顿餐；针对外送产品的口味也有特殊差异化，如门店产品主要是原味，外送则会有辣味的选择。同样，外卖顾客对一餐的品质和丰富性有要求，但针对一人食的场景，点两份饭就会过多，永和大王做了很多尝试，在 2018 年推出了多个“双拼”类的饭食，一个产品的价格就可以吃到两种口味，收到了不错的市场反馈。而双拼类的产品堂食是不销售的，通过差异化的菜单，更好地满足外卖顾客的需求。

5.4.4　持续的、加强的深度精细化运营阶段

永和大王以总部统筹、结合城市+单店的方式，对不同城市展开更加精细化的运营。

最开始，永和大王外送促销会全国“一刀切”，所有门店的活动都是一样的，而在精细化运营后，就能够做一些区分头部、腰部、尾部的门店，不同门店生意状况不太一样的时候，活动也会有区别；比如生意需要拉升的门店会增加活动力度；生意比较好的门店，会减少些活动来增加毛利，优化投入产出。

在营销上，满减、折扣菜、红包、优惠券，都是以投入产出为导向在做。外卖促销活动需要及时看数据，根据数据状况来进行调整，及时优化活动的配置。

另外，结合在线上线下的大促活动，永和大王也尝试和美团外卖做独家套餐、独家活动来拉动增长。

5.4.5 运用平台运力，提升顾客满意度

2019 年，永和大王针对产品品质的难点、物流配送的难点着重做精细化管理，充分运用平台的运力和社会化的运力来提升配送效率。

永和大王自有骑手覆盖的是 1.5～3 公里的范围，覆盖的面积比较少，现在通过平台的运力，大部分订单都交由平台骑手配送，配送面积更大，让大量门店实现了 3～5 公里都可以送餐，覆盖了更多顾客。

2018 年下半年，永和大王将外卖机制改为只要有新的订单就直接发送给餐厅，门店提前做好，骑手到店取餐后就可以直接配送，大大减少了骑手来到门店后的沟通，提升效率、减少冲突，顾客体验也整体提高了。

永和大王在 2019 年 3 月上线了一个满意度管理系统：通过外卖平台上收集到顾客用餐后反馈的评论，对评论的内容进行语义分析，看哪些是产品层面的问题，哪些是门店操作问题，哪些是物流配送问题；通过系统把这些信息反馈给门店来反向分析，进而对运力、门店出品等进行优化。例如，永和大王外送的现磨豆浆，在 2017 年换了新的豆浆杯，视觉效果很好，但通过顾客评论发现这种杯子容易造成泼洒，永和大王得到反馈后及时调整，经过持续测试，最后替换为新的豆浆杯，进而解决了这一问题。

5.4.6 扩展消费时段

对于很多上班族来说，早餐是只能将就的一餐。工作日早餐一般都是快速解决的，因为时间上不允许。

考虑种种因素，永和大王做早餐外卖也非常谨慎。在门店自有送餐员时期，只是做正餐外送，并没有开早餐外送。直到有了外卖平台的基础建设和运力支持之后，2018 年开始，永和大王终于将早餐逐步盘点

上市，并获得了比较好的增长。

外卖早餐的选品也有很多考量，为了让顾客在点外卖时也能吃到好品质的早餐，永和大王对现有早餐产品进行改良。在外卖平台上，早餐是 20 元起送，永和大王就推出了双人餐、三人餐组合的方式，这种方式让顾客得到方便、享受高性价比的实惠，同时还可以提高客单价。

从永和大王的案例可以看出，流量红利期过后，能够依靠的就是精细运营的深耕。同时，要看到顾客的消费习惯在发生变化，过去顾客喜欢到店用餐，现在越来越多顾客为了方便会利用外卖平台来找到商家、下单订外卖，商家就需要迎接这些变化。

5.4.7 重构盈利模型

以前餐饮业基本是线下的生意，现在是线上线下结合，盈利模型也会发生变化。传统的商家更注重性价比，来更多满足顾客早餐和午餐的需求，外送增长后，有些商家就会发现做了却不赚钱。

当外送占到一定比例时，生意模型就会发生变化，租金、人力配置都需要进行优化，整个供应链、营运体系需要一起动起来，进行综合优化。

线上外卖+线下堂食两个生意关注点也不同。线上外卖管理幅度大大延伸，需要管商圈、管配送，需要管顾客体验，还要管理好活动的投入产出，否则有了订单就没有毛利，有了毛利增长又会受到一些限制。

总的来说，餐饮是一个毛利相对比较低的行业，外卖进入后，从各方面来说既是机会，又是挑战。外卖折扣活动、餐损、平台抽佣，都会对盈利状况有一定程度的影响，但对于平台上的所有商家来说是公平的，外卖本质上是效率之争。流量红利期过后有些企业仍有增长，主要就是因为效率高，效率提高能够覆盖掉成本的上升。外卖综合成本上升会淘汰掉一些效率更低的商户，但对于打磨效率的品牌型商户也仍有机会。从永和大王的发展可以看到，在线外卖增长，消费者用餐习惯的变化，是不可逆转的趋势，如何抓住机会拥抱外卖，并重构盈利模型是关键。

5.5 跨界混搭——奈雪的茶甜美背后的坚韧

5.5.1 找到独特的细分市场

中国新茶饮市场在这两到三年经历着剧变，加上资本的进入，已经将“餐饮”中“饮”的地位提升到了现代商业中一个新的高度。市场研究咨询公司英敏特最新报告显示，中国茶饮店市场在 2017—2018 年达到增长峰值，以 14%的年均复合增长率增至 485 亿元，茶饮店饮料销量以 4%的增长率增长，并于 2018 年达到 12.93 亿升。

根据美团点评与华创证券对奶茶行业规模的估算，中国 13.83 亿人口，城镇率目前为 57.35%，15～45 岁人群占 56.71%，每人年均购买 14.3 杯奶茶，杯均价 15.2 元，相乘得出 978 亿元的市场空间。然而，因为消费者对多元化的渴求，奶茶产品口味迭代更新快，任何营销噱头、地理位置都不足以支撑品牌长久获得消费者的认可，必须以创新为魂，以独特配方、独特口感拉开与同业竞争者的差异。

而奈雪的茶不只做到了这些，还是中国第一个真正努力建设社交场景的奶茶品牌，也因此极大地提高了客单价和顾客忠诚度，并且让追随者难以复制。

自 2015 年创立以来，奈雪的茶饮+软欧包以优雅甜美的外表，高品质的顶级原料，丰富的层次和韵味，以颠覆的方式表达了对于茶文化的尊重，以坚忍执着的努力不断推出新产品，迎合了新女性轻奢的需求，带给消费者无限的惊喜和感动。

能在竞争激烈的饮品市场，在短短三四年间，从 3 家店迅速扩张到 100 多家店，单月营业额达到星巴克的 5～6 倍，A+轮估值达到 60 亿元，就在于奈雪的茶摸清了消费者的潜在需求，找准了独特的品牌定位，填补了市场的空白。

一方面，创始人彭心发现，虽然中国有悠久的茶文化和数千年的饮茶传统，但直到 6 年前，市场上只有品质过关而“爸爸感”“爷爷感”十足的传统茶饮，以及满满廉价感的由香精、奶精、碎茶、浓缩浆简单混合而成的“小孩子”饮品，而缺乏真正设身处地为新一代独立、清醒、追求高品质生活的年青一代精心研制的茶品。25 岁以后，为什么只能去喝咖啡，才觉得合乎社会期许的形象？为什么茶饮就只能像正襟危坐的老学究一样传道授业，而不能像好闺密一样轻松地陪伴呢？

彭心以多年品茶、爱茶的切身经验，以及独立、成功新女性的角度，做出了完美的回答。奈雪的茶以传承的方式来尊重悠久的茶文化，同时体谅新一代年轻人内心自我定位、自我认同的潜在需求。套用王菲《流年》的歌词，“爱上一个认真的消遣，用一朵花开的时间”，奈雪的茶正是做到了用 15 分钟的时间，为年轻新女性们提供所有美好口味的精华，以坚毅的精神做好这一份认真的休闲饮品，因为这些新女性懂得奈雪的茶，而奈雪的茶也值得她们拥有。

另一方面，之前的市场上只有 10 多元的一点点等牌子的奶茶和 30 多元的星巴克咖啡，从价位上来说，需要有好的健康时尚品牌来填补中间档位品牌饮品的空白。奈雪的茶价格正是在 17～32 元。

奈雪的茶准确地抓住了这两个市场空白的机会，找到了自己的蓝海利基市场，并以绝对优异的品质和层出不穷的创意站稳了脚跟。

5.5.2 认真打磨产品

新鲜感和高品质是新式奶茶品牌必备的核心价值，因为需要维持标准化且优质的茶、奶、新鲜水果等原材料供应，供应链的规模效应将极大地提升品牌的核心竞争力。

奈雪的茶通过几年时间积累了茶产品上游资源，彭心前往全国甚至日本的茶产地去寻访绿茶、红茶、乌龙茶、白茶、黄茶、黑茶的各种细分品类，光乌龙茶就有兰香乌龙、金观音、阿里山清新乌龙、洞顶乌龙等许多种。然后奈雪的茶以契约合作或买断的方式，直接与产地合作。阿里山初露原茶，就是彭心尝遍各地名茶后，以每斤 2 万元的高价直接买断，继而通过工艺改良，形成独特的产品风味。

由于不同茶的滋味不同，如清冽、醇厚、芬芳、浓酽等，彭心会把两三种茶搭配在一起，各取所长，而几种茶味的拼配是奈雪的茶最核心的技术。有着完美主义的创始人彭心，每天都会泡在研发室，拉着团队成员从早到晚试喝，来捕捉茶饮体验的细微差别，以匠人精神，精益求精地改善顾客的体验，“醉茶”也在所不惜。

彭心在创立奈雪时，不满于传统欧式面包偏硬的口感，于是采用老面团，延长发面时间，边烤边加水蒸气，并加入多种色彩缤纷的水果蔬菜，开创了软欧包的品类。将客单价提升 1 倍，并触达更多消费场景，从销售数据来看，也真正成功培育了茶饮和软欧包 1∶1 的消费习惯。

不只每款茶饮、软欧包由创始人彭心精细研制打磨，连杯子也深深打上了她的个人印记，因为星巴克那样粗的杯子不适合女性纤细的手，彭心就将其改成瘦高杯，以自己手的握度尺寸打样，赢得了顾客很好的反馈，并被同业纷纷模仿。

一线城市的茶饮竞争激烈，早已是红海，新茶饮品牌能否将 20～30 元价位的饮品推广到中国二、三线城市，或者向海外扩张，将直接决定品牌发展的空间大小。

优秀的奈雪的茶只用了两年多就赢得了投资人的热捧，起家于华南区域，而当前目标是在全国达到 300 家店的规模，且同步进军海外。

5.5.3 精致的跨界营销

谈到营销，奈雪的茶仿佛一位仪态万千的沙龙女主人，堪称跨界营销的个中翘楚。而奈雪的茶不仅仅是为了增加关注度和流量，而是表达了自己独特的艺术审美，去与核心顾客群在精神属性上产生共鸣，使得品牌更有生命力，形象更为丰满立体。

2018年7月，奈雪的茶和以花、鸟、流水、森林为核心意象的teamLab联名推出三款限量冷泡茶，如梦似幻的瓶贴让城市水泥森林中的我们也能感受到自然界的美和活力。奈雪的茶还与毕加索&达利真迹展合作，推出联名冷泡茶和马克杯周边，让艺术爱好者近距离拥有并“掌握”无价瑰宝，也展示了奈雪的茶美好生活创造者的自觉与决心。

2018年9月，奈雪的茶联合安徒生终身成就奖50周年展，举办了一场“冰柜里的插画展”，《丑小鸭》《海的女儿》《大猩猩》这些名画被制作成瓶贴，分别挂在小巧精致的冷泡瓶上并定期更换。童年的温馨童话，成年后才切身体悟，丑小鸭曾遭遇的误解与华丽的蜕变，海的女儿纯真无我的挚爱，蕴含在每个人的文化根基中。奈雪的茶与童话的亲密接触，不只是向滋养过我们灵魂的不朽作品致敬，更是升华品牌形象，呈现美好生活的高明做法。

5.5.4 全链条打通配送

身为新茶饮头部品牌的奈雪的茶，在2018年正式开始规模性做外卖服务，是我们研究茶饮品牌做外卖如何突破各种限制，从产品、配送、技术创新等方面平衡两种截然不同的消费场景，解决围绕配送产生的一系列困难提升外卖的整体体验的标杆品牌。

1. 从产品端把控配送

奈雪的茶，在消费者层面的认知有两个关键点，一个是精致的空间，另一个是精致的产品。这两者结合，构成了新茶饮的服务维度，也构成了品牌的核心价值。

然而，也正是这两个坚固的“品牌城墙”隔开了外卖业务的实操可行性。重视空间体验，核心客群的消费场景集中在门店，外卖场景不好预估；重视产品出品品质，外卖形式不易把控。

诞生于 2015 年的奈雪的茶，在 2017 年左右就尝试过做外卖，但发现这其实并不是一件简单的事，也并不是把做好的茶饮打包交给配送骑手这样一个简单的过程。当时的业务范围和交易额都比较有限，但也是奈雪的茶初步认识到需要哪些困难要攻克的阶段。

一直到 2018 年 4 月，奈雪的茶开始重新启动外卖业务，并与美团签订了合约，5 月正式拿出 15 家门店做测试。彼时，市场上的竞争对手们也都已经上线了。

事实上，热门的“网红”茶饮一直不乏外卖需求，不少人会因为不愿亲自去排队、不愿顶着严寒酷暑前往门店购买产品而选择线上的“跑腿”服务，代购茶饮。

然而，这些“非官方”的形式，虽然解决了买到、送到的需求，却无法解决品质的需求：由于温度和路程原因，等茶饮送到之后，热门的奶盖产品都会茶乳交融、层次全无从而影响口感，甚至发生泼溅洒漏的情况。堂食的情况下，消费者直接带走饮品就不会出现这些问题。

这种问题直接影响外卖茶饮的体验，对品牌会形成很糟糕的负面影响，这也是其他同类品牌一样会遇到的最大问题。对于重视顾客体验和反馈的奈雪的茶，该如何解决?

外卖是必经之路，再棘手也要去面对。奈雪的茶选择从产品端包装层面的改良，来改变这种状况的发生概率。奈雪的茶本身就在产品包装方面做得比较用心，使用的材料和设计都是领先的，且成本非常高，在针对外卖业务的研发时，同样也花了不少工夫。

防止泼洒最直接的手段，就是利用杯子本身。据了解，奈雪的茶正在研发一种特殊的热饮杯盖，经过细致分析茶饮泼洒的过程，奈雪的茶研发人员发现热饮首先会产生蒸汽，把杯盖推松，加上配送过程中不断地颠簸，冲撞杯盖，最终造成洒漏。而这种特别设计的杯盖将有一个气流导流孔，让蒸汽可以流动出来，降低膨胀后推动杯盖的力量，这款杯盖预计将在 2019 年冬天来临前正式推出。

除了杯盖，奈雪的茶还在冬季时段推出了保温袋包装，除保证热饮的温度外，由于这种包装是比较硬的无纺布+保温棉隔层+保温铝箔的三层设计，有不小的支撑力，能够减少运送过程中的冲撞。保温袋上线后洒漏问题解决了很多，不过这种包装的成本是塑料袋包装的 10～20 倍，这就是另一个层面的问题了。

虽然没有办法保证外卖送到顾客手上和门店产品完全相同，但是在产品研发阶段，奈雪的茶就会把外卖的元素加入进去，作为一个考量的重要因素，会计算在多少分钟内，茶饮的口感可以基本上保持和门店一致。尤其是 2019 年外卖业务占比不断增长，这种态势下奈雪的茶会更多关注外卖的问题。

经过研发端的各种尝试，目前奈雪的茶线上的 SKU 算上配料达到了 61 种，基本上 80%的茶饮产品基本都可以在外卖平台售卖，没有上线的主要是带有冰激凌的茶饮，而随着新的保温包装的全面推广，也都可以最终上线。

与茶饮业早期的街边店相比，新茶饮的特点之一就是重视空间，空间也是服务的一个组成部分。然而，这和外卖的消费场景就截然不同。失去了空间体验的茶饮，对顾客还会有那么大的吸引力吗?

在奈雪的茶看来，产品才是吸引客群的根本，产品做到极致，即使消费场景变化也不影响顾客主动消费。虽然奈雪的茶以空间优质体验著称业内，也在顾客中留下深刻印象，且能够让顾客在舒适精致的门店里坐下来慢慢享用，是奈雪的茶期待做到的。但很大一部分情况是，奈雪的茶门店依然会有排队，外带、外卖的潜在需求并不小。

由于奈雪的茶的产品在水果、茶叶和配料上都选用了业界顶尖的用料，消费者能够感知到产品的差异——同样一款草莓水果茶产品，奈雪的茶和其他品牌的味道是不同的。这种认知就会逐渐形成消费者对品牌的忠诚度，顾客不会因为离开了空间就不再消费，而是因为想喝奈雪的茶的产品而在外卖渠道上搜寻。

奈雪的茶虽然在多个城市已经开了不少的门店，但很多地方还是要走 1～2 千米才能买到，外卖解决的就是这个问题，在家里、办公室就能方便地喝到。场景的区隔并不能阻断对产品的需求，无论是外卖还是到店，产品永远是王道；反之，空间再漂亮而产品不出色，消费者还是会很快把品牌遗忘掉。

2. 从产能优化上配合配送

对于奈雪的茶这样本身门店就已经很旺的品牌，外卖业务并没有把原有的客户转化为外卖客户，反而形成了新的增量，这一部分就对门店的产能造成了挑战。

因此，除了从产品上要能够适应外卖的业态，让配送环节更加顺畅，产能的优化也是重要的一环。奈雪的茶产品的特点之一，就是茶饮+软欧包的组合模式。软欧包并不存在像茶饮那样对运输环节的要求，但是却存在产能的限制。

因为软欧包都是需要在店内现做，日常经营时部分软欧包不容易准确控量，所以在 2019 年初，有 40%的软欧包还没有上线，为了能逐渐做到线上线下同步，必须在产能上打出配合，通过优化供应链和制作程序，最终可以实现所有品种的软欧包都可以通过外卖渠道购买。

茶饮产品方面，由于奈雪的茶新品出品非常快，要让外卖平台与门店产品保持一致，也需要产能上的支持。首先，主力产品水果茶是对材料和制作要求很高的饮料，一般新品面世后，会先在门店经过几天的实操，制作程序上比较熟悉、产品出品比较稳定后，才会正式上线，否则不能够保证外卖产品的最终体验。目前，奈雪的茶基本上可以做到新品 3 天左右上线外卖平台，基本上能够与门店保持同步。

而对于热门产品，更是需要在产能上做好充分准备。奈雪的茶产品中的芝士水果茶一直受欢迎，如霸气芝士草莓、霸气芝士杧果、霸气草莓，而在外卖平台上，这些也同样是热门产品。线上和线下的销售量都是最高的，在客流高峰期，这些产品的点单量也会暴增，这就对产能提出了考验。

事实上，奈雪的茶一直在解决客流量大的时间段，堂食和外卖叠加时起冲突的情况。其中的一个策略就是，专门针对外卖做量控。茶饮店的配置中，都会配有“摇茶”的岗位，根据门店流量，不同的门店会配有不同数量的摇茶岗，一般是 4～8 个。而针对门店的外卖量，奈雪的茶会测算后专门针对外卖来安排一个摇茶岗，来作为外卖出口，相当于开设了一个专门的外卖出餐，尽量减少高峰期外卖和堂食“打架”的情况，减少外卖骑手的等待时间。

这种模式在奈雪的茶大部分的门店已经普及，也会根据不同门店做调整，如南京，一个月线上就额外增加了 80 万元营业额，这种情况下就会设置更多个针对外卖的摇茶岗。这就需要对门店的负荷进行固定监测，门店外卖量没有这么多，摇茶岗就会相应减少，避免岗位闲置，保证所有的岗都要在一个持续运转的状态。

而随着季节的变化，受欢迎、点单量高的产品也会发生变化，如冬天，芝士鲜奶类的产品就会有上升，对增长单量的产品，奈雪的茶也会相应做出产能方面的配置调整。

5.5.5　多方面积极与平台配合

2018 年奈雪的茶在刚刚启动外卖时，4 月一天的交易额还不足 5 万元，而在 2019 年 3 月 8 日这一天，交易额已经超过百万元；门店也随着产品和产能的升级，分 3 批陆续上线外卖业务。2019 年年初，约占总门店数 90%的门店都完成上线。随着奈雪的茶不断处理门店营运、产能、服务等方面的问题，平均每天的线上交易额稳定上涨，每月外卖带来的营收已经是千万元的级别，占比越来越重。这也就意味着，奈雪的茶的客人已经不单单来自门店，而是有越来越多来自线上。

线上的分量越重，越要处理好和在线外卖平台的关系，借助平台的力量更好地服务用户和顾客。奈雪的茶已经和美团达成了战略合作，在多个方面协同为顾客提供服务。

奈雪的茶团队专门设立数据小组，会观察门店和平台上的数据，来把控整体营运情况，通过美团外卖的平台及自身的数据分析平台进行实时的对比，每周一会做完整的各个模块数据分析分发到各个部门，外卖业务部门和研发部不断协调，及时发现问题，解决问题，规避问题，最大限度地去照顾外卖的消费者。

在营销方面，线上的营销基本上和线下门店一致，相互配合。奈雪的茶做外卖的时间并不长，前期主要把精力放在自身产品应对外卖的内功打磨上，前期花费了两个月的时间逐渐解决门店整体与配送平台之间的关系后，2018 年 8 月，奈雪的茶开始与美团第一次做联合推广，当天的交易额达到了 44 万元，同比增长 70%。在圣诞节前后做了一次全国性的推广活动，并正式“官宣”和美团外卖的合作，当天交易额达到了顶峰。

从 2019 年开始，奈雪的茶逐渐加入一些常规推广，如与美团平台合作打造奈雪的茶的会员日，定期推出一些联名活动、快闪店的合作活动等。总之，奈雪的茶从自身运营出发，来发掘是否有与平台合作的点，再去推进。

此外，在订单流程环节，奈雪的茶接入了第三方来做订单转发，美团的订单会直接进入到自己的系统中，从而节省了人工下单的步骤，提高了整体效率。

在促销引流活动上，奈雪的茶并不会采取高折扣的方式。事实上，新茶饮行业的毛利并没有外界想象中那么高，因为如果采用高品质的材料和供应链，提供优质的服务，包括人力、租金成本的提升，随之而来的就是整体成本的暴涨，压力非常大，所以，大力度折扣并不可行。

如今，很多品牌做外卖时，考虑更多的是琢磨营销打法、折扣满减、如何设置折扣菜……与其花很多精力放在设置套路性的满减和折扣菜上，不如花在产品研发上。对于餐饮业，营销、让消费者得到一些小便宜，永远不是生意的核心，而应该是产品是否能让消费者满意，如果产品足够吸引市场，消费者也会选择，甚至趋之若鹜。特别是在材料成本相差一点、出品就相差很多的茶饮业，中低端品牌使用的超低折扣活动、大力度满减，最终对消费者和品牌都是一种伤害。

奈雪的茶基本不做大幅促销，仍保持业内销售额领先位置，只是在重要的时间节点与平台联合做如买茶送包、第二杯半价这样节庆日的活动，来持续鼓励消费者理性消费，这样对消费者和品牌都是一种保护。对于奈雪的茶来说，把产品做到极致，如何让他们在 30～40 分钟能够喝到满意的饮品，才是最核心的部分。

外卖平台是奈雪的茶的重要合作伙伴，除了与美团外卖合作，还有自己的小程序，外卖小程序会与自有会员系统打通，更方便会员下单或者享受积分。而小程序上的订单也会采用美团同城配送，让专业的人做专业的事。未来，无论消费者从哪一个渠道进来，都是奈雪的茶的顾客，都能得到最好的照顾。

外卖是奈雪的茶一个重要的增量市场，在母集团品道体系中占很重要的位置。奈雪的茶在外卖业务上较为稳健的推进，也取得了积极的市场表现。从整个新茶饮行业来看，堂食、外卖、零售的组合模式，正在带来茶饮销售渠道的全方位拓展，现制茶饮门店坪效在自身磨炼和外卖平台的助力下有效提升，奈雪的茶就是一个典型。

5.5.6 线上线下打通，携手并进

创业之初，奈雪的茶设计了奢侈品零售店般简约、明亮、时尚的大空间体验店，为茶饮店加入软欧包的概念，甚至在软欧包中尝试梅菜扣肉等传统中国菜内馅，拥抱“Mealtime 2.0”的趋势。随后奈雪的茶将触角探入新零售，在福建的岩茶、江浙的绿茶、台湾的乌龙等名优茶基

础上进一步优选，做成零售茶礼盒和配套的月饼礼盒，以节日、节气主题售卖，使茶饮进一步融入消费者日常生活，触达更多消费场景。现在又开始引入礼物店的概念。

2018 年 11 月，奈雪的茶投入一亿元，在 400～600 平方米的门店内，首次尝试把 AI 智能物品识别及人脸识别技术融入空间体验中，将最新的黑科技与新零售相结合，优化了门店消费流程，顾客可以自助选购、自助埋单，打造个性化的消费体验。

奈雪的茶在传统的茶饮+软欧包的区域外，新设了“礼物 store”区域，结合奈雪的茶的跨界与新零售，在夹娃娃机、口红机、扭蛋机等游戏机器中有从全球各地搜寻到的限量潮玩、手办、与各品牌的联名产品，顾客可以用会员积分参加，不但在等待时能玩得开心，在享受了茶饮、软欧包后，还可以带走一份礼物。

彭心认为，为了提升顾客体验，最值得重视的是品牌的在线化，不只是做外卖，而是品牌能够随时随地回应用户的需求，建立品牌与用户间的信任感。为了提升用户的体验，创新是奈雪的茶永恒的底色。而所谓“网红”“佛系”等标签其实是对于奈雪的茶品牌核心竞争力的误解，因为很多其他网红店味道和品质差强人意、昙花一现，奈雪的茶也绝不属于“丧文化”，恰恰相反，奈雪的茶是生意盎然、脱尘出新的榜样。当然也无须拒绝这些标签，正如投资方天图的合伙人潘攀谈及消费品牌的创立时所指出的，网红化是新品牌获得关注和流量的手段，而同时品牌要说到做到，对得起消费者的高预期，也要有长远和清晰的盈利手段，要找到与消费者链接的品牌共鸣点。

参考文献

[1] 刘云浩. 物联网导论[M]. 北京：科学出版社，2011.

[2] 林楠. 中国消费文化演进的逻辑轨迹及其与经济发展的互动研究[D]. 武汉：武汉大学，2011.33-48.

[3] 杨信. 改革开放以来中国居民消费行为变迁研究[D]. 长春：吉林大学，2014.10-19.

[4] 中国餐饮报告 2018[R]. 2018.

[5] 艾瑞咨询. 中国外卖 O2O 行业发展报告[R]. 2016.4.

[6] Analysis 易观. 新零售与数字化赋能成抢滩重点——互联网餐饮外卖市场年度综合分析 2019[R]. 2019.6.

[7] 刘润. 新零售：低价高效的数据赋能之路[M]. 北京：中信出版社，2018.

[8] 中国信息通信研究院. 中国数字经济发展与就业白皮书[EB/OL]. 2019.

[9] 杨正洪. 智慧城市：大数据、物联网和云计算之应用[M]. 北京：清华大学出版社，2013.

[10] （英）维克托·迈尔-舍恩伯格，肯尼思·库克耶. 大数据时代：生活、工作与思维的大变革[M]. 浙江：浙江人民出版社，2012.

[11] 李开复，王咏刚. 人工智能[M]. 北京：文化发展出版社，磨铁，2017.

[12] 中国互联网络经济信息中心. 中国互联网络发展状况统计报告[EB/OL]. 2019. 2.

[13] 陈欢，陈澄波.新零售进化论[M]. 北京：中信出版社，2018.

[14] AdMaster. 2019 中国数字营销趋势[R]. 2019. 3.

[15] 林庆. 物流 3.0：“互联网+”开启智能物流新时代[M]. 北京：人民邮电出版社，2017.

[16] 腾讯研究院等. 人工智能[M]. 北京：中国人民大学出版社，2017.

[17] Zhang N，Zhong J，et al.China economic perspectives—China by the numbers[R]. UBS，2019.

[18] 佘炜超，徐建花. 快递电商巨头掀起融资潮，智能物流千亿市场可期[R]. 东方证券研究部，2018.

[19] 中国物流与采购联合会，美团点评. 2018 中国即时配送行业发展报告[R]. 2019.

[20] 刘润. 新零售：低价高效的数据赋能之路[M]. 北京：中信出版社，2018.

[21] 亿欧智库，口碑. 技术助力与理念升级下的行业变革—2018 年餐饮新零售研究报告[R]. 2018. https://www.iyiou.com/intelligence/report584.html.

[22] DCCI. 中国白领人群网络外卖市场品牌价值研究报告[R]. 2016.

[23] 南都大数据研究院，美团点评研究院. 闪购时代，快意生活[R]. 2018.

[24] 中商产业研究. 2018—2023 年中国在线外卖市场前景及投资机会研究报告[R]. 2018.

[25] 陈新华. 中国餐饮报告 2012[R]. 北京：中国烹饪协会，2012.

[26] 陈新华. 中国餐饮报告 2015[R]. 北京：中国烹饪协会，2015.

[27] 陈新华. 中国餐饮报告 2016[R]. 北京：中国烹饪协会，2016.

[28] 陈新华. 中国餐饮报告 2017[R]. 北京：中国烹饪协会，2017.

[29] 陈新华. 中国餐饮报告 2018[R]. 北京：中国烹饪协会，2018.

[30] 国家信息中心分享经济研究中心. 中国共享经济发展年度报告（2019）[R].北京：国家信息中心，2019.

[31] 查尔斯. 汉迪. 第二曲线：跨越“S 型曲线”的二次增长[M]. 北京：机械工业出版社，2017.

[32] 刘力华. 2017 国民餐饮消费大数据报告[R]. 第一财经商业数据中心，2017.

[33] 中国智慧餐饮行业研究报告 2018 年[A]. 艾瑞咨询系列研究报告(2018 年第 3 期)[C]. 上海：上海艾瑞市场咨询有限公司，2018：45.

[34] 辰智. 辰智：2018 中国餐饮大数据白皮书[DB/OL].http://www.199it.com/archives/769701.html，2018-09-08/2019-05-29.

[35] 极光大数据. 极光大数据：2019 年 Q1 移动互联网行业数据研究报告[DB/OL]. http://www.199it.com/archives/872190.html，2019-05-08/2019-05-29.

[36] QuestMobile.2018 移动互联网生态流量：大盘已达 11 亿，网民使用 App 数量趋于饱和，还有哪些玩法？[EB/OL].https://36kr.com/p/5145915，2018-07-31/ 2019-05-29.

[37] TalkingData.2018 中国移动互联网行业报告[DB/OL].http://mi.talkingdata.com/report-detail.html?id=883，2019-02-13/2019-05-29.

[38] 艾瑞咨询. 2018 年中国新餐饮消费趋势研究报告[DB/OL]. http://report.iresearch.cn/report/201807/3242.shtml，2018-07-17/2019-05-29.

[39] TalkingData. 新消费时代开启，消费升级显活力-2018 新消费趋势洞察报告[DB/OL]. http://1t.click/vR7，2018-12-11/2019- 05-29.

[40] 易观. 2018 新消费趋势洞察白皮书[DB/OL].http://www.199it.com/archives/ 832232.html，

2019-02-14/2019-05-29.

[41] 第一财经商业数据中心. 天猫双11十年洞察：新消费时代到来[DB/OL]. http://1t.click/vRt，2018-11-09/2019-05-29.

[42] 美团点评餐饮平台商业智能部. 2017 年中国餐饮业供给侧发展报告[DB/OL]. http://1t.click/vRp，2017-06-01/2019-05-29.

[43] 中国互联网络信息中心. 第 43 次《中国互联网络发展状况统计报告》[DB/OL]. http://www.cac.gov.cn/2019-02/28/c_1124175677.htm，2019-02-28/2019-05-29.

[44] 第一财经商业数据中心.2018 生活消费趋势报告[DB/OL]. http://1t.click/vRy，2018-01-23/2019- 05-29.

[45] 艾瑞咨询. 2017 年中国网红经济发展洞察报告[DB/OL].http://report.iresearch.cn/report/201706/3009.shtml，2017-07-15/2019-05-29.

[46] 丹尼尔·卡尼曼. 不确定状况下的判断[M]. 北京：中国人民大学出版社，2008-09.

[47] 刘力华. 2017 国民餐饮消费大数据报告[R]. 第一财经商业数据中心，2017.

[48] 美团点评研究院. 2017 年中国外卖发展研究报告[R]. 美团点评研究院，2018.

[49] 艾瑞咨询. 中国新餐饮消费趋势研究报告[R]. 艾瑞网，2018.

[50] 中物联冷链委. 2018 年餐饮供应链研究报告[R]. 北京：中国物流与采购联合会冷链物流专业委员会内容与研究中心，2019.

[51] 美团点评研究院. 2017 年中国外卖发展研究报告[R].北京：美团点评研究院，2018.

[52] 艾瑞咨询. 中国新餐饮消费趋势研究报告[R].艾瑞网，2018.

[53] （英）查尔斯·汉迪. 第二曲线[M]. 北京：机械工业出版社，2017.

[54] 李善友. 颠覆式创新[M]. 北京：机械工业出版社，2015.

[55] 安迪-格鲁夫. 十倍速时代[M]. 台北：大块文化出版股份有限公司，1996.

[56] 翁怡诺. 新零售的未来[M]. 北京：北京联合出版公司，2018.

[57] 招商证券. 爆红的新式茶饮，同质竞争 or 产品创新[R].2018.

[58] 中商产业研究院. 2019 年新式茶饮行业市场前景研究报告[R].2019.

后记

外卖进入到一种新的业态，商家、用户、骑手及平台紧密相连，形成全新的生态链条。美团外卖作为平台方，一直以来坚定不移地为用户提供更好的服务，为商家提供更多的经营帮助，促进行业繁荣。美团外卖袋鼠学院作为美团外卖旗下的官方培训机构，本着“让外卖运营更简单”的培训理念，通过为餐饮外卖商家提供系统的外卖运营培训，致力于以知识的力量推动餐饮外卖企业持续健康发展。

自 2017 年 3 月成立至今，袋鼠学院通过线上和线下培训，与全国各地外卖商家进行密切的交流。在交流过程中，我们发现，虽然外卖行业的兴起在消费者侧，已经促使顾客的用餐习惯产生了重大的改变，甚至还催生了“懒人经济”；但在供给侧，大部分餐饮商家对于外卖新业态诞生带来的产业变革，仍未有充分的思维认知和战略准备。

为了帮助广大餐饮外卖企业的管理者洞察行业趋势、建立企业发展的新思维、掌握外卖业绩增长的新战略，我们着手筹备编撰本书。在编撰过程中，我们研读了大量的行业数据和研究文献，淬炼现象背后的业态特征和发展趋势，务求为广大餐饮管理者提供一幅“行业全貌图”；除此之外，我们也走访了大量的一线餐饮企业，挖掘在外卖业务中已经取得一定成功经验的标杆商家，萃取其外卖业务增长背后的方法论。经过精细的内容打磨，这本凝聚了编撰团队心血的书籍才得以面世。

我们希望，在餐饮业面临着产业变革之际，本书能为广大餐饮管理者，开阔行业视野，提供企业经营的新思路。同时，如本书有不足之处，还望广大读者斧正，并通过“美团外卖袋鼠学院”微信公众号，在后台留言与我们进行深入的交流。感谢大家的支持！

主编　王丽梅